JN063063

ビジネス著作権検定®

テキスト 初級・上級

改正著作権法[R2改正]対応版

塩島武徳

青月社

はじめに

ビジネスシーンにおける著作権の管理・運用を適正に行うための知識を、法に照らし客観的に測定する機会として、「ビジネス著作権検定」が実施されている。

本書は、このビジネス著作権検定(以下「検定」と略す。)の「初級と上級の双方」に合格するための参考書であり、特に以下の点に配慮して執筆・編集している。

(1)オール・イン・ワン

知識の習得(学習)と定着(復習)の双方に、この1冊で対応可能とするため、①テキスト、②過去問題、③著作権法条文、を一体化した。

(2)全出題範囲を網羅

検定の全出題範囲をカバーするため、著作権法のみならず、民法その他の法律や周辺知識についても、検定合格に必要な範囲で解説を加えた。一方、著作権法の規定であっても出題可能性の低いものは、解説を省略した。

(3)分野別過去問題

テキスト部分の進行・習熟度に合わせ、並行的に過去問題を解いていただくため、過去問題(初級・上級各1回分)を「分野別」に整理して掲載した。

(4)要点の指摘

テキスト部分では、まず押さえるべき基本事項や基本条文を「要点」として指摘・強調した。

(5) 2色刷り

上記「要点」部分に次いで重要な解説部分は、**『青字』**で強調した。

これらの特徴を有する検定対策テキストは、他に類を見ない。是非とも本書を活用して、初級・上級双方の検定合格を達成していただきたい。

執筆者　塩島 武徳

CONTENTS

第3章　著作者

第4章　著作者人格権

第5章　著作権

第6章　出版権と著作隣接権

第7章　権利侵害に対する措置

第8章　著作権法の周辺知識

ビジネス著作権検定ガイダンス

主催………サーティファイ著作権検定委員会
監修………知的財産教育協会
試験目的…ビジネス実務、日常生活においてますます必要とされる著作権に関する知識及び関連する知識について、その基礎的な理解、具体的な裁判例・ビジネス実務における慣例を基準とする事例判断での応用力をそれぞれ測定する。
試験時期…毎年3回(2月、6月、11月。ただし、2月は初級検定のみ。)のほか、企業や学校において団体実施が可能。
受験料……■初級5,100円(税込)　■上級8,000円(税込)

【認定基準】
初級………ビジネス実務、日常生活において必要とされる、
(1)著作権に関する基礎的な知識
(2)著作権法および関連する法令に関する基礎的知識
(3)インターネットに関連する著作権および情報モラルについての基礎的知識
を有する(企業が社員に対する著作権コンプライアンス教育として利用できるレベル)。
上級………ビジネス実務、日常生活において必要とされる、
(1)著作権に関する基礎的な知識
(2)著作権法および関連する法令に関する基礎的知識
(3)インターネットに関連する著作権および情報モラルについての基礎的知識
と、それらの応用力を有する(法務部または知的財産部の著作権担当者として著作権に関する問題点を発見し、解決することができるレベル)。
受験資格…学歴・年齢等に制限はなく、誰でも受験できる。

申込方法…「ビジネス著作権検定」ホームページ参照(Web申込)。
問合先　サーティファイ認定試験事務局
0120-031-749

【出題形式】

初級………時間60分、出題数30問
マークシートによる四肢択一式（注）
内容：ビジネス実務・日常生活において必要とされる、
(1)著作権に関する基礎的な知識
(2)著作権法および関連する法令に関する基礎的知識
(3)インターネットに関連する著作権および情報モラルについての基礎的知識
について多岐選択式問題として出題。

上級………時間90分、出題数40問
マークシートによる四肢択一式（注）
内容：ビジネス実務、日常生活において必要とされる、
(1)著作権に関する基礎的な知識
(2)著作権法および関連する法令に関する基礎的知識
(3)インターネットに関連する著作権および情報モラルについての基礎的知識
および応用力について多肢選択式問題として出題。なお、この応用力については、事例での問題点発見と解決能力について問う内容となる。

合格基準…正答率が、初級は65%以上、
上級は70%以上であること。

合格率……初級は約60%、上級は約45%

なお、ガイダンス内容は2020年12月1日時点のものであり、最新の検定情報は、主催者のホームページにて確認していただきたい。

（注）2021年6月実施検定より、リモートwebテストになる予定。

第1章　著作権の全体像

本章で学ぶこと

1．著作権とは、どのような権利か？
2．著作権法とは、どのような法律か？

1．著作権とは、どのような権利か？

(1) 著作権の意義

要点❶
著作権とは、「著作物を創作した著作者に独占的に認められる、著作物の利用に関する財産権」である。

ここに、財産権とは、「経済的な利益を受けることができる権利」を意味し、著作権のほかにも、「物権」や「債権」等が挙げられる。

物権の代表格である「所有権」の場合、例えば、不動産の所有者は、その不動産(所有権)を他人に売却したり、又は不動産を他人

【財産権の種類】

物　権	不動産や動産などの「物=有体物」を直接支配し、独占的(排他的)に使用・収益・処分することができる権利(例：所有権)
債　権	主に契約に基づき、特定の相手方に一定の行為を請求することができる権利(例：売買契約に基づく代金請求権や目的物の引渡し請求権)
著作権	著作物を独占的に利用し、また、他人に利用等させることにより、その対価を得ることができる権利

に賃貸するなどして、その対価を得ることができる。

また、債権の場合、例えば、売買契約に基づく「代金請求権」等、債権者たる売主は、特定の相手方(買主)に金銭を請求することができる(相手方にとっては「債務」となる)。

同様に著作権の場合も、著作者は、他人に著作物を利用させたり、他人に著作権自体を譲渡(売却)するなどして、その対価を得ることができる。

しかしながら、著作権は、「物」自体の物理的支配を目的としない点で所有権その他の物権とは異なり、また、排他的な利用権である点で、特定の相手にしか行使できない債権とも異なる。

(2) 所有権と著作権の違い

以上に見たように、同じ財産権ではあるものの、**著作権は、所有権とは異なる権利**である。

例えば、「絵画」について考えると、所有権は、「絵が描かれたキャンバス(画布)」という有体物には認められるが、「絵」という表現自体には権利が及ばない。

この場合、「絵」には、別途「著作権」が認められるためである。

要点❷

このことから、「著作物の所有権が買主に移転しても、当然には(特約がない限り)、著作権は移転しない」のである。

したがって、Aが描いた絵画XをBが購入した場合に、著作権まで移転させる合意がない限り、その値段にかかわらず、Bは「絵画Xが描かれた物」という有体物の所有権をAから取得するに止まり、絵画Xの著作権までもAから取得した訳ではない。

判例も、「所有権は有体物をその客体とする権利であるから、美術の著作物の原作品に対する所有権は、その有体物の面に対する排他的支配権能であるにとどまり、無体物である美術の著作物自体を直接排他的に支配する権能ではない」としている(「顔真卿(がんしんけい)自書建中告身帖事件」最判昭和59.1.20)。

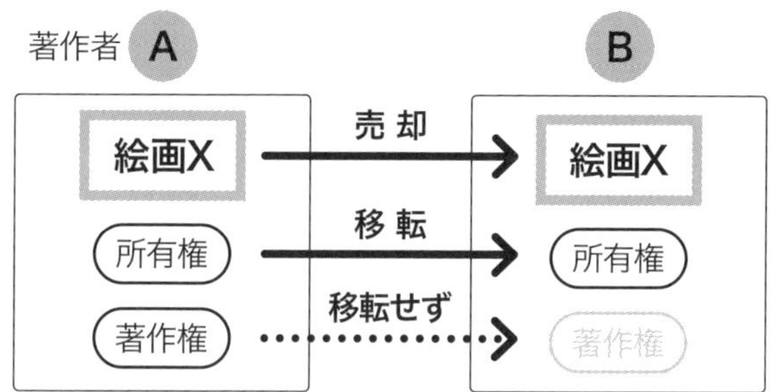

用語　☞「判例」とは、裁判所の判決例であり、「最判」とは「最高裁判所判例」、「○○高判」とは「○○高等裁判所判例」、「△△地判」とは「△△地方裁判所判例」を指す。

(3) 知的財産権

このように、著作権は財産権の一種であるが、もう少し詳しく見てみると、著作権は「知的財産権（無体財産権）」に属する権利である。

知的財産権とは、人間の「知的創作活動の結果」として生み出された所産（成果物）等に認められる、その利用に関する財産権である。

知的財産権は、特許権・実用新案権・意匠権・商標権など、その多くが産業上での利用を目的とする権利である（産業財産権・工業所有権）。しかし、著作権は、特に産業上での利用を目的とせずとも認められる点で、これら産業財産権とは一線を画している。

【知的財産権の分類と権利の客体】

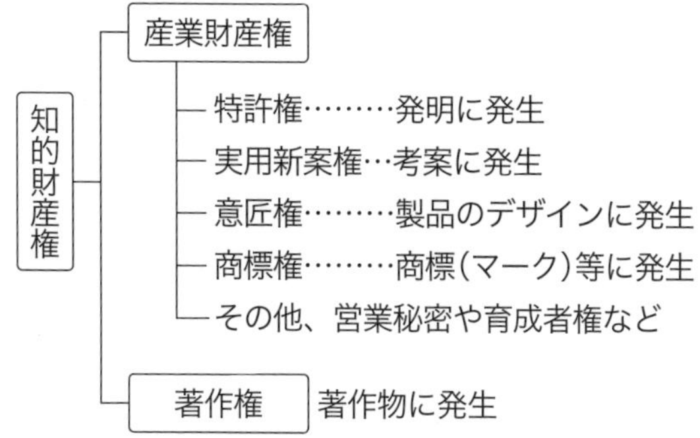

(4) 知的財産権保護の重要性

わが国は、もはや「大量生産」を中心とした工業製品の製造分野では、コスト高等により国際競争力を失っている。

また、従来の工業中心の産業構造も、情報通信技術の進展等により、「サービス業」中心へと大きくシフトした。

前者についていえば、単に「物」を製造するのみでは売れず、また、売れるとしても高値では買ってもらえない。

そこで、新商品には、新たな機能や優れたデザインが求められ、これらに発生するのが「特許権・実用新案権」や「意匠権」である。加えて、これら付加価値の高い商品の名称やトレードマーク(ブランド)には、「商標権」が発生する(ただし、こうした産業財産権の発生には、「登録」を要する)。

後者についていえば、近年は物(所有権)の直接取引ではなく、「情報・サービス」といった、いわゆる「コンテンツ(無体物)」の取引が、産業の中心となっており、この独自の情報やコンテンツについて発生するのが、「著作権」である。

従来、著作権は、音楽家や文芸･芸術家など、ごく一部の「プロ」に発生する権利と思われてきた。

しかし、パソコンやインターネット技術の普及により、誰でも、また、どの企業でも、独自の情報やコンテンツを作成・発信することが可能となり、他の産業財産権とは違い無方式で(登録をせずとも)権利が発生する点も手伝って、一躍、「知的財産権としての著作権」が注目を集めるようになっている。

こうした製造分野や産業構造の変化に共通することは、いずれも「知的財産権を抜きにしては、これからのビジネスは成り立たない」という点である。

産業財産権にせよ著作権にせよ、知的財産権は、他者との差別化を目指し、各企業(具体的には「人」)が取り組んだ知的創作活動の「成果」であって、重要な「企業財産」である。

したがって、「無断利用」や「盗用」といった知的財産権の侵害は「泥棒」に等しく、侵害者に対しては法に基づき厳しく対処するとともに、権利者側においても、自己の権利保全について、正しい認識(法の理解)の下に、一層注意を払う必要がある。

2.著作権法とは、どのような法律か?

(1) 著作権法の位置づけ

前述のように、著作権は財産権であるが、「財産権」自体は、憲法29条1項、2項により、我々国民に保障された権利である。

憲法29条
１.財産権は、これを侵してはならない。
２.財産権の内容は、公共の福祉に適合するように、法律でこれを定める。

ただし、2項では「財産権の内容は…法律でこれを定める。」としており、直接的には具体的な財産権を明示せず、他の個別法に委ねている。

これを受け、具体的な財産権は、憲法以外の法律によって個別に規定されており、例えば、一般的な財産権である「物権(所有権等)」や「債権(契約等)」については、まず、私法の一般法である「民法」によって規定されている。

しかし、民法には知的財産権の規定がないため、「産業財産権」や「著作権」については、「民法の特別法」によって個別に規定されている。

なお、「知的財産法」や「産業財産権法」という個別の法律はなく、各法律(特許法や著作権法)の分類上の「総称」である。

【法律の分類】

私　法	私人同士など、「私対私」の関係を規定する法律の総称。「民法や知的財産法」はこれに属する(なお、私人には企業など私法人も含まれる)。一方、憲法や刑法など、「公対私」の関係を規定する法律が公法。
一般法	適用対象を限定せず、誰にでも(一般的に)適用される法律。例えば、「民法」は、「私法の一般法」である。
特別法	特定の関係を対象とするため、一般法を補い、又は修正する法律。**「特別法は一般法」に優先する**ため、「著作権」については、まず「著作権法」が民法に優先して適用される。

【知的財産法】

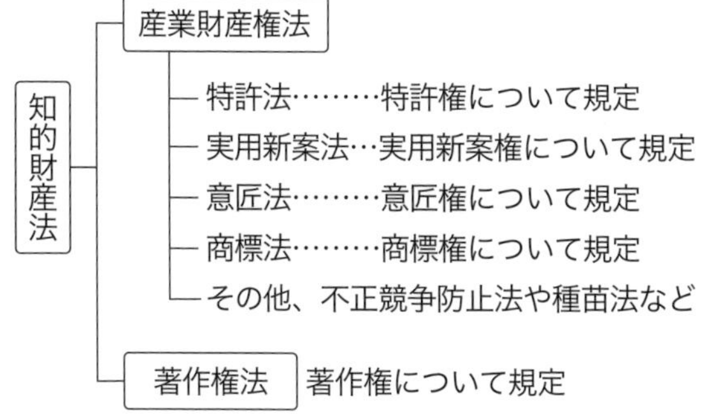
知的財産法
産業財産権法
特許法………特許権について規定
実用新案法…実用新案権について規定
意匠法………意匠権について規定
商標法………商標権について規定
その他、不正競争防止法や種苗法など
著作権法
著作権について規定

(2) 著作権法の全体像

① 著作権法の目的

著作権法は、いうまでもなく「著作権」について規定している法律であるが、著作権のみを規定しているわけではない。

著作権法1条では、その立法目的を、次のように規定している。

要点❸

「この法律は、著作物並びに実演、レコード、放送及び有線放送に関し、著作者の権利及びこれに隣接する権利を定め、これらの文化的所産の公正な利用に留意しつつ、著作者等の権利の保護を図り、もって文化の発展に寄与することを目的とする。」

このうち、「著作物」に関する権利としては「著作権」が含まれるが、**「実演、レコード、放送及び有線放送」**に関する権利は、**「著作隣接権」**といい、著作権とは異なる権利である。

② 著作権法の構成

著作権法とは、一言でいうと「著作物を創作した著作者等の権利を定めるとともに、その権利保護と公正な利用とを調整するための法律」である。

著作権法は全124条から成っており、次表のとおり8つの「章」で構成されている。

なお、以下、文中に「法○条」とあるのは、「著作権法○条」の略であり、本書巻末に著作権法の全条文を掲載しているので、適宜参照していただきたい。

【著作権法の構成と内容】

章	内　容
第１章　総則	著作権法の目的、用語の定義、適用範囲等について規定している。
第２章　著作者の権利	著作物の例示、特殊な著作物、著作者人格権、著作権、著作権の制限（自由利用）、保護期間、著作権の譲渡及び消滅、利用許諾、著作権の登録等について規定している。
第３章　出版権	出版権の内容について規定している。
第4章　著作隣接権	著作隣接権者である、実演家、レコード製作者、放送事業者及び有線放送事業者の権利等について規定している。
第５章　私的録音録画補償金	デジタル式の録音録画機器や記録媒体の購入時に課される私的録音録画補償金等について規定している。
第６章　紛争処理	著作権等を巡る紛争解決を図るため、文化庁に置かれる委員による「あっせん」制度について規定している。
第７章　権利侵害	著作権等の侵害に対する対処策や裁判手続上の特則等について規定している。
第８章　罰則	著作権等の侵害者に対する罰則（刑事罰）について規定している。

(3) 民法との比較

前述のように、著作権法は民法の特別法であるから、著作権に関しては、まず、著作権法の規定に従うことになる。

しかし、著作権法に規定がない場合、又は著作権法を解釈する上では、一般法である民法に従うことになる。

したがって、著作権法を理解する上では、民法の理解も不可欠といえるのであるが、民法は1,050条に及ぶ「大きな法律」であり、その全てを学習することは容易ではない。

そこで、ここでは、著作権法にも密接に関係する民法規定のみを取り上げて、著作権法における規定と比較することにする。

① 民法の原則

民法の原則は、「財産法の原則」とも呼ばれ、私法全体に共通する「基本的な考え方」である。

【民法の原則】

権利能力平等の原則	人は生まれながらにして平等な権利能力（権利を得、義務を負担する能力）を有する。
所有権（財産権）絶対の原則	所有権など財産権は、国家や他人によって侵害されず、自由に使用・収益・処分することができる。
私的自治の原則	個人の私的な関係は、個人が自由に決めることができる（=契約自由の原則）。
過失責任の原則	故意又は過失がなければ、他人に損害を与えても責任を負わなくてよい。

これらを著作権法について当てはめてみると、「権利能力平等の原則」により、「大人」や「プロ」が創作した著作物のみならず、「児童」や「素人」が創作した著作物にも、等しく著作権が発生する。

また、「所有権（財産権）絶対の原則」や「私的自治の原則」により、著作権者は、独占排他的に著作権を行使し、また、著作権を他人に譲渡（売却等）するなど処分することができる。

一方、「過失責任の原則」により、著作権が侵害されても、侵害者側に故意又は過失がなければ、著作権者は、損害賠償を請求することができない（侵害者は責任を負わない）。

このように、民法の原則は、著作権法にも原則的に及ぶのであるが、これらはあくまでも「原則」であり、また、著作権法が特別法であるという性格上、修正される点もある。

② 財産権の移転

例えば、財産権である所有権は、「売買(契約)」や「贈与(契約)」のほか、「相続」によって移転する(民法549条、555条、896条)。

要点❹

同様に、著作権も財産権であるから、その譲渡（売買や贈与）のほか、相続によって移転する。

なお、会社その他の「法人」においては、個人における相続時と同様、他の法人との「合併」によって、財産権(所有権や著作権)が他の法人に移転する(包括承継・一般承継)。

☞ 売買や贈与により、特定の財産のみが移転することを「特定承継」といい、相続や合併により、被相続人や被合併会社の権利・義務一切が移転することを「包括承継（又は一般承継）」という。

☞「法人」とは、法定手続に従って成立した団体であって、個人と同様の権利能力が認められる団体等をいう。

③ 契約の成立

契約に関する一般法でもある民法によると、売買契約や贈与契約は、**当事者間の合意のみ**によって成立する(諾成・不要式の契約。民法549条、555条)。

要点❺

著作権法においても同様であり(著作権法では、著作権の譲渡や利用許諾の方法を特に規定していないため)、著作権の譲渡契約や著作物の利用許諾契約も、当事者間の合意のみによって、合意が成立した時に、契約書など必要とせずに成立する(法61条、63条)。

例えば、作家Aに対して、その小説の著作権を譲り受けたい旨の出版社Bからの申込みが3月1日になされ、Aが3月10日に口頭で承諾した場合には、AB間の契約書交換が3月20日になされたときであっても、当該著作権譲渡契約は、3月10日に成立する(著作物の利用許諾契約についても同様)。

しかし、このように契約書の交換が契約成立要件でない場合でも、**契約の内容や成立を示す重要な証拠**となるため、特にビジネスシーンでは、**契約書を作成・交換すること**が望ましい。

なお、合意が成立しても、次の要件を満たさない場合には、契約は有効には成立しない。

【契約の有効要件】

要件１	契約内容(重要な要素)が確定していること
要件２	原則として、実現可能な内容であること
要件３	違法な内容でないこと (公序良俗や強行規定に違反しないこと)
要件４	当事者に権利能力及び行為能力があること ※自然人(個人)及び法人には権利能力がある。行為能力とは、単独で有効に契約をすることができる能力であり、未成年者など「制限行為能力者」には、行為能力がない。
要件５	意思と表示が一致していること (意思表示に錯誤等の問題がないこと)

また、申込みに対して、相手方が変更を加えて承諾をしたとき(例えば、「買う」という申込みに対し「貸す」と承諾したとき)は、その申込みの拒絶とともに新たな「申込み」をしたものとみなされ、今度は申込者からの承諾がない限り、変更後の内容では契約は成立しない(民法528条)。

④ 権利の移転時期

民法によると、売買に伴う物の「所有権」は、売買契約の成立の時に、当事者の**意思表示のみ**によって買主に移転し、特約がない限り、代金の支払や目的物の引渡しを必要としない(意思主義の原則。民法176条)。

著作権も同様であり、著作権は、著作権譲渡契約の成立の時に、当事者の意思表示のみによって譲受人に移転する。

⑤ 一物一権主義

民法によると、所有権その他、物の排他的な支配権である「物権」は、目的となる1個の客体に対して、同一内容の物権は1個しか存在しない。したがって、1筆の土地について、複数の所有権が併存することはできず、このことを「一物一権主義」という(「共有」はできる)。

一方、著作権は物権ではないものの、所有権と同様に著作物の利用に関する排他的な権利であり、1個の著作物について、複数の者のために同一内容の著作権が併存することはない(こちらも「共有」はできる)。

⑥ 物権変動と対抗要件

民法によると、売買契約等に基づく不動産上の「所有権取得」といった物権の変動は、買主がその旨を「登記(所有権移転登記等)」しなければ、第三者(例えば、同一不動産を二重に買い受けた者)に対抗することができないとされる(民法177条)。

要点❻

一方、著作権には「登記」という制度はないものの、「登録」の制度があり、著作権譲渡等による著作権の移転は、「著作権移転の登録」をしなければ、第三者に対抗することができない(法77条)。

⑦ 共有

2人で1軒の家を購入した場合や、兄弟で親の土地を相続した場合など、その不動産の所有権を複数名で「共有」することになる。

こうした共有者には、その出した金額又は相続分に応じた「持分」があり、民法上、その物全部の処分(売買等)は、共有者全員で行うことを要するが、「各自の持分」は、各共有者が自由に処分することができる(持分移転。民法249条以下)。

一方、2人で1個の著作物(共同著作物)を完成させた場合など、**著作権も複数名で共有される場合があるが**、民法とは異なり、著作権法によると、**他の共有者の同意がなければ、各共有者の持分(著作権持分)を処分することができない**とされる(法65条)。

⑧ 質権

民法によると、自己の借金など「債務の担保」として、債務者は、その所有物(X)に、債権者のため「質権」を設定することができる(Xの引渡しを要する。民法344条)。

万一、債務者が借金を返済できない場合、債権者は、引渡しを受けたXを競売等して、その代価から優先弁済を受けることになる。

同様に、著作権法においても、**著作権者は、「著作権」に質権を設定することができる。**ただし、**著作物を債権者に引き渡す必要はなく、そのまま著作権者が著作権を行使することができる**(法66条)。

万一、著作権者が借金を返済できない場合、債権者は、著作権行使によって著作権者が受けるべき金銭(利用許諾料や印税など)を差し押さえて、そこから優先弁済を受けることになる。

なお、所有権と著作権は別個の権利であるから、例えば、絵画Yの所有者(B)が、借金の担保としてY（所有物)に質権(動産質)を設定する場合でも、Yの著作権者(A)の許諾を必要としない。

同様に、Aが絵画Yの「著作権」に質権を設定する場合でも、Bの許諾を必要としない。

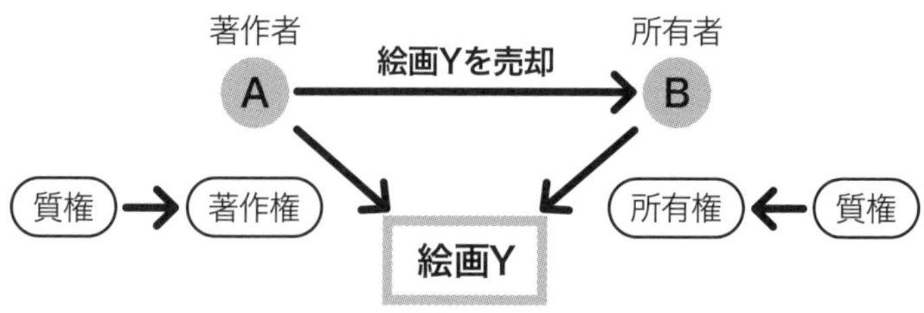

⑨ 不当利得

民法によると、契約関係など法律上の原因なく他人の財産又は労務によって利益を受け、そのために他人に損失を及ぼした者(受益者という。)は、その受けた利益を返還すべき義務を負う(民法703条)。

要点❼

著作権についても同様であり、例えば、利用許諾を与えていないのに著作物を利用して利益を受けた受益者に対し、著作権者は、不当利得の返還を請求することができる。

⑩ 不法行為責任

前述のように、「過失責任の原則」により、民法上、「故意又は過失」により他人の権利又は法律上保護される利益を侵害した者は、これによって他人に生じた損害を賠償する責任を負う(過失責任。民法709条)。

要点❽

著作権法においても同様であり、著作権等の侵害を理由として著作権者等が「損害賠償」や「名誉回復のための措置」を請求するには、侵害者側の「故意又は過失」を必要とする(著作権法115条、117条)。

なお、前述した**「不当利得の返還請求」をする際には、受益者側の故意又は過失は要件とされない。**

確認テスト

各設問について、正しければ○を、誤っていれば×をつけなさい。(解答・解説は次ページ)

□ 問1　▶個人の財産権については憲法には保障規定がないため、民法によって保障されている。

□ 問2　▶画家Aが、自ら描いた絵画Xの原作品をBに譲渡した場合には、Bは、当然に絵画Xの著作権者となる。

□ 問3　▶著作権は、知的財産権に属するが、主として産業上利用される権利ではないため、産業財産権ではない。

□ 問4　▶民法と著作権法は別個の法律であるから、著作権について民法規定が適用される場面はない。

□ 問5　▶著作権法は、その第1条で、「著作物並びに出版物に関し、著作者の権利及び出版権を定め、これらの文化的所産の公正な利用に留意しつつ、著作者等の権利の保護を図り、もって文化の発展に寄与することを目的とする。」と規定している。

□ 問6　▶著作権法には、紛争解決のための「あっせん」制度についての規定はあるが、著作権を侵害した者に対する刑罰規定はない。

□ 問7　▶著作権は財産権であるから、相続の対象となる。

□ 問8　▶広告代理店A社は、写真家Bに対し、Bが撮影した写真Xの著作権を買い受けたい旨の申入れを10月1日に行い、これに対しBは、10月10日に電話で承諾した。その後、10月15日に本件著作権譲渡契約書がAB間で交換された場合、本件契約は、10月15日に成立する。

□ 問9　▶名画コレクターでもある実業家Aは、Bが描いた絵画Yの原作品を所蔵しているところ、事業が資金難となりCから融資を受けることになった。Aが融資の担保として絵画YをCに質入れするには、Bの承諾が必要である。

解答・解説

□ 問1× ▶個人の財産権は、憲法29条により保障されている。

□ 問2× ▶所有権と著作権は別個の権利であり、絵画など著作物が譲渡(売却等)された場合に、買受人はその絵画の所有権を取得することはできるが、別途著作権移転の特約がない限り、当然には著作権を取得しない。

□ 問3○ ▶著作権は、人の創作活動の結果生み出された所産に発生するため知的財産権であるが、主として産業上の利用を目的としない所産にも生じる権利であるため、産業財産権ではない。

□ 問4× ▶著作権法は民法の特別法であるから、著作権に関する契約場面など著作権法に特に規定がない場合には、民法が適用される。

□ 問5× ▶著作権法は、その第1条で、「著作物並びに実演、レコード、放送及び有線放送に関し、著作者の権利及びこれに隣接する権利を定め、これらの文化的所産の公正な利用に留意しつつ、著作者等の権利の保護を図り、もって文化の発展に寄与することを目的とする。」と規定している。

□ 問6× ▶著作権法では、侵害者に対する刑罰(懲役刑や罰金刑)についても規定している。

□ 問7○ ▶財産権たる著作権は、相続の対象となる。

□ 問8× ▶著作権譲渡契約は、当事者間の合意があった時(申込みに対する承諾時)に、口頭であっても成立する。したがって、本問では、10月10日に契約が成立する。

□ 問9× ▶所有権と著作権は別個の権利であるから、所有者が所有物(動産)を質入れするのに、著作権者の承諾は必要ない。

第2章　著作物

本章で学ぶこと

１. 著作物とは？
２. 著作物の例示
３. 特殊な著作物
４. 著作権法によって保護される著作物

1. 著作物とは?

(1) 著作物の要件

著作物とは､「著作権」という権利が発生する客体である。

法2条1項1号によると、著作物の要件として「思想又は感情を創作的に表現したものであって、文芸、学術、美術又は音楽の範囲に属するもの」と規定している。

すなわち、次の4つの要件(すべて)が満たされたものが、原則として著作物と認められる。

要点❾

要件1	「思想又は感情」の表現であること
要件2	「創作的」なものであること
要件3	「表現したもの」であること
要件4	「文芸、学術、美術又は音楽の範囲に属するもの」であること

①「思想又は感情」の表現

「思想又は感情」とは、簡単に言えば作者自身の「考え」や「思い」のことであり､高度な理論性や芸術性が要求されるものではない。

したがって、子供が描いた絵や旅先で撮影した記念写真など、**人の手によるものは広く著作物性がある**が、動物に描かせた絵(模様)や定点・防犯カメラの映像、思想や感情を入れる余地のない証明写真などは、いずれも著作物とはならない。

②「創作性」

著作物となりうるためには、その思想又は感情の表現に「創作性」がなければならない。

この「創作性」とは、簡単にいえば「作者が独自に考え・作成したもの」ということであり、つまり「独創性(=オリジナリティ)」と「創造性(=クリエイティビティ)」の存在が要件となる。

したがって、他人が描いた絵画の模写など、どんなに上手く(真似て)描いたとしても、そこには創作性がないため、著作物とはならない(「複製物」である)。

なお、特許権の客体となる「発明」とは異なり、「新規性」は創作性の要件ではない。

例えば、既存の写真と同じ場所で撮影された風景写真や、既存の楽曲の存在を知らずに偶然それと似たメロディーが登場する楽曲は、いずれも、別個の著作物と認められる(「ワン・レイニー・ナイト・イン・トーキョー事件」最判昭和53.9.7)。

③「表現したもの」であること

著作物となりうるためには、それが「表現されたもの」であることを要する。

つまり、作者自身の創作活動の成果が他人に認識しうるものでなければならず、**具体的に目に見え、又は耳で聞こえる**など具現化されている必要がある。

表現されたものであれば、継続性は問題とならず、例えば、「氷の彫刻」など短時間で消滅するものでも著作物となりうる。

また、映画を除き、紙やCDなどの媒体に固定されている必要もなく、例えば、楽譜に書かれていない**即興演奏**や**打楽器のリズム(音)**、**講演・講義**といった口述も著作物となりうる。

一方、アイデア(発想)や方法、作風や画風といった表現を伴わない内面部分(イメージ)は、著作物ではない。

例えば、ある技術者の「論文」は著作物となりうるが、その論文の内容である技術的な「アイデア」は、特許など他の産業財産権の客体とはなりえても、著作物とはならない。

④「文芸、学術、美術又は音楽の範囲に属するもの」であること

著作物となりうるためには、以上の要件を満たした表現物が、「文芸、学術、美術又は音楽の範囲に属するもの」であることを要するが、これは著作権を他の産業財産権と区別するための要件であって、この4つの範囲に属するか否かの厳格性は不要である(限定列挙ではない)。

ただし、例えば「料理(盛付け)」や「スポーツの演技(振付け)」などは、「芸術的」という言葉が用いられる場合があっても、文化的所産とはいえず、原則として著作物とはならない。

一方、「博多人形」のような鑑賞用の美術工芸品は、量産されるため産業財産権の1つである意匠権の客体となりうるが、別途、著作物性も認められる(法2条2項)。

(2) 著作物とはならないもの

一方、以上の要件を満たさないもののほか、以下の表現物は、著作物とはならない。

① 単なるデータ(数値等)、雑報、時事の報道等

要点⑩

アンケートの集計結果や論評を伴わない事実のみを伝えるニュース記事等は、情報の有用性や作成労力にかかわらず、著作物ではない(法10条2項)。

これらは、人の手によるものであっても、「思想や感情を創作的に表現したもの」とは認められないためである。

また、「文字(漢字やアルファベット等)」や「記号・符号」も、それのみでは著作物とはなりえず、「名称(会社名や商品名)」も、「商

号」や「商標」として他の法律による保護対象とはなりえても、著作物ではない。

② 誰が考えても同様となる、ありふれた表現

事務的な文書や新聞記事の「見出し」等は、内容や一定の目的から導かれる短いフレーズであって、選択できる表現や創作できる範囲も狭く、それのみでは一般に著作物とはならない（「読売オンライン事件」知財高裁平成17.10.6等）。

2. 著作物の例示

以上、著作物となりうるための「4つの要件」について説明したが、法10条1項には、具体的な著作物が例示されている。

なお、これらはあくまで例示であるため、「例示されていないものは著作物ではない」と決めつけないよう注意していただきたい。

例示されていないものについては、前述の4つの要件に該当するか否かにより、その著作物性を個別に判断することになる。

要点⓫

(1) 小説、脚本、論文、講演その他の「言語の著作物」
(2) 音楽の著作物
(3) 舞踊又は無言劇の著作物
(4) 絵画、版画、彫刻その他の「美術の著作物」
(5) 建築の著作物
(6) 地図又は学術的な性質を有する図面、図表、模型その他の図形の著作物
(7) 映画の著作物
(8) 写真の著作物
(9) プログラムの著作物

①小説、脚本、論文、講演その他の言語の著作物（法10条1項1号）

ここには、文書や口述による「言語の著作物」が例示されている。この部類に属する著作物としては、ほかにも**テキスト**、**報告書（レポート）**、**詩**、**手紙**や**日記**など様々なものが考えられる。

前述のように、誰が作成しても同様となるであろう、ありふれ

た内容や事務的な文書は、一般に著作物とは認められない。しかし、思想や感情を表現した「俳句や短歌」は著作物と認められるほか、「語呂あわせ」や「標語」等の短い文書であっても、その個性的表現に創作的工夫が認められるものは、著作物となりえる。

一方、文書によって表現されたものではなくても、口頭で行われる「講演」の類として、講義や演説等の「口述」も言語の著作物に該当する。

ただし、いずれの場合も、単なる事実を伝達するにすぎない(創作性がない)ものは、著作物とは認められない(法10条2項)。

② 音楽の著作物(法10条1項2号)

メロディやリズムによって表現される「楽曲」及び「歌詞」が、音楽の著作物である。

要点⑫
楽譜上に音符等によって書かれていることは要件とされておらず、「音」のみで表現された即興演奏や即興歌唱、打楽器のリズムも、音楽の著作物に含まれる。

③ 舞踊又は無言劇の著作物(法10条1項3号)

この著作物として例示されるのは、踊りやパントマイムの「形」や「振付け」である。

音楽の著作物と同様に、必ずしも台本等に書かれていることは要件とされていない。

なお、踊りや演技そのものは、後述する著作隣接権(法89条)の客体である「実演」であって、著作物ではない。

④ 絵画、版画、彫刻その他の美術の著作物(法10条1項4号)

美術の著作物とは、色彩や形状により、主に鑑賞目的として創作された著作物であり、絵画や版画のように平面的なものから、彫刻や生け花のように立体的なものまで様々なものがある。

「文字(書体・タイプフェイス)」は、それのみでは著作物とはならないが、筆勢や墨の濃淡等により芸術的に創作された「書」は美術の著作物であり、また、主に鑑賞用に制作された人形など美術工芸品も、美術の著作物に含まれる(法2条2項)。

漫画の絵や、そこに描かれた人物・動物など「表現されたキャラクター」も、美術の著作物である。しかし、漫画等における具体的な表現から離れた「キャラクター」のみの著作物性については争いがある(「ポパイ・ネクタイ事件」最判平成9.7.17)。

キャラクター自体は、「キャラクター商品」など、専ら商業目的で使用される場合には、商標権や意匠権といった産業財産権の客体になると考えられる。

⑤ 建築の著作物(法10条1項5号)

要点⑬
著作物となりうる建築物は、全ての建築物ではなく、宮殿や寺院など「美的要素を含む芸術的価値のある建築物(歴史的価値は問わない。)」である。

建築の著作物には、人が出入りできる建物に限らず、塔や橋といったあらゆる「建造物」が含まれ、また、外観のみならず、「玄関ロビー」や「日本庭園」といった建物内の一部分であっても、著作物性が認められうる。

⑥ 地図又は学術的な性質を有する図面、図表、模型その他の図形の著作物(法10条1項6号)

地図は、まず正確性が要求されるために創作できる範囲が少ないように見えるが、作り手がどのような意図で作成するかによって表示される情報が異なるために、広く著作物と認められる。

このほか、同じく作成者側の意図によって表示が変わる設計図や図表及び地球儀や人体模型などで「学術的な性質を有するもの」も、著作物とされる。

なお、量産される工業製品の設計図については争いがあるが、その図面上において設計者の創作性が発揮されているものは、著作物となりうる。

⑦ 映画の著作物（法10条1項7号）

映画の著作物とは、動画による表現物をいい、劇場用映画に限らず、映画の効果に類似する視覚的又は視聴覚的効果を生じさせる方法で表現され、かつ、物に固定されているもの全般を意味する（法2条3項）。

特に要件として重要なのは、「動画（連続した影像）」と「固定」であり、音声を伴っているか否か、また、編集など特別の加工が加えられているか否かは問わない。

ただし、カメラワーク等により、被写体その他、何らかの形で創作者の意図が映像上で表現されている必要があり、定点・防犯カメラの映像など人の手によらないものは映画の著作物とはならない。

「固定」とは、劇場用映画フィルムに限らず、ビデオテープや記録ディスク等により、一旦は「収録」されることを意味する。例えば、テレビドラマは一般に映画の著作物であるが、収録を伴わないテレビの生放送・ライブ中継は、映画の著作物にはあたらない。

⑧ 写真の著作物（法10条1項8号）

写真の著作物とは、被写体の選択や撮影方法等により、撮影者の思想又は感情が表現されたものをいい、撮影者や撮影機材を問わない。また、デジタル写真や映像の静止画等も写真の著作物と認められる（法２条４項）。

したがって、旅行先で撮影した家族や風景の写真は著作物となりうるが、証明写真や、商品を広告掲載用に機械的に撮影した写真などは、著作物とは認められない。

なお、「被写体の選択」はアイデアにすぎず、その組合せや配置等に創作性がある場合（人為的（じんいてき）被写体）を除き、保護対象とはならない（「スイカ写真事件」東京高判平成13．６.21）。

⑨ プログラムの著作物（法10条1項9号）

コンピュータプログラムも、プログラマーの思想や感情を創作的に表現したものとして、著作物とされる。

ここでいうプログラムとは、「電子計算機を機能させて一の結果を得ることができるように、これに対する指令を組み合わせたものとして表現したもの」をいい(法2条1項10号の2)、つまり、パソコン(コンピュータ)を用途に応じて稼働させるソフトウェア(ソースコード等)のことを指す。

具体的には、大型コンピュータ、パソコン、携帯電話用のコンピュータプログラム(オブジェクトプログラム、ソースプログラム)、コンパイラー等の言語プロセッサ、WindowsなどのOS (オペレーティング・システム)、表計算ソフト(Excel)等のアプリケーションソフト、及びゲームソフトなどが該当する。

要点⓮
一方、文字や文法が著作物とはされないのと同様に、プログラムを作成するために用いられるプログラム言語、規約(プロトコル)、解法(アルゴリズム)には、独立した著作物としての保護が及ばない(法10条3項)。

3. 特殊な著作物

以上、著作権法上で例示されている(典型的な)著作物について見てきたが、著作物はこれだけではない。

次に、特殊な著作物として、**二次的著作物、編集著作物、データベースの著作物及び共同著作物**を紹介する。

(1) 二次的著作物

要点⓯
二次的著作物とは、基となる他の著作物A（これを原著作物という。)に「創作的な変更等」を加えて、新たにBとして創作された著作物のことであり、著作権法においては、「二次的著作物とは、著作物を翻訳し、編曲し、若しくは変形し、又は脚色し、映画化し、その他翻案することにより創作された著作物をいう。」と定義されている(法2条1項11号)。

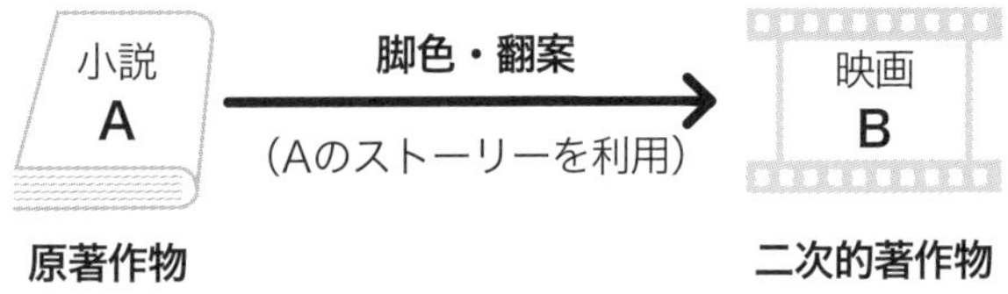

二次的著作物(B)は、原著作物(A)とは別個独立した著作物であり、Bが創作されても、Aの著作者の権利には影響がない(法11条)。

一方、こうした二次的著作物の創作は、本来、**原著作物の著作者(X)のみが可能とされる**ため(法27条)、他人(Y)が創作するには､Xの許諾を必要とする。また､**二次的著作物の利用に関しては、XにもYと同一の著作権が認められる**(法28条)。

したがって、第三者が二次的著作物(B)を利用しようとする場合(例:小説Aをもとにした映画Bを第三者がインターネット配信する場合等)には、Bの著作者(Y)と、Aの著作者(X)の「双方」の許諾を受ける必要がある。

① 翻訳

翻訳とは、英語で書かれている外国の原作本を日本語訳するなど、言語の著作物について、原作とは言語体系の異なる他の国語で表現することである。

他国の言語による翻訳物は、広く「二次的著作物」と認められるが、文章の暗号化や点字化は、機械的に行われるため翻訳ではなく「複製」にあたる。

② 編曲

楽曲など音楽の著作物について､**アレンジを加えること**である。なお､「原曲を基に別個の新たな著作物(楽曲)を創作すること」が二次的著作物となるための要件であるから、他の楽器での演奏用にキー（音程)を変更したり、テンポを変える程度では、二次的著作物とは認められず単なる「複製」とされる。

③ 変形

写真の著作物を絵画で描いたり、イラストをもとに立体人形を制作するといった、**著作物の表現形式を変更すること**である。

ただし、編曲と同様に「新たな創作性」が認められない場合には、二次的著作物とは認められず単なる「複製」とされる。

④ 脚色及び映画化などの翻案

脚色とは、小説などの原著作物を、演劇用や映画化するために脚本(シナリオ)化することであり、映画化とは、それら**原作や脚本を基に映像化すること**である。

さらに、文章の要約や、難しい物語を児童向けに平易にアレンジすること、**コンピュータプログラムのバージョンアップ**なども「翻案」に含まれ、つまり、前記①〜③以外の方法で、内面的表現を維持しつつ、新たな創作性を付加して具体的な表現形式を変えることが、広く翻案に該当する。

なお、「イメージ」のみを利用するなど**「原著作物の表現を感得できないもの」は、二次的著作物とはならない。**例えば、映画をイメージして作曲された「音楽」は、映像上の表現を用いたものではないため、映画の二次的著作物ではない。

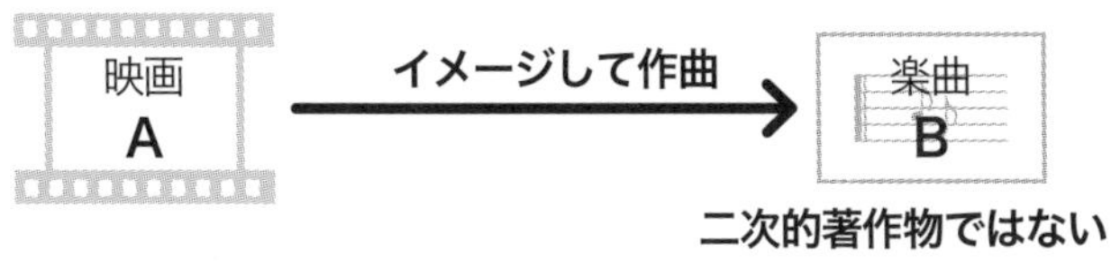

(2) 編集著作物

要点⑯

編集著作物とは、著作権法においては「編集物(データベースに該当するものを除く。)で、その素材の選択又は配列によって創作性を有するもの」と定義されている(法12条1項)。

ここでも、当然に創作性が要件とされているが、例えば、**新聞や百科事典、職業別電話帳**などには「素材をどのように選択し又は配列して掲載するか」という点に創作性(工夫)が発揮されており、編集著作物にあたるとされる。

しかし、同じ素材を扱う場合でも、例えば、**「学生番号順に並べたクラス全員の作文集」**や**「50音別の電話帳」**など、選択を伴わず、また、配列にも創作性が認められない編集物は、**いくら情報量が多く編集に労力を要したとしても、それらは単なる事実情報資料であって編集著作物とは認められない。**

さらに、編集著作物とは、「素材の選択又は配列における創作が、具体的に表現されたもの」である必要があるのであって、選択や配列方法といったアイデア自体は著作物ではない。

例えば、前述の職業別電話帳では、具体的に「職業別に記載されている電話帳」が著作物なのであって、職業別の分類方法が著作物となるわけではない(「タウンページデータベース事件」東京地判平成12.3.17)。

一方、これら編集著作物に掲載等される素材とされるものは、他の著作物であると、著作物ではない単なる事実やデータ等であるとを問わないが、もし、**他人の著作物を素材とした場合であっても、その素材となった著作物の著作者の権利には影響を及ぼさない**(法12条2項)。

したがって、編集著作物の素材として他人の著作物が利用されている場合には、第三者が当該編集著作物を複製等して利用する

【編集著作物の要件】

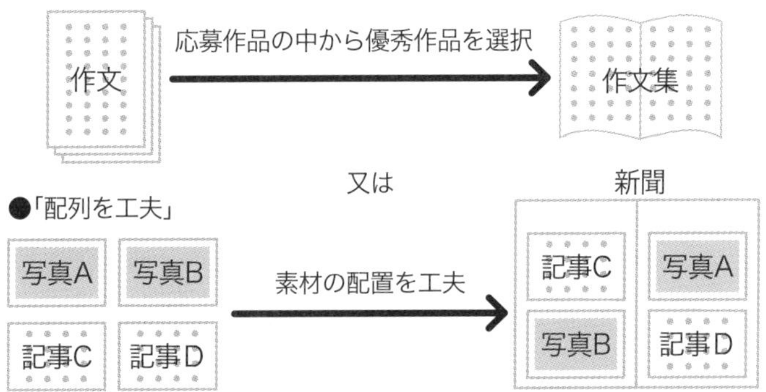

には、編集著作物の著作者と、素材とされた著作物の著作者の「双方」の許諾を受ける必要がある。

(3) データベースの著作物

要点⑰

データベースとは、「論文、数値、図形その他の情報の集合物であって、それらの情報を電子計算機を用いて検索できるように体系的に構成したもの」をいい、「データベースの著作物」とは、「データベースでその情報の選択又は体系的な構成によって創作性を有するもの」と定義されている(法2条1項10の3、12条の2第1項)。

前述の編集著作物との差異は、編集著作物が「素材の選択又は配列の創作性」を要件としているのに対し、データベースの著作物は、「情報の選択又は体系的な構成の創作性」と、その用途をパソコン等コンピュータにおける利用に限定して言い換えている点である。

つまり、**収録(蓄積)されている情報(データ)が選択されたものであるのか、又は検索結果が得やすいように工夫されているのか**が要件とされているが、その意味は「編集著作物」と同様であり、創作性の程度についても、編集著作物と同様に、他のものに依拠しない独自の工夫が見られれば足り、新規性や進歩性までは要求されない。

なお、編集著作物におけるのと同様、収録されている情報が著作物であるか否かは問わないが、**収録されている情報が著作物である場合でも、個々の情報の著作者の権利には影響を及ぼさない**(法12条の2第2項)。

したがって、第三者が同様のデータベースの著作物を制作(複製)しようとする場合には、データベースの著作者からの利用許諾を受けるだけでなく、個々の情報の著作者の許諾も必要となる。

(4) 共同著作物

要点⑱
共同著作物とは、座談会や討論会における一連の会話のように、「2人以上の者が共同して創作した(1個の)著作物であって、その各人の寄与を分離して個別的に利用することができないもの」をいう(法2条1項12号)。

共同著作物に対する権利は、**複数の著作者によって「共有」されること**となり、共同著作物を第三者が利用する場合には、原則として、共有者(共同著作者)全員の許諾を必要とする。

一方、作曲家と作詞家が別人である歌謡曲や、各別の者の手による文章と挿絵、章ごとに著作者が異なる本など、**各著作者の創作した部分を「分離して利用できるもの」は、共同著作物ではない。**

したがって、各著作者の権利は、個別に行使することができる。

4. 著作権法によって保護される著作物

以上、著作物について説明してきたが、一体誰の手による著作物がわが国の著作権法で保護され、また、著作物であれば、すべて保護対象となるのであろうか？

この点については、法6条及び13条に規定がある。

(1) 保護を受ける著作物(著作権法の適用範囲)

次のうち、いずれかに該当する著作物については、わが国の著作権法による保護が及ぶ。

要点⑲

❶ 日本国民(わが国の法令に基づいて設立された法人及び国内に主たる事務所を有する法人を含む。以下同じ。)の著作物(法6条1号)

❷ 最初に日本国内において発行された著作物(最初に外国において発行されたが、その発行日から30日以内に日本国内において発行されたものを含む。)(法6条2号)

❸ 前2号に掲げるもののほか、条約によりわが国が保護の義務を負う著作物(法6条3号)

① 日本国民の著作物(法6条1号)

法6条1号は、日本国籍を有する者の著作物を保護する旨(国籍主義)を規定しており、日本国籍を有する者が作成したものであれば、**どこで発行された著作物であっても、また、たとえ未発行のものでも**、わが国の著作権法で保護される。

さらに、複数の著作者が共同して創作した「共同著作物」については、**共同著作者のうち1人でも日本国民が含まれていれば**、わが国の著作権法で保護される。

内国法人や日本に主たる事務所を有する法人についても同様であるが、著作権法上の「法人」には、わが国の法令に基づいて設立された「会社」のほか、公益法人・非営利法人(NPO)はもとより、**法人格を持たないものでも、代表者又は管理人の定めのあるもの(自治会等、いわゆる権利能力なき社団・財団)も含まれる**(法2条6項)。

② 最初に国内において発行された著作物(法6条2号)

日本国民の著作物は、前号によって保護されるため、本号は、**「外国人」が作成した著作物の保護**に関する規定であり、外国人の著作物であっても、わが国で最初に発行されたものは、わが国の著作権法で保護される。

さらに、外国人の著作物であって、最初に外国で発行されたものであっても、その発行日から**「30日以内」**にわが国においても発行されれば、わが国の著作権法で保護される。

③ 条約上保護義務を負う著作物(法6条3号)

前2号により、わが国の著作権法による保護が認められる場合のほか、貿易による商業の国際化や、インターネット・デジタル技術の普及による情報・文化のグローバル化等、著作物の国際的な波及に伴い、わが国と条約関係にある他国(同盟国)の国民の著作物、及び同盟国において最初に発行された著作物も、わが国の著作権法で保護される。

わが国が加入している著作権関連条約としては、加入年順に「ベルヌ条約(1899年)」、「万国著作権条約(1956年)」、「TRIPs協定(1995年)」、「WIPO（世界知的所有権機関)著作権条約、実演・レコード条約(2000年)」などがある。

なお、著作権に関する条約は著作権法に優先するとされ、著作者の権利及びこれに隣接する権利に関し条約に別段の定めがあるときは、「条約」の規定によるものとされている(法5条)。

(2) 著作権の目的とならない著作物

一方、法13条では、国民に広く開放して自由に利用させることが公益にかなうという理由から、著作物性があるものであっても、著作権法による保護を受けないものを例示している。

要点⑳

❶ 憲法その他の法令(法13条1号)

❷ 国若しくは地方公共団体の機関又は独立行政法人若しくは地方独立行政法人が発する告示、訓令、通達その他これらに類するもの(法13条2号)

❸ 裁判所の判決、決定、命令及び審判並びに行政庁の裁決及び決定で、裁判に準ずる手続により行なわれるもの(法13条3号)

❹ 前三号に掲げるものの翻訳物及び編集物で、国若しくは地方公共団体の機関又は独立行政法人若しくは地方独立行政法人が作成するもの(法13条4号)

① 憲法その他の法令(法13条1号)

憲法や民法、著作権法といった法律はもちろん、政府(内閣)による政令、各大臣による省令、地方公共団体による条例を含む。また、**条約や外国の法令**も含むと解されている。

② 国若しくは地方公共団体の機関又は独立行政法人若しくは地方独立行政法人が発する告示、訓令、通達その他これらに類するもの(法13条2号)

法令に準じるものとして、国、地方公共団体、独立行政法人といった公法人が発する国民の権利・義務に関する文書である。

ただし、「白書」や「報告書」、「データベース」等は、これら公法人が作成したものであっても、国民の権利・義務に直接関係する著作物とはいえず、また、有料で販売されるものもあるため、通常の(私人や民間企業の手による)著作物と同様の保護を受け、自由利用は認められない。

③ 裁判所の判決、決定、命令及び審判並びに行政庁の裁決及び決定で、裁判に準ずる手続により行われるもの(法13条3号)

裁判所の判決等のほか、行政処分への不服申立て等に対して行政庁が準司法手続として行う裁決や決定も、自由利用が認められる。

④ 前三号に掲げるものの翻訳物及び編集物で、国若しくは地方公共団体の機関又は独立行政法人若しくは地方独立行政法人が作成するもの(法13条4号)

ここで注意すべきは、国若しくは地方公共団体の機関又は独立行政法人若しくは地方独立行政法人が作成する前記法令等の翻訳物・編集物に限り、本号による自由利用が認められるのであって、**出版社など「民間企業」が作成する法令集や判例集等の編集物又は翻訳物は、通常の著作物と同様に著作権法による保護を受ける。**

確認テスト

各設問について、正しければ○を、誤っていれば×をつけなさい。(解答・解説は次ページ)

□ 問1　▶曲芸師がチンパンジーに描かせた絵は、美術の著作物である。

□ 問2　▶著作権について認識のない幼稚園児が描いた似顔絵は、著作物ではない。

□ 問3　▶防犯カメラが捉えた犯罪の決定的瞬間の映像は、映画の著作物である。

□ 問4　▶父親が撮影した子供の運動会のホームムービーは、映画の著作物である。

□ 問5　▶楽譜になっていない即興演奏や打楽器の演奏は、著作物ではない。

□ 問6　▶Bが撮影した富士山の写真が、たまたま同じアングルから以前Aが撮影した富士山の写真と酷似していても、Bの写真は別個の著作物として保護される。

□ 問7　▶小説Xのストーリを基にした漫画Yは、Xの二次的著作物であると考えられるが、Xをイメージして作曲された交響曲Zは、Xの二次的著作物ではない。

□ 問8　▶100枚の写真中から20枚を選んで写真集を作成しても、その配列に工夫が見られなければ、その写真集は編集著作物とはならない。

□ 問9　▶外国人が創作した著作物は、最初に日本国内で発行されなければ、わが国の著作権法によって保護されない。

解答・解説

□ 問1×　▶動物や機械による絵や写真は、人の思想や感情が創作的に表現されたものではなく著作物ではない。

□ 問2×　▶幼稚園児の描いた絵であっても、人の手による創作的な表現物であるから、美術の著作物である。

□ 問3×　▶人が関与していない防犯カメラの映像は、その内容にかかわらず映画の著作物ではない。

□ 問4○　▶父親が撮影したホームムービーの映像は、通常、被写体やアングルの選定に創作性が認められ、かつ、ディスク等に固定されており、映画の著作物である(法2条3項)。

□ 問5×　▶楽譜になっていなくても、「音」で表現されておれば、音楽の著作物となりうる。

□ 問6○　▶他人の著作物に依拠せず、独自に撮影・創作した著作物であれば、偶然他人の著作物と類似していても、独立した著作物と認められる(「ワン・レイニー・ナイト・イン・トーキョー事件」最判昭和53.9.7)。

□ 問7○　▶小説の表現部分ではなく、「イメージ」のみを利用した楽曲は、小説の二次的著作物とはならない。

□ 問8×　▶編集著作物の要件としては、素材の「選択」又は「配列」のいずれかに創作性が認められれば足りるため、写真を選択したのであれば、たとえ配列には工夫が見られなくても、編集著作物である(法12条1項)。

□ 問9×　▶外国人の著作物であって最初に日本国内で発行されたものでなくとも、最初の発行日から30日以内に日本国内でも発行され、又は同じ条約加盟国の国民の著作物であれば、わが国の著作権法による保護対象となる(法6条2号、3号)。

第3章　著作者

本章で学ぶこと

1. 著作者と著作者の推定
2. 職務著作(法人著作)
3. 映画の著作物の著作者

1. 著作者と著作者の推定

(1) 著作者

要点㉑
著作者とは、「著作物を創作した者」であり、かつ「最初の著作権者」である(法2条1項2号)。

著作物は、著作権法によって保護される「権利の客体」であるが、この著作物を創作した者、すなわち「著作者」が、著作権その他の「権利の主体」ということになる。

なお、ここで注意すべきは、**「著作者」と「著作権者」の違い**である。

「著作者」は、最初の著作権者であるが、財産権である著作権は、他人に譲渡することができ、また、著作者の死亡によって相続人に移転するため、**「著作権者」は、著作者とは別人となる場合がある。**

(2) 著作者となる時期

要点㉒
著作者は、著作物を創作した時に自動的に「著作者」となり、その地位や権利を取得するのに登録その他特別な方式を必要としない(無方式主義。法2条1項2号、17条2項)。

さらに、著作者となるための資格も、成年者であると未成年者であるとを問わず、まして芸術家といった、いわゆるプロであると素人であるとを問わず、誰でも著作者となることができる。

他方、著作者は、直接著作物を創作した者を指すのであって、創作活動のために**アイデアや資金を提供したにすぎない者や、創作を依頼した者、著作物を監修した者など、直接創作に関与していない者は、著作者ではない。**

もっとも、これら著作者とはならない者であっても、著作者から著作権の譲渡を受けることによって「著作権者」となることはできる。

(3) 著作者の推定

このように、著作物を創作した時に、それを創作した者が自動的に著作者となるが、わが国の著作権法は、著作者となるために特別な方式を必要としない**「無方式主義」**であるため、「この著作物の著作者は誰なのか」という点が問題となる。

そこで、著作権法では、著作者に関して次の規定を置いている。

要点㉓
著作物の原作品に、又は著作物の公衆への提供若しくは提示の際に、その氏名若しくは名称(以下「実名」という。)又はその雅号、筆名、略称その他実名に代えて用いられるもの(以下「変名」という。)として周知のものが著作者名として通常の方法により表示されている者は、その著作物の著作者と推定する(法14条)。

まず、著作物上に、自然人であれば**実名(本名)**、法人であれば**商号など正式な名称**を「通常の方法」で表示してある場合、又は、有名なペンネームや芸名といった社会的に**周知の変名**を「通常の方法」で表示してある場合には、その表示者が著作者であるとの「推定」を受ける（したがって、実名や正式な名称であれば、それが周知のものである必要はない）。

また、ここにいう「通常の方法」とは、絵画や原稿など著作物の原作品上の表示のほか、市販する際の本の表紙や奥付、音楽CDのジャケット上での表示等を意味する。

一方、書物の裏面などに「Ⓒマーク」をもって名称及び発行年が表示されているのを目にすることがある。このマークは、「万国著作権条約」により、以前のアメリカなど「方式主義」を採用する国において保護を受ける上で必要とされていたが、現在ではアメリカを含むほとんどの国が無方式主義を採用するベルヌ条約に加盟しているため、**このマークは「著作権者の許可なく複製・改変等してはならない」という警告の意味があるにすぎず、「通常の方法」による著作者表示とは認められない。**

なお、本規定は**「推定」規定**であるため、反証を許さない「〜とみなす」という規定とは異なり、真の著作者が他にいる場合には、**真の著作者側において反証を挙げて、著作者たる地位を争うことができる。**

2. 職務著作（法人著作）

会社等の法人においても、著作物と認められるもの（例えば、ホームページや広告宣伝物、各種の資料やマニュアル等）が日々作成されている。

これらは、実際には各法人の社員など従業員が作成しているが、従業員が、その所属する法人の業務として著作物を創作した場合には、その著作者は従業員又は法人のいずれとされるのであろうか？

この点について、著作権法では次のように規定している。

要点㉔
法人その他使用者の発意に基づき、その法人等の業務に従事する者が、職務上作成する著作物（プログラムの著作物を除く。）で、その法人等が自己の著作の名義の下に公表するものの著作者は、その作成の時における契約、勤務規則その他に別段の定めがない限り、法人等とされる（法15条1項）。

これは、「従業員の職務上の著作物については、**その法人等が著作者となる**」旨を規定したものであり、一旦従業員に生じた著作者たる地位が、その後法人等に移転するということではない。

この点、特許法による職務発明では、まず発明者たる従業員個人に特許を受ける権利を認めている点と異なる。

以下、職務著作とされる場合の要件について詳しく説明する。

【職務著作の要件】

要件1	「法人その他の使用者の発意」に基づくこと
要件2	「業務に従事する者」による作成であること
要件3	「法人等の名義によって公表」するものであること
要件4	著作者について「別段の定め」がないこと

① 「法人その他の使用者の発意」に基づくこと

「法人その他の使用者の発意」とは、会社等の法人が、その業務として、その従業員に著作物の作成を指示する場合等をいう。

この場合の「発意」の伝達方法は形式面にはとらわれず、例えば、従業員が自らの提案について上司からの決済や承認を受け、その業務上で著作物を創作したときも、「使用者の発意」に基づくとされる。

② 「業務に従事する者」による作成であること

「業務に従事する者」による作成が要件とされているため、法人等と従業員との間には雇用関係又はそれに準ずる関係がなければならない。ただし、「雇用契約の存在」といった形式面にはとらわれず、**使用者の指揮命令下**で労務を提供するという実体の有無や、労務に対する対価の性質など具体的事情を総合的に考慮して判断すべきとされる。

したがって、正社員及び準社員（アルバイト・契約社員）はもちろんのこと、法人の役員（法律上は委任関係）や派遣先の派遣社員も、ここにいう「業務に従事する者」に該当すると考えられる。

一方、法人が外部の者（他の法人や個人）に委託・注文して著作物を作成させる**請負契約や業務委託契約等による場合**は、**外部の者は自己の指揮命令下にないため職務著作とはならず**、その著作者は、著作物を実際に創作した「外部の者」ということになる。

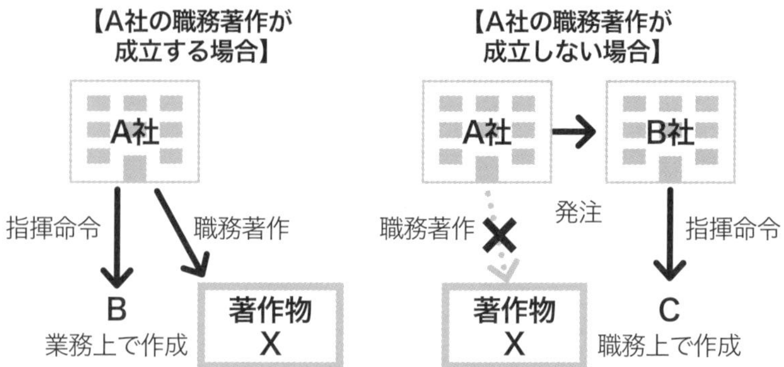

③「法人等の名義によって公表」するものであること

「法人等の名義による公表」も要件とされているため、法人名により公表されるか、又は公表される予定がなければならない。

なお、**コンピュータプログラム**についても、その従業員が創作した場合については職務著作とされるが、コンピュータプログラムは社内のみで、非公表で使用される場合もあるため、**この「法人等の名義による公表」は要件とされていない**（法15条2項）。

④ 著作者について「別段の定め」がないこと

以上の要件に該当する場合であっても、著作者たる地位の帰属について、**従業員と法人等との間に別段の定め**がある場合には、それに従う。

例えば、「従業員が作成した著作物について、作成した従業員を著作者とする」等の取決めが労働契約時や勤務規則上にあれば、その取決めに従うことになる。

3.映画の著作物の著作者

映画の制作には、原作者、脚本家、監督、美術担当、カメラマン、音楽担当、俳優など、様々な人々が関与しており、誰が著作者となるのか、一見明確には判断できない。

そこで、著作権法では、映画の著作物の著作者について、特に次の規定を置いている。

要点㉕

映画の著作物の著作者は、その映画の著作物において翻案され、又は複製された小説、脚本、音楽その他の著作物の著作者を除き、制作、監督、演出、撮影、美術等を担当してその映画の著作物の全体的形成に特別に寄与した者とする。ただし、職務著作の規定がある場合には、この限りでない(法16条)。

すなわち、映画の著作物は、一般に「共同著作物」と考えられ、その著作者は「制作(プロデュース)、監督、演出、撮影、美術等を担当して**その映画の著作物(特に映像部分)の全体的形成に寄与した者**」全員とされるが、もし、これらの者が同じ「映画製作会社」に属する従業員である場合には、前述した「職務著作」となり、当該映画製作会社が一元的に著作者となる。

一方、**映画の原作となった小説の作家、脚本家、映画音楽の作曲者又は出演俳優は、そもそも別個独立した著作者又は著作隣接権者として固有の権利**が認められるため、映画の著作物については著作者とはならない。

確認テスト

各設問について、正しければ○を、誤っていれば×をつけなさい。(解答・解説は次ページ)

□ 問1　▶著作者とは、著作物を創作した者であって、かつ、文化庁において登録を受けた者をいう。

□ 問2　▶著作物上に実名を表示した者は、著作者であるとの推定を受けることができるが、ペンネームなど変名を表示した者が、著作者であるとの推定を受けることはない。

□ 問3　▶「〜と推定する。」とは、反証を許す規定であり、一方、「〜とみなす。」とは、反証を許さない規定である。

□ 問4　▶Aが執筆し、有名な学者であるBが監修した本の著作者は、Bが創作に関与していない限り、Aのみである。

□ 問5　▶会社などの法人が、著作物上に自社を著作者として表示する際には、必ずⒸマークとともに表示しなければ、著作者としての推定を受けることができない。

□ 問6　▶学校の先生Aが指示し、学生Bに書かせた論文については、Aが著作者となる。

□ 問7　▶A社の従業員Bが提案し、上司Cの決裁を得てB自身が創作したA社の広告宣伝物の著作者は、原則としてA社である。

□ 問8　▶A社から委託を受け、B社がA社のポスターを制作した場合には、ポスターの著作者となるのは、当然にA社である。

□ 問9　▶映画の基となった原作小説の作家は、映画監督とともに映画の著作者となるが、映画に出演した俳優は、映画の著作者とはならない。

解答・解説

□ 問1×　▶わが国の著作権法は、無方式主義を採用しており、著作物を創作した時点で著作者とされ、登録その他の手続は要件とされていない(法2条1項2号、17条2項)。

□ 問2×　▶実名を通常の方法で表示した者のほか、「周知の変名」を表示した者も、著作者であるとの推定を受けることができる(法14条)。

□ 問3○　▶設問記述のとおり。

□ 問4○　▶監修者など、実際に執筆や創作に関与していない者は、著作者ではない。

□ 問5×　▶Ⓒマークは通常の著作者表示の方法とはいえず、法人の場合には、正式な名称か周知の変名(有名な略称)を表示しなければ、著作者としての推定を受けることができない(法14条)。

□ 問6×　▶先生と生徒間には職務著作の規定は適用されず、実際に論文を書いた生徒が著作者である。

□ 問7○　▶従業員が起案して創作した著作物であっても、「法人その他の使用者の発意」に基づく著作物であるから、職務著作となる(法15条1項)。

□ 問8×　▶B社は、A社の業務に従事する者ではなく、独立して業務を行う会社である。したがって、A社から委託を受けて請負った仕事であっても、B社(その従業員)が創作した著作物の著作者は、B社である(B社の職務著作となる)。

□ 問9×　▶映画の著作物の著作者は、その全体的形成に創作的に寄与した者であり、小説家や俳優は、映画の著作物の著作者とはならない(法16条本文)。

第4章　著作者人格権

本章で学ぶこと

1. **著作者人格権とは？**
2. **著作者人格権の内容**
3. **著作者人格権の一身専属性**

1. 著作者人格権とは?

著作者には、**著作物を創作した時**に、自動的に著作者としての権利が無方式で帰属する(法17条)。

この著作者の権利としては、「著作者人格権」と「著作権(著作財産権)」という2つの権利があり、それぞれ著作権法において次図の具体的な権利が規定されている。

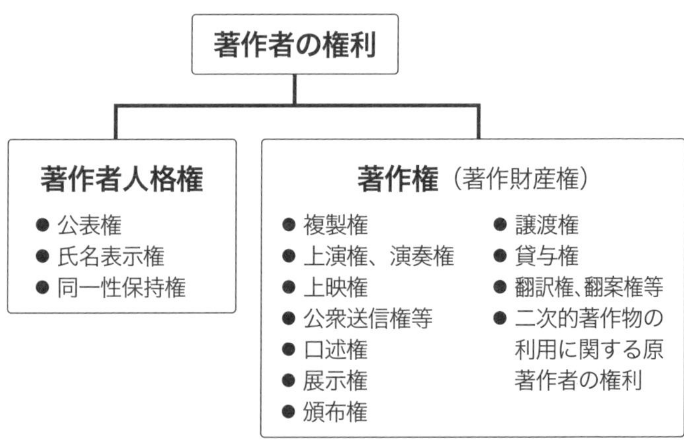

このうち、著作者人格権とは、著作者(**法人を含む**)が創作した著作物について、「公表するか否か」、「公表する際には著作者がどのような名義(実名や変名)を著作物に表示するか(又は表示しな

いか)」、「著作物の内容について変更等を受けない」といった、いわば著作者の人格的・精神的利益を保護するために認められる権利の「総称」である(法18条1項、19条1項、20条1項)。

2.著作者人格権の内容

(1) 公表権

① 公表権の内容

要点㉖

著作者は、著作物でまだ公表されていないもの(その同意を得ないで公表された著作物を含む。)を公衆に提供し、又は提示する権利を有する。当該著作物を原著作物とする二次的著作物についても、同様である(法18条1項)。

すなわち、著作者には、**(i)著作物を公表するか否か、(ii)いつ公表するか(公表時期)、(iii)どのような方法で公表するか**、という点につき、決定権が認められている。

また、万一、他人により無断で公表された場合でも、著作者は、なお公表権を行使して無断公表を差し止め、改めて公表時期や方法等を決定することができる。

公表権は、「公衆」に対する提供又は提示について発生する権利であり、**著作権法上の「公衆」とは、不特定多数者のみならず、「特定多数者」も含まれる**(法2条5項)。

したがって、未公表の著作物を、一定の団体内部で公表する場合にも、「公表権」が問題となる。

さらに、**「二次的著作物」についても原著作物の著作者(A)に公表権が認められ**、原著作物と二次的著作物の「双方」が未公表である場合には、二次的著作物の公表について、Aの同意も必要となる。

② 公表に対する同意の推定

このように、公表権は著作者が有するため、著作物を公表しようとする者(著作者以外の者)は、著作者の同意を得なければならない。

しかし、次の各場合には、その行為の性格上、**著作者が公表に対して同意をしたものと「推定」される**(法18条2項)。

未公表の著作物について、その「著作権」を譲渡した場合 →その譲受人による著作権行使に伴う公表
「未公表の美術又は写真の著作物の原作品」を譲渡した場合 →その譲受人が著作物の原作品を「展示の方法」で公表すること
「映画の著作物の著作権」が、法29条の規定により映画製作者に帰属した場合 →その映画製作者による著作権行使に伴う公表

③ 行政機関情報公開法等と公表権の制限

さらに、次の場合には、著作者の持つ公表権が制限され、著作者は著作物の公表について同意をしたものとみなされ、又は著作者の公表権そのものが否定される。

● 行政機関等に提供された未公表の著作物について、行政機関情報公開法等に基づく開示請求により、行政機関の長等が、当該著作物を公衆に提供又は提示する場合(法18条３項。なお、当該著作物に係る歴史公文書等を、公文書管理法等の規定により、国立公文書館等の長が公衆に提供又は提示する場合も同様)。

● 行政機関情報公開法等に基づく開示請求に係る行政文書内の情報が未公表の著作物である場合において、行政機関の長等が、人の生命・健康等を保護するために公にする必要があると認められる情報、公務員の職務執行内容等に係る情報又は公益上特に必要と認められる情報であるとして当該著作物を公衆に提供又は提示する場合(法18条４項)。

(2) 氏名表示権

要点㉗

著作者は、その著作物の原作品に、又はその著作物の公衆への提供若しくは提示に際し、その実名若しくは変名を著作者名として表示し、又は著作者名を表示しないこととする権利を有する。

その著作物を原作品とする二次的著作物の公衆への提供又は提示に際しての原著作物の著作者名の表示についても、同様である(法19条1項)。

すなわち、著作者には、**原作品上に、又はその著作物を公表するに際して、(i)実名を表示するか変名を表示するか、(ii)そもそも著作者名を表示するか否か**、という点につき、決定権が認められており、二次的著作物については、**原著作物の著作者にも二次的著作物の著作者と同様の氏名表示権が認められる。**

一方で、著作物の利用者は、原則として、すでに著作物に表示されている著作者名を表示することができる。つまり、利用者において改めて著作者名の表示方法を確認する必要はない(法19条2項)。また、例えばホテルやレストラン内におけるBGM(バックグラウンドミュージック)や、広告宣伝物中に使用する写真などのように、その**利用目的等に照らして著作者名を表示することが困難である場合**であって、**著作者の利益を害するおそれがないと認められるとき**は、公正な慣行に反しない限り、著作者名の表示を省略することができる(法19条3項)。

さらに、前述の公表権と同様に、行政機関情報公開法等との関係で氏名公表権が制限されている。

すなわち、行政機関の長等が、著作物を公衆に提供し又は提示する際には、すでにその著作者が表示しているところに従って著作者名を表示するとき、又は不開示情報に当たるため著作者名も省略することとなるときは、氏名表示権の規定は適用されない(法19条4項)。

(3) 同一性保持権

①著作物の改変

要点㉘

著作者は、その著作物及びその題号の同一性を保持する権利を有し、その意に反してこれらの変更、切除その他の改変を受けない(法20条1項)。

すなわち、著作物の内容及び題号(名称・タイトル)の改変は、著作者のみが行うことができ、**たとえ悪意がなく、より良くするための改変であっても、他人がこれを行うことはできない**(文書の明らかな誤字・脱字の修正程度は許される)。

改変の態様は著作物によって様々である。例えば、旧仮名遣いの現代仮名遣への変更、色彩の変更、小説のストーリーの変更といった行為のほか、最近のデジタル技術の進歩による、パソコン等による写真合成や作り替えなども、意図や程度を問わず、ここにいう改変にあたる。

②適用除外

一方、著作者の同一性保持権は、次のいずれかに該当する場合には制限される(法20条2項)。

● 著作物を教科用図書に掲載し、学校向けの教育番組において放送又は有線放送し、その番組のための教材に掲載する際に、用字又は用語の変更その他の改変で、学校教育の目的上やむを得ないと認められるもの。

→ 例えば、小学生向けに漢字をひらがな読みにしたり、分かり易く説明するため翻案する場合等がこれにあたる。

● 建築物の増築、改築、修繕又は模様替えによる改変

→ 例えば、建築の著作物において、建物の維持保全や見学者の安全対策上なされる改修等がこれにあたる。

● 特定のパソコン等においては実行できないプログラムを実行できるようにするため、又はプログラムをより効率よく実行できるようにするために必要な改変。

→ 例えば、コンピュータプログラムのバージョンアップがこれにあたる。

● 以上のほか、著作物の性質並びにその利用の目的及び態様に照らしやむを得ないと認められる改変

→ 前記3つの場合と同趣旨・同程度によるやむを得ない事情による改変は許される。例えば、印刷や録音の**技術上の問題**から、忠実に著作物を再現できない場合がこれにあたる。

(4) 名誉・声望保持権

要点㉙
以上3つの権利のように、「著作者人格権」として規定されているものではないが、法113条7項では「著作者の名誉又は声望を害する方法によりその著作物を利用する行為は、その著作者人格権を侵害する行為とみなす」旨を規定している。

この「名誉又は声望」とは、一言でいえば**「社会から客観的に受けている良い評判」**であり、例えば、芸術的評価を受けている絵画や写真の著作物が、内容においては改変されていなくても、著作者の創作意図に反して、風俗店の広告などに利用された場合等が「名誉又は声望の侵害行為」にあたり、**著作者人格権の侵害と同一視**される。

3. 著作者人格権の一身専属性

(1) 譲渡の禁止

要点㉚
著作者人格権は、著作者の一身に専属し、これを譲渡することができない(一身専属権。法59条)。

これは**強行規定**と解され、著作者は、他人に著作者人格権を譲渡することができず、もし、著作者が他人に「著作権」を譲渡しても、それは「著作財産権の譲渡」にとどまり、著作者人格権は含まれない。

しかし、著作者が、著作物に対する他人による改変等に同意することは可能であり、また、実際には、著作権譲渡契約の際などに「著作者は著作者人格権を行使しない」といった約定、いわゆる「不行使特約」を盛り込むことも多い(この特約は有効と解されている)。ただし、いずれの場合においても、著作者人格権そのものを(包括的に)他人に譲渡しているわけではなく、他人や著作権の譲受人が著作者の意思に反して無制限に著作者人格権を行使できるわけではない。

☞「強行規定」とは、当事者が変えることができない法規定をいい、「任意規定」とは、一応は規定があるものの、当事者による別段の定めを許す(別段の定めがない場合に適用される)法規定をいう。強行規定か任意規定かは、その法規定の趣旨により判断されるが、一般法である民法(特に契約規定)には任意規定が多く、著作権法など特別法には強行規定が多い。

(2) 非相続性

著作者が死亡しても、著作者人格権は**一身専属権**であるため、相続の対象とはならない。

なお、経済的利益を受ける権利である著作権(著作財産権)は、相続の対象となる。

(3) 著作者の死亡後等における著作者人格権の保護

このように、一身専属権である著作者人格権は、著作者の死亡により消滅するが、「著作物を公衆に提供し、又は提示する者は、その著作物の著作者が存しなくなった後においても、著作者が存しているとしたならば著作者人格権の侵害となるべき行為をしてはならない」とされる(法60条本文)。

すなわち、著作権の譲渡や相続等によって著作権を承継した者(著作権者)や著作物の利用者は、**その著作者の死亡後であっても、著作者の意思を害さないであろうと認められる場合を除き、著作者人格権を侵害するような行為をしてはならない。**

万一、著作者人格権が侵害され、又は侵害されるおそれがある場合には、著作者の遺族や遺言で指定された者は、**侵害行為の差**

止め又は名誉回復のための措置を請求することができる(法116条1項、3項)。

なお、遺族とは、著作者の配偶者(妻や夫)、子、父母、孫、祖父母、兄弟姉妹をいい、かつ、この順序が、差止め等の請求者となることができる原則的な順序とされている(法116条2項)。

確認テスト

各設問について、正しければ○を、誤っていれば×をつけなさい。(解答・解説は次ページ)

□ 問1　▶著作者人格権は、著作者の人格的・精神的利益が保護されるという権利であって、財産権ではない。

□ 問2　▶著作者は、その著作物を公表するか否かという決定権を有するが、いつ、どのような方法で公表するかという決定権はない。

□ 問3　▶未公表の著作物の著作権を他人に譲渡した著作者は、その他人による著作物の公表に同意をしたものとみなされる。

□ 問4　▶Aが執筆した小説Xを原作としてB監督により映画Yが制作された場合、その映画Yの公開に際しては、BのほかAの氏名も表示しなければならない。

□ 問5　▶BGM音楽として著作物を利用する場合など、著作者の利益を害するおそれがないと認められ、かつ、公正な慣行に反しないときは、著作者名の表示を省略することができる。

□ 問6　▶小説や映画の「題号」は、一般に著作物とは認められないが、著作者の同一性保持権は、その著作物の内容とともに題号にも及ぶ。

□ 問7　▶Aが執筆した小説Xが出版社Bから発行された場合、B社は、販売数を増やすため、小説Xのストーリーを修正することができる。

□ 問8　▶著名な著作者が有する名誉や声望を害する方法で著作物を利用する行為は、著作者人格権を侵害する行為とみなされる。

□ 問9　▶著作者人格権は、著作者の一身専属権であって他人に譲渡することはできないが、相続の対象とはなる。

A 解答・解説

□ 問1○ ▶設問記述のとおり。

□ 問2× ▶著作者は、著作物を公表するか否かに加え、いつ、どのような方法で公表するのかについても、決定権を有する。

□ 問3× ▶未公表の著作物の著作権を他人に譲渡した著作者は、その他人による著作物の公表に同意をしたものと「推定」される(法18条2項1号)。したがって、著作者は、特約により著作権の譲受人による公表に制限を加えることもできる。

□ 問4○ ▶原著作物の著作者の氏名表示権は、二次的著作物に対しても及ぶ(法19条1項)。

□ 問5○ ▶著作者の利益を害するおそれがないと認められるときは、公正な慣行に反しない限り、著作者名の表示を省略することができる(法19条3項)。

□ 問6○ ▶設問記述のとおり。「題号」も、同一性保持権によって保護される(法20条1項)。

□ 問7× ▶著作者人格権は著作者の一身専属権であり、出版社といえども、その目的を問わず、著作物に改変を加えることはできない。

□ 問8○ ▶設問記述のとおり(法113条7項)。

□ 問9× ▶著作者人格権は一身専属権であるから、相続の対象ともならない(法59条)。

第5章　著作権

本章で学ぶこと

１. 著作権の内容
２. 著作権の制限(自由利用)
３. 著作権の保護期間
４. 著作権の譲渡と利用許諾等

1.著作権の内容

すでに述べたように、著作権法において、「著作権」とは、**著作財産権のみ**を意味し、著作者人格権とは別個の権利として規定されている。

この著作権とは、具体的には**「権利(支分権)の束」**であり、著作権法上、著作権を構成する権利として、次図のものが規定されている。

著作権（著作財産権）

- 複製権
- 上演権・演奏権
- 上映権
- 公衆送信権等
- 口述権
- 展示権
- 頒布権
- 譲渡権
- 貸与権
- 翻訳権・翻案権等
- 二次的著作物の利用に関する原著作者の権利

著作者は、著作物の創作と同時に、何ら方式を必要とせずに、著作権を専有する(法17条2項)。

つまり、著作者(著作権者)以外の者が勝手に著作物を利用することはできず、他人が著作物を利用する場合には、著作者の許諾を受けなければならない。そして、これらの許諾は、著作者が有償で与えることもできるため、「著作財産権」とされるのである。

以下、各権利(著作権を構成する支分権)について説明するが、これらの権利がすべての著作物に共通して認められるわけではなく、著作物により、認められる権利も異なっている点に注意を要する。

(1) 複製権

要点㉛
著作者は、その著作物を複製する権利を専有する(法21条)。

複製権は、著作権の中でも最も基本的な権利であり、あらゆる著作物に認められる権利である。

「複製」とは、著作権法によると「印刷、写真、複写、録音、録画その他の方法により、**有形的に再製**すること」と定義されている(法2条1項15号)。

一般的には、著作物のコピーやダビングが連想されるが、これらに限らず、HD(ハードディスク)等への記録といった「他の媒体に移す行為」全般を指し、また、機械による複製か手書による模写かといった方法も問わない。

さらに、少々特殊なケースとして、次の行為も「複製」とされる。

● 「脚本その他これに類する演劇用の著作物(A)」を利用した上演、放送又は有線放送(上演の模様や上演のテレビ放送)を録画又は録音する行為 →「脚本等の著作物(A)」の複製となる。

● 「建築の著作物(A)に関する図面」に従って、建築物(B)を完成する行為 →「建築の著作物(A)」の複製となる。

複製される数量は、複数である必要はなく、たとえ複製物が1個のみであっても、また、著作物の全部ではなく一部分のコピーであっても複製となる。

さらに、一部分に修正が加えられていても、実質的に原著作物の同一性が失われていない場合には、それは単なる複製であって別個の著作物(二次的著作物)とはならない。

一方、著作物そのものの「有形的な再製」でなければ、複製とはならない。

例えば、脚本を用いた上演や楽譜を用いた(又は暗譜しての)演奏は、それぞれ「脚本」や「楽譜」の複製とはならず、また、テレビやラジオの放送を受信して直接視聴する行為も、複製とはならない。

(2) 上演権及び演奏権

要点㉜

著作者は、その著作物を、公衆に直接見せ又は聞かせることを目的として(以下「公に」という。)上演し、又は演奏する権利を専有する(法22条)。

これは、公に対し、「脚本や台本の著作物」に基づいて演じ、又は「楽曲や歌詞(音楽の著作物)」に基づいて演奏等をする(させる)権利であるが、ライブ(生)の公演や演奏に限らず、DVDやCDなど録画・録音物の再生(ビデオライブ)や、店内におけるBGM、カラオケにおける利用も含まれる(2条7項。ただし、映画等の上映に伴う利用、及び公衆送信によって伝達する場合を除く)。

著作権法上の「公衆(公)」には、不特定多数のみならず、「特定多数」をも含むため、例えば、**「学校内」や「社内」といった限られた範囲内における対象者であっても「公衆」となる。**また、店内での楽曲等の利用が演奏権侵害となる場合の侵害主体は、経営者である(「クラブキャッツアイ事件」最判昭和63.３.15)。

なお、公衆を相手にする目的があれば足り、実際に対象となった(来場した)観客や聴衆の人数を問わない。

一方、**公衆に「直接」に見せ又は聞かせる目的**が要件とされるため、練習のため演技や演奏を行っても、上演権や演奏権の問題は生じない。

(3) 上映権

要点㉝
著作者は、その著作物を公に上映する権利を専有する(法22条の2)。

これは、映画に限らず、写真、美術品や文書など、**あらゆる著作物を公に映写して見せる権利**であり、映画館のスクリーンにおける上映に限らず、パソコンのディスプレイやモニター、会議でのプレゼンテーション(プロジェクター)による映写も含まれる。

このように上映は、専ら著作物を「映写する」行為を指すが、映画の上映とともに再生される音声や音楽も、「上映権」の対象とされている(法2条1項17号)。

一方、上演権及び演奏権と同様、インターネット配信やテレビ放送等によって著作物を見せる場合には、別途「公衆送信権及び公衆伝達権」の問題とされ、上映権の問題とはならない(法2条1項17号)。

(4) 公衆送信権等

要点㉞
著作者は、その著作物について、公衆送信(自動公衆送信の場合にあっては、送信可能化を含む。)を行う権利を専有する(法23条1項)。

公衆送信とは、「公衆によって直接受信されることを目的として無線通信又は有線電気通信の送信(電気通信設備で、その一の部分の設置の場所が他の部分の設置の場所と同一の構内(その構内が二以上の者の占有に属している場合には、同一の者の占有に属する区域内)にあるものによる送信(プログラムの著作物の送信を除く。)を除く。)を行うこと」と定義されている(法2条1項7号の2)。

具体的には、①放送(テレビやラジオ放送)、②有線放送(CATV等)のほか、③放送以外の方法(ホームページやブログへの掲載、FAX、Eメール等)により、公に著作物を送信する行為を意味する(このうち、ユーザーの求めに応じて自動的に配信されるインターネットによる送信を「**自動公衆送信**」という)。

また、自動公衆送信(インターネット送信)については、実際に自動公衆送信する前段階で、予めサーバ等に文書や音楽情報といったコンテンツ(著作物)を記録(入力)しておく(アップロードする)権利を、「**送信可能化権**」とし、公衆送信権に含むとしている。

ただし、「電気通信設備で、……同一の構内にあるものによる送信を除く。」とされるため、例えば、コンサートホール内におけるスピーカーによる放送や、**同一の事業所内・学校内等における放送・送信は、プログラムの著作物の送信(サーバ上のプログラムの共同利用)を除き、公衆送信にはあたらない。**

また、「公」に送信する行為が公衆送信であるから、特定の少数者に個別にFAXやEメールで著作物を送信をしても、公衆送信権の問題とはならない。

一方、法23条2項では、「著作者は、公衆送信されるその著作物を受信装置を用いて公に伝達する権利を専有する」とある(**公衆伝達権**)。これは、前述の「**放送**」などによって**公衆送信される著作物を、テレビやラジオによって受信して、直接、公に視聴させる権利**である。

例えば、街頭テレビなどでテレビ番組を公に視聴させる行為であるが、この場合には、公衆送信権とは別に、公衆伝達権の問題も生じることになる(法38条3項)。

(5)口述権

要点㉟
著作者は、その言語の著作物を公に口述する権利を専有する(法24条)。

口述とは、朗読その他の方法により、「**言語の著作物**」を公に口頭で伝達すること(実演を除く。)であり、レコーダーやCDなどに録音された「講演、演説、朗読」を公に再生する行為も含まれる(法2条1項18号、7項。ただし、公衆送信による利用を除く)。

なお、映画や演劇内のセリフや歌唱などは、上映権、上演権及び演奏権の対象となり、口述権の対象とはならない。

(6)展示権

要点㊱
著作者は、その美術の著作物又はまだ発行されていない写真の著作物をこれらの原作品により公に展示する権利を専有する(法25条)。

美術品や写真は、「展示会」という形態で公表する機会も多いため、展示権を特に認めたものである。

本条で規定する展示品は**「原作品(オリジナル)」に限り**、複製物・レプリカには展示権は生じない。また、原作品か複製物かの区別がつかない写真(ネガフィルムからのプリント)については、「未発行のもの(複製物により頒布されていないもの)」と限定されている(法3条1項)。

なお、著作者人格権(公表権)の箇所で説明したように、「美術の著作物又は写真の著作物の原作品でまだ公表されていないものの原作品を譲渡した場合、著作者は、これらの著作物をその原作品による展示の方法で公衆に提示することに同意したものと推定される」ため、当事者間に別段の定めがない限り、その譲受人たる所有者(著作権者ではない。)等も、これらの著作物を(屋内で)展示することができる(法18条2項2号、45条)。

一方、これらをモニター画面に映写したりテレビ放送する行為は、展示権ではなく、上映権や公衆送信権の問題となる。

(7)頒布権

要点㊲
著作者は、その映画の著作物をその複製物により頒布する権利を専有する(法26条1項)。

「映画の著作物」とは、すでに「著作物」の箇所でも説明したように、スクリーン・劇場用映画に限らず、テレビドラマやホームムービーの映像、ゲームソフトなど、フィルムその他の「物」に固定された動画映像全般を指す。

また、「頒布」とは、広い意味では、他の著作物についても、それを複製して公衆に譲渡又は貸与する行為全般を指すが、本条では、特に映画の特性（映画配給権といった流通形態）に鑑みて、映画の著作物の「複製物（映画プリント等）」の流通をコントロールする権利を、有償か無償かを問わず「頒布権（頒布先を指定することができる権利）」と呼んでいる（法2条1項19号）。

なお、この頒布権は、映画の著作物において複製使用される他の著作物（美術品や音楽等）の著作者に対しても、同様に認められる（法26条2項）。

ところで、頒布権に相当する権利として、他の著作物（原作品又は複製物）には譲渡権と貸与権が認められ、このうち譲渡権は、「最初の譲渡によって消尽し、その後の再譲渡（再販売や中古品としての流通）時には及ばない」とあえて規定されていることから（法26条の2第2項1号）、その反対解釈として「映画の頒布権は最初の頒布によっては消尽しない（以後の流通も制限することができる。）」とも考えられる。しかし、これは配給制度を用いる劇場用の映画プリントを対象とした場合であって、判例においても、「（動画を伴う）家庭用ゲームソフトも映画の著作物であって頒布権が認められるが、この頒布権は最初の頒布（販売）時に消尽し、以後の中古品としての流通時には権利が及ばない」としている（「中古ゲームソフト事件」最判平成14.4.25）。

(8)譲渡権

要点㊳

著作者は、その著作物（映画の著作物を除く。）をその原作品又は複製物（映画の著作物において複製されている著作物にあっては、当該映画の著作物の複製物を除く。）の譲渡により公衆に提供する権利を専有する（法26条の2）。

これは、映画以外の著作物の著作者が、「原作品又は複製物」を、有償あるいは無償で公衆に譲渡(販売等)することができる権利であり、映画の著作物における「頒布権」に相当する権利である。

注意すべきは、本条による譲渡(正規品に限る。)が行われると、著作者の譲渡権は消滅し、**その後の再譲渡には権利を行使できない**点である(**譲渡権の消尽**。法26条の2第2項)。

例えば、著作者Aが著作物XをBに譲渡した場合に、その後さらにBがCにXを譲渡(再譲渡)するときには、もはやAの譲渡権は及ばず、Aの許諾を必要としないということであって、これは強行規定である(国外で譲渡されたものも同様＝国際消尽)。

(9)貸与権

要点㊴

著作者は、その著作物(映画の著作物を除く。)をその複製物(映画の著作物において複製されている著作物にあっては、当該映画の著作物の複製物を除く。)の貸与により公衆に提供する権利を専有する(法26条の3)。

これは、映画以外の著作物の著作者が、レコードや音楽CDなど、その「複製物」をレンタル等することができる権利であり、映画の著作物における「頒布権」に相当する権利である。

貸与権が、著作物の「複製物」に限定されるのは、原作品については、その貸与時に、著作者が直接対価を受けることができるのに対し、複製物については、音楽CDなど大量に複製された物を著作者が直接コントロールすることが困難と考えられるためである。

貸与にあたるかどうかは、有償か無償かを問わず、実質面のみから判断される。例えば、貸与という名称を使わない買戻特約付の譲渡(将来金銭を支払うことにより著作物を取り戻すことができる特約付の譲渡)も、最終的には手元に戻ってくるため「貸与」と同様の効果が認められるため、貸与権の対象となる(法2条8項)。

(10)翻訳権・翻案権等

要点㊵

著作者は、その著作物を翻訳し、編曲し、若しくは変形し、又は脚色し、映画化し、その他翻案する権利を専有する(法27条)。

これは、既存の著作物を基に、**「二次的著作物」を創作する権利**である。

「翻訳、編曲、変形、又は脚色、映画化その他の翻案」とは、具体的には、次表に掲げる行為を意味する。

【翻訳等の具体的態様】

<table>
<tr><td colspan="2">翻 訳</td><td>原作とは異なる他の国の言語で表現すること</td></tr>
<tr><td colspan="2">編 曲</td><td>クラシック曲をジャズ調にするなど、音楽の著作物にアレンジを加えること</td></tr>
<tr><td colspan="2">変 形</td><td>写真の著作物を絵画や彫刻にする等、表現物の形状を変えること</td></tr>
<tr><td rowspan="3">翻案</td><td>脚 色</td><td>小説などの原作を演劇や映画用に台本・脚本化すること</td></tr>
<tr><td>映画化</td><td>小説や脚本などを基に映画を制作すること</td></tr>
<tr><td>その他</td><td>上記に該当するもののほか、原著作物に新たな創作性を加えること(プログラムのバージョンアップ等)</td></tr>
</table>

(11)二次的著作物の利用に関する原著作者の権利

要点㊶
二次的著作物の原著作物の著作者は、当該二次的著作物の利用に関し、法21条から27条に規定する権利で二次的著作物の著作者が有するものと同一の種類の権利を専有する(法28条)。

これは、著作者Aの著作物Xを基に、Bが二次的著作物Yを創作した場合、このYは別個独立した著作物(著作者はB)ではあるものの、その利用については、**Bのみならず、Aも、Bと同一の著作権を有する**という意味である。

なお、二次的著作物の基となった原著作物の著作者(A)の権利は、二次的著作物の創作者(B)が独自に創作性を発揮した部分にも広く及ぶとする判例もある(「キャンディ・キャンディ事件」最判平成13.10.25)。

(12)映画の著作物に対する著作権

以上の著作権は、著作物の「著作者」が専有する権利であるが、「映画の著作物」の著作権については、著作権法に特則がある。

著作権法によると、**映画の著作物の著作権は、**その映画監督など著作者が、映画会社など映画製作者に対し当該映画の著作物の製作に参加することを約束しているときは、**当該「映画製作者」に帰属するとされている**(法29条1項)。

ここに「映画製作者」とは、「映画の著作物の製作に発意と責任を有する者」をいい(法2条1項10号)、具体的には、映画製作費を負担するなど、映画に関して経済的な収入や支出の主体となる者をいう(実際に映画制作に関与したか否かを問わない)。

つまり、実際に映画Xを制作した映画監督(A)など、本来の著作者がいる場合でも、別に映画製作者(B社)がおり、B社の出資によるXの製作についてAが「参加約束(契約等)」をしているときは、Xの完成と同時に、その著作権はB社に帰属することになる(Aには著作者人格権のみが認められる)。

なお、映画製作者(B社)が発意と責任を有する場合でも、実際の映画製作が、映画製作会社(C社)に所属する従業員監督等によってなされ「C社の職務著作」に該当するときは、この規定は適用されず、C社又はC社の勤務規則等により定められた者が著作者かつ著作権者となる(法29条1項括弧書)。

一方、テレビ局など放送事業者や有線放送事業者が、その放送用映画(番組用アニメやドラマ)について「映画製作者」となり外部の者に映画を製作させた場合には、当然には放送用映画の著作権のすべてを取得することはできず、著作権の支分権である「公衆送信権」のうち自らが行う放送権、及びこれを同時に受信して行う有線放送権や自動公衆送信権(有線放送事業者は、有線放送権のみ)といった一部の権利を取得するにとどまる(法29条2項、3項)。

確認テスト

各設問について、正しければ○を、誤っていれば×をつけなさい。(解答・解説は次ページ)

□ 問1　▶著作者人格権とは異なり、著作権は、文化庁に登録しなければ発生しない。

□ 問2　▶Aが作曲した楽曲Xのメロディーを Bが記憶して演奏した場合には、Bの行為は楽曲Xの複製にあたる。

□ 問3　▶Aが執筆した料理レシピXの記載に基づき、Bが料理を作った場合でも、Bの行為はレシピXの複製とはならない。

□ 問4　▶Aが作曲したピアノ曲Yに基づき、Bが自宅でピアノを練習しても、Bの行為はAの演奏権を侵害しない。

□ 問5　▶Aが作曲した楽曲Yが収録された音楽CDを、レストランBが店内のBGMとして再生して利用する行為は、Aの演奏権の侵害となる。

□ 問6　▶絵画や写真をプロジェクターを用いて公に映写して見せる行為は、公衆送信権の問題とはなっても、上映権の問題とはならない。

□ 問7　▶展示権は、美術の著作物の原作品又は未発行の写真の著作物の原作品のみに認められる権利であって、それらの複製物には認められない。

□ 問8　▶頒布権は、映画の著作物の複製物のみに認められる権利であって、映画以外の著作物については、譲渡権又は貸与権に相当する権利である。

□ 問9　▶他人の著作物を自己のホームページ上に複製・掲載しても、誰もダウンロードする者がいなければ、公衆送信権の侵害とはならない。

解答・解説

□ 問1× ▶著作権は、著作物の創作と同時に、何ら方式を必要とせずに発生する(法17条2項)。

□ 問2× ▶著作権法上の複製とは、「著作物を有形的に再製すること」を意味するため、楽譜やメロディーを暗譜(暗記)しても、楽曲の複製とはならない。

□ 問3○ ▶レシピ自体をコピーすれば「複製」となるが、レシピどおりに料理を作ってもレシピの複製とはならない。なお、レシピに記載された「作り方(方法)」や「料理(文化的所産ではない。)」は、著作物ではない。

□ 問4○ ▶「公衆に直接聞かせる目的」がなければ、演奏権の侵害とはならない(法22条)。

□ 問5○ ▶レストランなど営利目的の場所での公衆(不特定多数又は特定多数)へ向けての楽曲の演奏は、その楽曲について「演奏権」の問題となり、「録音物」による再生も同様である(法22条、2条7項)。

□ 問6× ▶映画に限らず、あらゆる著作物について、それらのプロジェクター等を用いた映写は、「上映権」の問題となる(法22条の2)。なお、放送・有線放送・インターネット等を用いた公に向けた「送信」が、「公衆送信」である(法2条1項7号の2)

□ 問7○ ▶設問記述のとおり(法25条)。

□ 問8○ ▶設問記述のとおり(法26条1項)。

□ 問9× ▶公衆送信には、送信可能化(インターネット配信前のサーバーにアップロードする行為)も含まれる。したがって、たとえホームページにアクセスする者やダウンロードする者がいなくても、ホームページにアップした時点で公衆送信権の侵害となる(法23条1項)。

2.著作権の制限(自由利用)

以上で説明したように、著作権は著作者(著作権者)が専有する権利であるから、第三者・他人が著作物を利用するためには、原則として著作者の許諾を得ることが必要となる。

しかし、理由を問わず、著作物を利用するすべての場合について、その都度、著作者の許諾が必要とされるのでは、著作物を利用する側の負担が大きくなり、その結果として利用が抑制され、文化の発展はおろか、著作者にとっても不利益となるおそれがある。

そこで、著作権法では、以下の一定の場合には、著作者の権利を制限し、その許諾を得ずに自由に著作物(原則として、公表されたもの)を利用できるものとした。

(1) 私的使用のための複製

要点㊷

著作権の目的となっている著作物は、個人的に又は家庭内その他これに準ずる限られた範囲内において使用すること(以下「私的使用」という。)を目的とするときは、その使用者が複製することができる(法30条1項柱書)。

例えば、個人的に使用するため、自ら音楽CDをダビングしたり、本の必要箇所をコピーする場合には、著作者の許諾を得る必要はなく、**その著作物(未公表のものを含む。)を翻訳・編曲・変形その他の翻案をして複製することもできる**(法47条の6第1項1号)。

個人的又は家庭内(家族)のためのほか、家族に準じる限られた者同士(少人数のサークル等)で使用する場合にも、同様に自由な複製が認められる。しかし、**「校内や社内での使用」は、「私的使用のため」とはいえず、自由な複製は認められない。**

また、私的使用を目的として複製した「複製物」を、その後に他人に頒布し、或いは公衆に提示することもできない(法49条1項1号)。

さらに、次の方法による複製は、自由利用できる私的使用の範囲から除かれる(法30条1項1号〜3号)。

① 公衆の使用に供するために設置されているダビング機器を用いて複製する場合

例えば、レンタルCD店に設置されているダビング機器(有料・無料は不問)による複製はできない。ただし、コンビニエンスストア等のコピー機を個人的に利用して行う文書又は図画の複製は、許容される。

② 技術的保護手段がされている著作物について、それを回避して複製する場合

例えば、コピーガード(プロテクト)又はアクセスコントロールがされているDVD等から、そのコピーガード等を技術的(意図的)に回避してダビングすることはできない。

③ 著作権を侵害する自動公衆送信(国外で行われる自動公衆送信であって、国内で行われたとしたならば著作権の侵害となるべきものを含む。)を受信して行うデジタル方式の録音又は録画(以下「特定侵害録音録画」という。)を、特定侵害録音録画であることを知りながら行う場合

例えば、インターネット上で違法配信されている音楽や動画を、違法配信されたもの(海賊版)と知りつつダウンロードすることはできない。

④ 著作権(翻訳以外の方法により創作された二次的著作物に係るものを除く。)を侵害する自動公衆送信(国外で行われる自動公衆送信であって、国内で行われたとしたならば著作権の侵害となるべきものを含む。)を受信して行うデジタル方式の複製(上記③の録音及び録画を除き、また、当該著作権に係る著作物のうち当該複製がされる部分の占める割合、当該部分が自動公衆送信される際の表示の精度その他の要素に照らし軽微なものも除く。以下「特定侵害複製」という。)を、特定侵害複製であることを知りながら行う場合(当該著作物の種類及び用途並びに当該特定侵害複製の態様に照らし著作権者の利益を不当に害しないと認められる特別な事情がある場合を除く。)

例えば、インターネット上で違法配信されているマンガの相当な部分を、違法配信されたもの(海賊版)と知りつつダウンロードすることはできない。

なお、著作権法の特別法である「映画の盗撮の防止に関する法律(映画盗撮防止法)」により、私的使用目的であっても、日本国内における有料上映開始から８ヶ月以内の映画の著作物について、映画館内での録画又は録音(盗撮)が禁じられる(映画盗撮防止法４条)。

また、自由利用できる私的使用の範囲であっても、デジタル方式の録音・録画については、高品位が保たれるという性質から、それらに用いられるデジタル方式の機器や記録媒体のうち政令で定めるもの(録音用ＣＤ-Ｒや録画用ＤＶＤ-Ｒ等)には、原則として「私的録音録画補償金」が課されている(これらの製品の購入代金に含まれている。法30条３項)。

(2) 付随対象著作物の利用

要点㊸

写真の撮影、録音、録画、放送等(以下「複製伝達行為」という。)を行うに当たり、その対象物等に付随する軽微な構成部分となる他人の著作物(付随対象著作物)は、原則として、当該複製伝達行為に伴って、いずれの方法によるかを問わず利用することができる(法30条の２第１項本文)。

例えば、旅行先で家族の写真を撮影する場合に、これに付随して、その背景に美術品など**他人の著作物(付随対象著作物)が写り込んだとしても**、当該著作物に係る著作権の侵害とはならない。

また、写真の撮影に限らず、動画の撮影や録音、テレビ放送等に伴い、**その軽微な構成部分**として他人の著作物が写り込み等をした場合にも、原則として著作権侵害とはならない(複製物の譲渡も可。法30条の２第２項本文、47条の７)。

ただし、付随対象著作物の利用は、その利用により利益を得る目的の有無、自己の著作物等との分離困難性の程度や当該付随対象著作物が果たす役割その他の要素に照らし正当な範囲内であることを要し、例えば、他人の著作物を主として撮影し、その写真や映像を自己のホームページ等で公開するなど、その著作権者の利益を不当に害する方法で利用することはできない(法30条の２第１項ただし書、２項ただし書)。

(3) 検討の過程における利用

要点㊹
著作権者の許諾を得て、又は法67条～69条の規定による裁定を受けて著作物を利用しようとする者は、これらの利用についての検討の過程における利用に供することを目的とする場合には、その必要と認められる限度において、いずれの方法によるかを問わず、当該著作物を利用することができる(法30条の３)。

この規定により、例えば、あるデザイナーが描いたイラストを自社製品に利用したいと考えている会社は、そのデザイナーから**正式に利用許諾を受ける前**であっても、その利用を検討する社内会議のため当該イラストを複製等することができる。

(4) 著作物に表現された思想又は感情の享受を目的としない利用

著作物は、次に掲げる場合その他の当該著作物に表現された思想又は感情を自ら享受し又は他人に享受させることを目的としない場合には、その必要と認められる限度において、いずれの方法によるかを問わず、利用することができる。ただし、当該著作物の種類及び用途並びに当該利用の態様に照らし著作権者の利益を不当に害することとなる場合は、この限りでない(法30条の４)。

① 著作物の録音、録画その他の利用に係る**技術の開発又は実用化のための試験の用**に供する場合

例えば、録音や録画に関する製品開発の試験のために他人の著

作物を利用することができる。
② **情報解析**(多数の著作物その他の大量の情報から、当該情報を構成する言語、音、影像その他の要素に係る情報を抽出し、比較、分類その他の解析を行うことをいう。法47条の5第1項2号において同じ。)の用に供する場合

例えば、人工知能(ＡＩ)の開発のため学習用データとして著作物をデータベースに記録することができる。
③ 上記に掲げる場合のほか、著作物の表現についての人の知覚による認識を伴うことなく当該著作物を**電子計算機による情報処理の過程における利用**その他の利用(プログラムの著作物にあっては、当該著作物の電子計算機における実行を除く。)に供する場合

例えば、コンピュータの情報処理の過程で、バックエンドで著作物をコピーしてそのデータを人が全く知覚することなく利用し、また、プログラムの調査解析を目的として当該プログラムの著作物を利用することができる(いわゆる「リバース・エンジニアリング」)。

(5)図書館等における複製等

要点㊺
国立国会図書館及び図書、記録その他の資料を公衆の利用に供することを目的とする図書館その他の施設で政令で定めるものにおいては、次の場合には、その営利を目的としない事業として、図書館等の図書、記録その他の資料(以下「図書館資料」という。)を用いて著作物を複製することができる(法31条1項柱書)。

ここにいう「図書館等」とは、国立国会図書館や政令で定める公共図書館、大学図書館等(小・中・高等学校の図書室は含まない。)であり、学術や文化の発展のため、非営利かつ調査研究目的など限られた場合にのみ、本、雑誌、新聞、写真からDVDに至るまで、図書館が備えるあらゆる図書館資料の複製が認められる。

このうち、個人利用を目的とする複製は、調査研究目的を有す

る利用者の請求により、「1人につき一部」、それも「公表された著作物の一部分」に限り認められ、図書館内において図書館員(又はその管理下)によって複製することを要する(法31条1項1号。この複製物は利用者に譲渡でき、翻訳複製も可。法43条1項2号、47条の7)。

一方、図書館内の資料保存目的や、絶版等のため入手困難な資料を他の図書館に提供するために複製する場合には、図書館資料の「全部」の複製及び他の図書館への複製物による譲渡等が認められるほか、国立国会図書館は、デジタル保存している絶版書等のデータを他の図書館等(一定の外国図書館を含む。)に配信することができる(法31条1項2号、3号、2項、3項、47条の7)。

(6) 引用

要点㊻

公表された著作物は、引用して利用することができる。この場合において、その引用は、公正な慣行に合致するものであり、かつ、報道、批評、研究その他の引用の目的上正当な範囲内で行なわれるものでなければならない(法32条)。

例えば、自己の論文において、持論との比較のため、他人の論文の一部を複製利用するケースが一般的であるが、**引用の方法は複製に限らず、演奏や口述などあらゆる方法が含まれる。**

ただし、引用する他人の著作物は「**公表されたもの**」であって、かつ、引用の必要性があり、引用部分が明確であるといった「公正な慣行に合致するもの」でなければならない。

また、「引用の目的上正当な範囲内」である必要があり、具体的には、**自己の著作物の「従たる範囲」**でのみ他人の著作物の引用が認められる。

このような要件を満たした上で、他人の著作物を「複製」して引用する場合には、**引用する他人の著作物の出所について、利用の態様により合理的と思われる方法で明示(括弧書で著者名や書籍名を表示する等)することを要し**、著作者名が明らかな場合及び著作物が無名のものである場合を除き、その著作物に表示されている著作者名を示さなければならない(法48条1項1号、2項。なお、複製以外の方法で引用する場合には、出所を明示する慣行があるときのみ表示すれば足りる。法48条1項3号)。

一方、国、地方公共団体又は独立行政法人、地方独立行政法人が一般に周知させることを目的として作成し、その名義の下に公表する広報資料、調査統計資料、報告書その他これらに類する著作物(白書等)は、転載を禁止する旨の表示がない限り、説明の材料として新聞、雑誌その他の刊行物に転載することができる(法32条2項。出所の明示が必要。法48条1項1号)。

「転載」は、引用とは異なり、自己の著作物の従たる範囲である必要はなく、例えば、説明のためであれば、これら資料等の全文を利用することもできる。

引用や転載は、いずれも、翻訳して行うことができるほか、その引用や転載をして創作された著作物(複製物)は、譲渡(引用部分を含む本の販売等)により公衆に提供することができる(法47条の6第1項2号、47条の7)。

(7) 教科用図書等への掲載

要点㊼

公表された著作物は、学校教育の目的上必要と認められる限度において、教科用図書(小学校、中学校、義務教育学校、高等学校、中等教育学校又は特別支援学校で使用する教科用図書であって文部科学大臣の検定を経たもの又は文部科学省が著作の名義を有するもの)に掲載することができる(教師用指導書等への掲載も同様。法33条１項、４項)。

すなわち、大学、高等専門学校又は専修学校を除き、学校で使用する「教科書」に掲載する目的であれば、公表された著作物を(必要と認められる限度で)自由に複製・譲渡することができ、さらにこの場合には、対象となる児童や生徒の学習の便宜上、著作物を翻訳、編曲、変形又は翻案して掲載することもできる(法47条6第1

項１号。47条の７、出所の明示が必要。法48条１項１号）。

ただし、この規定により著作物を教科用図書に掲載する者は、その複製部数も多数となるため、掲載する旨を**「著作者」に通知**するとともに、文化庁長官が定める算出方法により算出した額の**補償金を「著作権者」に支払わなければならない**(法33条2項。算出方法は文化庁のホームページ等で公表される。法33条3項)。

なお、教科用図書に掲載された著作物は、学校教育の目的上必要と認められる限度において、教科用図書代替教材（デジタル教科書等）に掲載し、その使用に伴っていずれの方法によるかを問わず利用することができる（ただし、補償金の支払が必要。法33条の2、47条の7。出所の明示が必要。法48条１項１号。変形又は翻案複製のみ可。法47条の6第1項3号)。

また、教科用図書に掲載された著作物は、視覚障害、発達障害その他の障害により教科用図書に掲載された著作物を使用することが困難な児童又は生徒の学習の用に供するため、当該教科用図書に用いられている文字、図形等の拡大その他の当該児童又は生徒が当該著作物を使用するために必要な方式により複製・譲渡することもできるが、複製物（点字複製物等を除く。以下「教科用拡大図書等」という。）を作成しようとする者は、あらかじめ当該教科用図書を発行する者にその旨を通知するとともに、営利を目的として当該教科用拡大図書等を頒布する場合にあっては、文化庁長官が定める算出方法により算出した額の補償金を著作権者に支払わなければならない（法33条の3、46条の7。出所の明示が必要。法48条１項１号。変形又は翻案複製のみ可。法47条の6第1項3号)。

(8) 学校教育番組の放送等

要点㊽

公表された著作物は、学校教育の目的上必要と認められる限度において、学校教育に関する法令に定める教育課程の基準に準拠した学校に向けての放送番組等において放送等をし、及び当該放送番組用の教材に掲載することができる（法34条1項）。

公表された著作物は、(必要と認められる限度で)教育番組において放送等をし、そのための教材に掲載(複製)することができるが、ここにいう放送等には、有線放送や、いわゆるIPマルチキャスト放送(放送を受信して当該放送対象地域内において同時に行う、インターネットを用いた自動公衆送信)も含まれる。

これらの放送等で利用する場合には、著作物を翻訳、編曲、変形又は翻案して利用し、また、そのための教材として譲渡することもできる(法47条の6第1項1号、47条の7。出所の明示が必要。法48条1項2号)。

なお、この規定により著作物を放送等する者は、その旨を「著作者」に通知するとともに、相当な額の補償金を「著作権者」に支払わなければならない(法34条2項。ただし、この補償金額は、放送事業者と著作権者又は著作権等管理事業者が協議して定める)。

☞「著作権等管理事業者」とは、著作権者等から委託を受け、業として著作物の利用許諾や使用料の徴収を行う、文化庁長官による登録を受けた団体をいう(例:日本音楽著作権協会(JASRAC))。

(9)学校その他の教育機関における複製等

要点㊾

学校その他の教育機関(営利を目的として設置されているものを除く。)において教育を担任する者及び授業を受ける者は、その授業の過程における利用に供することを目的とする場合には、その必要と認められる限度において、公表された著作物を複製し、若しくは公衆送信(自動公衆送信の場合にあっては送信可能化を含む。)を行い、又は公表された著作物であって公衆送信されるものを受信装置を用いて公に伝達することができる(法35条1項)。

例えば、**営利目的の塾や予備校を除き**、学校の授業中に配布する資料として、先生や生徒は、新聞やインターネット上の情報など、公表された他人の著作物を(必要と認められる限度で)自由に複製することができ、この場合には、著作物を翻訳、編曲、変形又は翻案して複製することもできる(法47条の6第1項1号、47条の7。慣行があるときは出所の明示が必要。法48条1項3号)。

ただし、「著作権者の利益を不当に害することとなる」利用形態は許されない。例えば、授業で利用する範囲を超えた複製や生徒数を超えた複製、宿題用としての市販教材の複製は認められない。

この規定により複製された著作物は、ＩＣＴ教育(Ｅラーニング等)による予習・復習用又は遠隔授業のため公衆送信(インターネット配信等)することができるが、その場合には、**直接授業(通学授業)を行う場所以外の場所において当該授業を同時に受ける者に公衆送信(同時配信)するときを除き**、相当な額の補償金(授業目的公衆送信補償金)を著作権者に支払わなければならない(許諾は不要。法35条２項、３項。補償金の額は指定管理団体が文化庁長官の認可を受けて定める。法104条の13)。

(10) 試験問題としての複製等

要点㊿
公表された著作物については、入学試験その他の試験や検定の目的上必要と認められる限度において、当該試験又は検定の問題として複製し、又は自動公衆送信することができる(法36条1項)。

ここにいう試験・検定とは、学識技能に関する試験であれば、入学試験や技能検定試験など名称を問わない。

この規定による自由利用は、「公表された他人の著作物の試験問題としての複製・配布、又はインターネット上で実施する試験問題としての利用(複製・公衆送信)」であり、**翻訳による複製は可能であるが、編曲、変形又は翻案して利用することはできない**(法47条の6第1項2号、47条の7。慣行があるときは出所の明示が必要。法48条1項3号)。

こうした試験は秘匿性が要求されるため許諾が不要とされるほか、教科書掲載時のような著作者への通知や著作権者への補償金の支払も不要である。しかし、有料で実施される営利目的の「模

擬試験」等の問題として複製使用した場合には、**通常の使用料の額に相当する補償金を著作権者に支払わなければならない**(ただし、許諾は不要。法36条2項)。

一方、入試問題や検定試験の「過去問題集」などを編集・作成する場合には、原則どおり、入試問題等の著作権者たる大学など問題作成者の許諾のほか、各問題において素材となった(複製利用された)著作物の著作権者の許諾も得る必要がある。

(11) 視聴覚障害者等のための複製等

福祉目的のため、公表された著作物は、点字により複製して譲渡することができるほか、公表された著作物は、コンピュータにより点字化して記録媒体に記録して譲渡し、又は自動公衆送信(インターネット配信)等をすることもできる(法37条1項、2項、47条の7。翻訳も可。法47条の6第1項2号。出所の明示が必要。法48条1項1号)。

さらに、視覚障害者等の福祉の増進を目的とする施設で政令で定めるもの(障害者施設や図書館等)においては、視覚によってその表現が認識される方法で公表された著作物について、原則として、これをデイジー(デジタル録音図書)など音声等の方式によって複製し又は自動公衆送信等することもできる(法37条3項。翻訳、変形又は翻案も可。法47条の6第1項4号。出所の明示が必要。法48条1項2号)。

一方、視聴覚障害者情報提供施設など政令で定める施設においては、聴覚障害者等のために、聴覚によってその表現が認識される方法で公表された著作物であって、放送等により公衆に提供されるものについて、原則として、音声を文字(リアルタイム字幕)化等して自動公衆送信し、又は貸出用に複製すること(既存の映像に字幕を付すこと)ができる(法37条の2。翻訳や翻案も可。法47条の6第1項5号、出所の明示が必要。法48条1項2号)。

(12) 営利を目的としない上演等

要点51

営利を目的としない上演等、次の各態様で利用する場合には、公表された著作物を自由に利用することができる。

① 営利を目的としない上演、演奏、上映又は口述(法38条1項)

② 放送される著作物の、営利を目的としない有線放送(法38条2項)

③ 放送又は有線放送される著作物の、営利を目的としない公衆への伝達(法38条3項)

④ 著作物の複製物の営利を目的としない貸与(法38条4項)

⑤ 映画の著作物の一定の施設における営利を目的としない貸与(法38条5項)

以下、上記①〜⑤の各項目について説明する。

① 営利を目的としない上演等

公表された著作物は、営利を目的とせず、かつ、聴衆又は観衆から料金を受けない場合には、公に上演し、演奏し、上映し又は口述することができる(法38条1項。慣行があるときは出所の明示が必要。法48条1項3号)。

ここにいう上演等とは、例えば、学校内における文化祭その他の行事における、演劇や演奏(台本や楽譜等の著作物の利用)を指す。

「営利を目的としない」とは、直接・間接を問わず営利に結び付くか否かで判断されるため、**たとえ無料の演奏会であっても、企業のイベントや店内のBGMなど、それが他の営利行為の一環として利用される場合には、営利目的とされる。**

また、「料金を受けない」とは、チケット代その他、名目を問わず観客等から対価を受けないことをいう。

なお、非営利・無料で実施される演奏等であっても、演奏者等に**報酬が支払われる場合**には、自由利用は認められない(法38条1項ただし書)。

② 放送される著作物の、営利を目的としない有線放送等

放送される著作物は、非営利で、かつ、無料で提供する場合には、これを有線放送又はIPマルチキャスト放送することができる(法38条2項)。

例えば、非営利かつ無料であれば、テレビ放送を受信して、それを(同時に)有線放送やIPマルチキャスト放送によりマンション各戸や、山間地等の難視聴地域に再送信することができる。

なお、「放送される著作物」とは、「現に放送中のテレビ番組内の著作物」という意味であり、録画された(過去放送された)著作物は含まれない。

③ 放送又は有線放送される著作物の、営利を目的としない公衆への伝達

放送又は有線放送される著作物は、非営利で、かつ、無料で提供する場合には、受信装置(テレビやラジオ)を用いて公衆に伝達することができる(法38条3項)。

例えば、公共施設や病院は、そのロビー等に置いたテレビにより、放送中のテレビ番組を公衆に見せることができる。

また、家庭用のテレビであれば、飲食店など営利目的の店舗内においても、放送中のテレビ番組を自由に見せることができる(法38条3項後段)。

④ 著作物の複製物の、営利を目的としない貸与

公表された著作物(映画の著作物を除く。)は、非営利で、かつ、無料とする場合には、その複製物を公衆に貸与することができる(法38条4項)。

例えば、公共図書館等における本やCDの貸出しは、この規定により自由に認められる。

⑤ 映画の著作物の一定の施設における営利を目的としない貸与

公表された映画の著作物は、公立図書館や社会教育施設など政令で定める一定の視聴覚教育施設等において、非営利、かつ、無料とする場合に限り、その複製物を貸与することができる。

ただし、貸与する者は、映画の著作物又は当該映画の著作物において複製されている著作物の著作権者に、相当な額の補償金を支払わなければならない(法38条5項)。

(13) 時事問題に関する論説の転載等

要点㊾

新聞紙又は雑誌に掲載して発行された政治上、経済上又は社会上の時事に関する論説(学術的な性質を有するものを除く。)は、利用禁止の表示がある場合を除き、他の新聞紙若しくは雑誌に転載し、又は放送し、若しくは有線放送し、若しくはIPマルチキャスト放送を行うことができる(法39条1項)。

マスコミによる報道は、広く国民に知らせ、情報を公開することが民主主義国家にとって重要である点を踏まえ、**新聞や雑誌に掲載される時事問題に関する論説記事(社説等)**については、利用禁止の表示がない限り、他紙へ転載しての発行や放送等による利用を認めたものである(法47条の7。翻訳も可。法47条の6第1項2号。出所の明示が必要。法48条1項2号)。

ただし、学術的な分析・評価を加えた論説は除かれ、また、「新聞又は雑誌」に掲載された論説記事のみ転載等が認められるのであって、テレビやラジオおける論説については、自由利用が認められない。

さらに、これら論説記事を放送又は有線放送することはできるが、IPマルチキャスト放送を除き、インターネット上(ホームページ等)で他人が自由に転載・配信することまでは認めていない。

なお、この規定により放送され、若しくは有線放送され、又は自動公衆送信(IPマルチキャスト放送)される論説は、テレビなどを通じて公衆に伝達することができる(法39条2項)。

(14) 政治上の演説等の利用

要点㊼
公開して行われた政治上の演説又は陳述及び裁判手続(行政庁の行う審判その他裁判に準ずる手続を含む。)における公開の陳述は、同一著作者のものを編集して利用する場合を除き、いずれの方法によるかを問わず、利用することができる(法40条1項)。

これは、選挙演説など政治家が公開の場で行った「**演説**」や、裁判手続上の公開された原告、被告、弁護士等による「**陳述**」について、掲載・発行や公衆送信など方法を問わず自由利用を認めたものである(法47条の7。出所の明示が必要。法48条1項2号)。

ただし、**同一政治家の演説集など、「同一著作者」による演説を編集する場合には、著作者の許諾を得ることを要する。**

また、国会や地方公共団体の機関、及び独立行政法人や地方独立行政法人において行われた公開の演説又は陳述も、報道上正当であると認められる場合には、新聞若しくは雑誌に掲載し、又は放送し、若しくは有線放送し、若しくはIPマルチキャスト放送することができ(法40条2項。翻訳も可。法47条の6第1項2号、47条の7。出所の明示が必要。法48条1項2号)、これらの放送等はテレビ等を用いて公衆に伝達することもできる(法40条3項)。

(15) 時事の事件の報道のための利用

要点㊽
写真、映画、放送その他の方法によって時事の事件を報道する場合には、当該事件を構成し、又は当該事件の過程において見られ、若しくは聞かれる著作物は、報道の目的上正当な範囲内において、複製し、及び当該事件の報道に伴って利用することができる(法41条)。

この規定により報道機関は、**ニュース報道**において、その事件を構成する著作物(例えば、著作権侵害事件を伝える報道における当該侵害対象となった絵画や音楽等)や、報道上で避けることができない著作物(現場からの中継中に聞こえる音楽等)の利用に関しては、その著作者の許諾を得る必要はない。

「報道の目的上正当な範囲内」とは、量的及び質的に見て、ニュース報道に必要な範囲内においてのみ著作物を利用できるという意味である。また、「報道に伴う利用」とは、新聞への掲載に限らず、テレビ放送その他報道の態様に応じた方法により利用できるという意味である(法47条の7。翻訳も可。法47条の6第1項2号。慣行があるときは出所の明示が必要。法48条1項3号)。

(16) 裁判手続等における複製

著作物は、次のいずれかの手続のために必要と認められる場合及び内部資料として必要と認められる場合に、その必要とされる限度において、複製・配布することができる(法42条1項本文、2項、40条1項括弧書、47条の7。翻訳も可。法47条の6第1項2号。出所の明示が必要。法48条1項1号)。

① 裁判手続(行政庁が行う審判等の手続を含む。)
② 立法又は行政の目的のための内部資料
③ 行政庁の行う特許、意匠若しくは商標に関する審査、実用新案に関する技術的な評価又は国際出願に関する国際調査若しくは国際予備審査に関する手続
④ 行政庁の行う品種(種苗法上の品種をいう。)に関する審査又は登録品種に関する調査に関する手続
⑤ 行政庁の行う特定農林水産物等(特定農林水産物等の名称の保護に関する法律上の特定農林水産物等をいう。)についての同法の登録又は外国の特定農林水産物等についての同法の指定に関する手続
⑥ 行政庁若しくは独立行政法人の行う薬事(医療機器及び再生医療等製品に関する事項を含む。)に関する審査若しくは調査又は行政庁若しくは独立行政法人に対する薬事に関する報告に関する手続
⑦ 以上のほか、これらに類するものとして政令で定める手続

なお、上記いずれかに該当する場合でも、当該著作物の種類及び用途並びにその複製の部数及び態様に照らし、著作権者の利益を不当に害するような利用はできず、例えば、必要な範囲や必要部数を超え、又は「外部」に配布する資料として複製することはできない(法42条1項ただし書)。

(17)行政機関情報公開法等による開示のための利用

行政機関の長、独立行政法人等又は地方公共団体の機関若しくは地方独立行政法人は、行政機関情報公開法 、独立行政法人等情報公開法又は情報公開条例の規定により著作物を公衆に提供し、又は提示することを目的とする場合には、各法令が規定する方法(文書・図画の閲覧又は写しの交付等)により開示するために必要と認められる限度において、当該著作物を利用することができる(法42条の2、47条の7)。

(18) 公文書管理法等による保存等のための利用

国立公文書館等の長又は地方公文書館等の長は、公文書管理法15条1項の規定又は公文書管理条例の規定(同項の規定に相当する規定に限る。)により歴史公文書等を保存することを目的とする場合には、必要と認められる限度において、当該歴史公文書等に係る著作物を複製することができる(法42条の3第1項)。

(19)国立国会図書館法によるインターネット資料等収集のための複製

国立国会図書館の館長は、国又は地方公共団体の機関等が公衆に利用可能としたホームページ上の資料や電子書籍等(以下「インターネット資料等」という。)を収集するため必要と認められる限度において、当該インターネット資料等に係る著作物を国立国会図書館の使用に係る記録媒体に記録することができる(法43条)。

(20) 放送事業者等による一時的固定

放送事業者及び有線放送事業者は、法23条1項に規定する「公衆送信等」をすることについて著作者から許諾を得たときは、自己の放送のために、その著作物を一時的に録音し、又は録画することができる(法44条1項、2項)。

ただし、この規定による録音物又は録画物は、原則として、その収録後6ヶ月(その期間内に当該収録物を用いた放送があったときは、その放送後6ヶ月)を超えて保存することはできない(法44条3項)。

(21) 美術の著作物等の原作品の所有者による展示

要点55

美術の著作物若しくは写真の著作物の原作品の所有者又はその同意を得た者は、これらの著作物をその原作品により公に展示することができる(法45条1項)。

これは、「美術品又は写真」に限り、**その「原作品」を著作者より買い受けた者(所有者)による展示**や、所有者から借り受けて展示会等を開催する者による展示について自由利用を認めたものである。

しかし、彫刻など**美術の著作物**については**「屋内」での展示を認めるのみ**であって、街路や公園、建物の外壁など一般公衆に見やすい屋外に「恒常的」に設置する場合には、自由利用が認められず、原則どおり著作者(著作権者)の許諾を要する(法45条2項)。

(22) 公開の美術の著作物等の利用

要点56

美術の著作物で、その原作品が一般公衆に開放されている屋外の場所又は一般公衆の見やすい屋外の場所に恒常的に設置されているもの、又は建築の著作物は、次の場合を除き、いずれの方法によるかを問わず、利用することができる(法46条、これらの複製物(写真等)の譲渡も可。法47条の７、慣行があるときは出所の明示が必要。法48条１項３号)。

① 彫刻を増製し、又はその増製物の譲渡により公衆に提供する場合
② 建築の著作物を建築により複製し、又はその複製物の譲渡により公衆に提供する場合
③ 屋外の場所に恒久的に設置するために複製する場合
④ 専ら美術の著作物の複製物の販売を目的として複製し、又はその複製物を販売する場合

この規定は、屋外に恒常的に設置されている彫刻や建築の著作物は、そもそも公衆に向けられた著作物であるため、原則として写真撮影など方法を問わず、自由な利用を認めたものである。

しかし、その彫刻のレプリカを製作して販売し、建築の著作物の模倣建築をし、又は販売目的で美術品の絵はがきやミニチュアなどを複製・製作して販売する行為は、いずれも自由利用の範囲を超えており、認められない。

(23) 美術の著作物等の展示に伴う複製等

美術の著作物又は写真の著作物の原作品により、法25条に規定する著作者の展示権を害することなく、これらの著作物を公に展示する者(原作品の所有者等。以下「原作品展示者」という。)は、**観覧者**のために、これらの展示著作物の解説又は紹介を目的とする**小冊子(パンフレット等)に当該展示著作物を掲載**し、又は当該展示著作物を**上映**し、若しくは当該展示著作物について**自動公衆送信(送信可能化を含む。)**を行うために必要と認められる限度において、当該展示著作物を写真撮影などで**「複製」**することができる(法47条1項、出所の明示が必要。法48条1項1号。変形又は翻案複製も可。法47条の6第1項4号。複製物の譲渡も可。法47条の7)。

そして、原作品展示者は、観覧者のために展示著作物の解説又は紹介をすることを目的とする場合には、その必要と認められる限度において、当該展示著作物を「上映」し、又は当該展示著作物について「自動公衆送信(インターネット配信)」することができる

ほか、原作品展示者等は、展示著作物の所在に関する情報を公衆に提供するために必要と認められる限度において（小さなサムネイル画像により）当該展示著作物を「複製」し、又は「公衆送信（自動公衆送信の場合にあっては、送信可能化を含む。）」することができる（法47条２項、３項）。

(24) 美術の著作物等の譲渡等の申出に伴う複製等

美術の著作物又は写真の著作物の原作品又は複製物の所有者その他のこれらの譲渡又は貸与の権原を有する者が、法26条の2第1項（譲渡権）又は法26条の3（貸与権）に規定する著作者の権利を害することなく、その原作品又は複製物を譲渡し、又は貸与しようとする場合には、当該権原を有する者（所有者等）又はその委託を受けた者（サイト運営会社等）は、その譲渡又は貸与の申出（インターネット販売するための商品紹介）の用に供するため、これらの著作物について、複製又は公衆送信（自動公衆送信の場合にあっては、送信可能化を含む。ただし、当該複製により作成される複製物を用いて行うこれらの著作物の複製又は当該公衆送信を受信して行うこれらの著作物の複製を防止し、又は抑止するための措置その他の著作権者の利益を不当に害しないための措置（画像コピー禁止措置）として政令で定める措置を講じて行うものに限る。）を行うことができる（法47条の2）。

(25) プログラムの著作物の複製物の所有者による複製等

要点㊼

プログラムの複製物の所有者は、自ら当該著作物を電子計算機（パソコン等）において実行するために必要と認められる限度において、当該著作物を複製することができる（法47条の3第1項。翻案も可。法47条の6第1項6号）。

これは、プログラムの複製物の所有者（パソコンソフトの正規品の購入者）が、自らのコンピュータでの利用に際して、例えば、バックアップコピーやバージョンアップ等を行うことを認めるものである。

複製等は「自らの利用上必要と認められる限度」においてのみ認められるのであり、例えば、他人のためや社内における全パソコンで使用する目的で複製することはできない。また、企業において、正規品ではなく違法に複製されたプログラムであることを知りつつ使用している者については、この規定による複製や翻案は認められない(法47条の3第1項ただし書)。

なお、プログラムの複製物の所有者が、その複製物を他人に譲渡して所有者ではなくなったときには、自ら他に保存している同一のプログラムは、消去又は破棄しなければならない(法47条の3第2項)。

(26) 電子計算機における著作物の利用に付随する利用等

パソコンなど電子計算機における利用(スマートフォンなど情報通信技術を利用する方法による利用を含む。)に供される著作物は、次に掲げる場合その他これらと同様に当該著作物の**電子計算機における利用を円滑又は効率的に行うため**に当該電子計算機における利用に**付随する利用に供すること**を目的とする場合には、その必要と認められる限度において、いずれの方法によるかを問わず、利用することができる(法47条の４第１項)。

① 電子計算機において、著作物(パソコンソフト等)を当該著作物の複製物を用いて利用する場合又は無線通信若しくは有線電気通信の送信がされる著作物を当該送信を受信して利用する場合において、これらの利用のための当該電子計算機による情報処理の過程において、当該情報処理を円滑又は効率的に行うために当該著作物を当該電子計算機の記録媒体(ハードディスク)に記録するとき。

② インターネットサービスプロバイダなど自動公衆送信装置を他人の自動公衆送信の用に供することを業として行う者が、当該他人の自動公衆送信の遅滞若しくは障害を防止し(ミラーリング)、又は送信可能化された著作物の自動公衆送信を中継するための送信を効率的に行うために(キャッシング)、

これらの自動公衆送信のために送信可能化された著作物を記録媒体に記録する場合

③ 情報通信の技術を利用する方法により情報を提供する場合(情報検索サービス)において、当該提供を円滑又は効率的に行うための準備に必要な電子計算機による情報処理を行うことを目的として記録媒体への記録又は翻案を行うとき。

また、電子計算機における利用に供される著作物は、次に掲げる場合その他これらと同様に当該著作物の**電子計算機における利用を行うことができる状態を維持し、又は当該状態に回復すること**を目的とする場合には、その必要と認められる限度において、いずれの方法によるかを問わず、利用することができる(法47条の4第2項)。

① パソコンや携帯電話など記録媒体(ハードディスク)を内蔵する機器の保守又は修理を行うために当該機器に内蔵する記録媒体(以下「内蔵記録媒体」という。)に記録されている著作物を当該内蔵記録媒体以外の記録媒体に一時的に記録し、及び当該保守又は修理の後に、当該内蔵記録媒体に記録する場合

② 記録媒体を内蔵する機器をこれと同様の機能を有する機器と交換するためにその内蔵記録媒体に記録されている著作物を当該内蔵記録媒体以外の記録媒体に一時的に記録(バックアップコピー)し、及び当該同様の機能を有する機器の内蔵記録媒体に記録する場合

③ インターネットサービスプロバイダなど自動公衆送信装置を他人の自動公衆送信の用に供することを業として行う者が、当該自動公衆送信装置により送信可能化された著作物の複製物が滅失し、又は毀損した場合の復旧(バックアップ)の用に供するために当該著作物を記録媒体に記録するとき。

ただし、上記いずれの場合も、当該利用に供される著作物の種類及び用途並びに当該利用の態様に照らし著作権者の利益を不当に害することとなるときは、当該著作物の自由利用は認められない。

(27)電子計算機による情報処理及びその結果の提供に付随する軽微利用等

書籍その他の「所在検索サービス」など、**電子計算機を用いた情報処理により新たな知見又は情報を創出することによって著作物の利用の促進に資する次に掲げる行為を行う者**(当該行為の一部を行う者を含み、当該行為を政令で定める基準に従って行う者に限る。)は、**公衆への提供又は提示(送信可能化を含む。)が行われた著作物**(以下「公衆提供等著作物」といい、公表された著作物又は送信可能化された著作物に限る。)について、その目的上必要と認められる限度において、**当該行為に付随して**、いずれの方法によるかを問わず、利用(当該公衆提供等著作物のうちその利用に供される部分の占める割合、その利用に供される部分の量、その利用に供される際の表示の精度その他の要素に照らし軽微なものに限る。以下**「軽微利用」**という。)することができる(法47条の5第1項)。

① 電子計算機を用いて、検索により求める情報(以下「検索情報」という。)が記録された著作物の題号又は著作者名、送信可能化された検索情報に係る送信元識別符号(自動公衆送信の送信元を識別するための文字、番号、記号その他の符号をいう。)その他の検索情報の特定又は所在に関する情報を検索し、及びその結果を提供すること。

② 電子計算機による情報解析を行い、及びその結果を提供すること。

③ 以上に掲げるもののほか、電子計算機による情報処理により、新たな知見又は情報を創出し、及びその結果を提供する行為であって、国民生活の利便性の向上に寄与するものとして政令で定めるもの。

ただし、上記いずれの場合も、当該公衆提供等著作物に係る公衆への提供等が著作権を侵害するものであること(国外で行われた公衆への提供等にあっては、国内で行われたとしたならば著作権の侵害となるべきものであること)を知りながら当該軽微利用を行うことその他、当該公衆提供等著作物の種類及び用途並びに当該軽微利用の態様に照らし著作権者の利益を不当に害することとなるときは、当該著作物の自由利用は認められない。

また、上記の行為の準備を行う者(当該行為の準備のための情報の収集、整理及び提供を政令で定める基準に従って行う者に限る。)は、公衆提供等著作物について、その軽微利用の準備のために必要と認められる限度において、複製若しくは公衆送信(自動公衆送信の場合にあっては、送信可能化を含む。)を行い、又はその複製物による頒布を行うことができるが、この場合も、「当該公衆提供等著作物の種類及び用途並びに当該複製又は頒布の部数及び当該複製、公衆送信又は頒布の態様に照らし著作権者の利益を不当に害することとなる場合には、この限りでない(＝自由利用は認められない)」とされる(法47条の５第２項)。

(28) 複製物の目的外使用等

以上の自由利用の規定によって著作者(A)以外の者(B)が複製した複製物の使用は、各規定による目的の範囲内において認められるものであって、**目的外の使用のためこれを頒布し、又は公衆へ提示等すること**は、その著作者(A)が有する複製権の侵害とみなされる(法49条1項)。

また、自由利用の規定によって著作者(A)以外の者(B)が二次的著作物を創作した場合に、その二次的著作物の複製物を目的外の使用のためこれを頒布し、又は公衆へ提示したときは、二次的著作物の基となった(原)著作物の著作者(A)が有する翻訳権・翻案権等及び当該二次的著作物に対する複製権の侵害とみなされる(法49条2項)。

(29)著作者人格権との関係

以上の自由利用の規定は、著作者人格権に影響を及ぼすものではなく、各規定の範囲で著作者の著作権は制限されるが、その著作者人格権が制限されることはない(法50条)。

確認テスト

各設問について、正しければ○を、誤っていれば×をつけなさい。(解答・解説は次ページ)

□ 問1　▶私的使用の目的であっても、レンタルした音楽CDを、当該音楽CDを借りたレンタル店の店舗に設置してあるダビング機を用いて複製することはできない。

□ 問2　▶大学生は、ゼミに所属するメンバー全員のために、大学図書館内の蔵書の一部を自由にコピーすることができる。

□ 問3　▶未公表の著作物であっても、自己の著作物の従たる範囲内であれば、自由に引用することができる。

□ 問4　▶引用できるのは言語の著作物のみであり、美術や写真の著作物を引用することはできない。

□ 問5　▶自由利用規定によって、他人の著作物を小・中・高等学校の教科書に掲載できる場合であっても、掲載する者は、著作権者に補償金を支払わなければならない。

□ 問6　▶営利を目的としない学校の授業中で使用する目的であれば、市販の学習ドリルの全部をコピーして生徒に配布することができる。

□ 問7　▶学園祭自体は入場無料で開催される場合でも、その学園祭に出演する演奏者に報酬が支払われるときは、その演奏者は、他人の楽曲を自由に演奏することはできない。

□ 問8　▶テレビ番組で行われた政治上、経済上又は社会上の時事問題に関する論説は、自由に、他の新聞紙又は雑誌に転載することができる。

□ 問9　▶政治家による選挙演説や国会演説は、録音その他の方法で自由に利用することができるが、1人の政治家の演説集を編集するには、その政治家の許諾を必要とする。

解答・解説

□ 問１○　▶私的使用のための複製であっても、店舗に設置したダビング機器を利用した複製は許されない（法30条1項1号）。

□ 問２×　▶大学や公共図書館においては、利用者の求めに応じて、調査研究の用に供するため蔵書の一部をコピーすることができるが、「1人一部」であり、ゼミのメンバー全員のためコピーすることはできない（法31条1項1号）。

□ 問３×　▶引用できる著作物（引用元）は、「公表された著作物」に限る（法32条1項）。

□ 問４×　▶引用できる著作物は、文書や演説など「言語の著作物」に限られず、美術や写真の著作物など、引用可能なあらゆる著作物が対象となる。

□ 問５○　▶設問記述のとおり（法33条1項、2項）

□ 問６×　▶営利を目的としない学校の授業中に使用する目的であれば、「必要と認められる限度」で、他人の著作物を複製することができるが、「全部」は、必要と認められる限度を超えており、また、市販のドリルの利用は、「著作権者の利益を不当に害すること」となるため認められない（法35条1項）。

□ 問７○　▶設問記述のとおり（法38条1項ただし書）。

□ 問８×　▶「新聞紙又は雑誌上の時事問題に関する論説」とは異なり、テレビ番組中の論説は、他の新聞紙や雑誌に転載することはできない（法39条1項）。

□ 問９○　▶設問記述のとおり（法40条1項）。

3. 著作権の保護期間

著作物は文化的財産であり、「文化の発展」という公益のため、**一定の期間経過後には「著作権」が消滅する。**

(1) 保護(存続)期間の始期

要点㊿
著作権の存続期間は、「著作物の創作の時」に始まる(法51条1項)。

著作権は、「著作物を創作した時」に、無方式で著作者に発生する権利であることから、その保護期間も、当然に「著作物の創作時」から開始する。

(2) 保護(存続)期間の終期

① 保護期間の原則

要点㊾
著作権は、著作者の死後(共同著作物にあっては、最終に死亡した者の死後)70年を経過するまでの間、存続する(法51条2項)。

なお、具体的な終期計算の起算点は、**「死亡した年の翌年の1月1日」**から起算される(法57条)。

これは、「実名で公表された個人の著作物」の保護期間の原則であり、例えば、作家Aが実名で小説Xを公表し、2005年に死亡した場合には、小説Xに対する著作権は、2006年1月1日から70年後の2075年12月31日まで存続することになる(1月1日～と初年算入となるため、2006年から単純に70年を足して「2076年12月31日まで」としないよう注意を要する)。

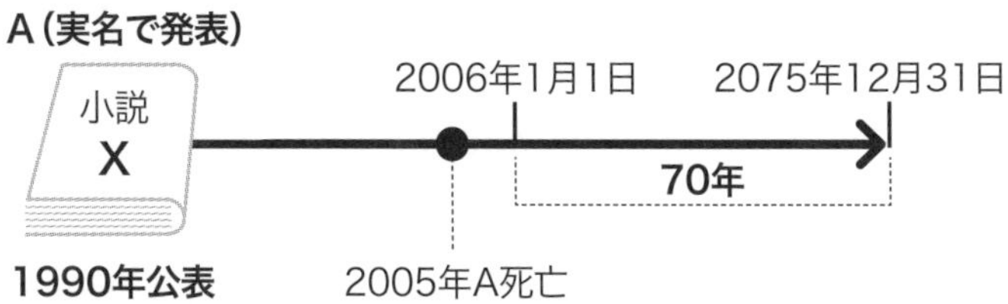

A(実名で発表)

小説
X

2006年1月1日　2075年12月31日

70年

1990年公表　2005年A死亡

著作者の死亡後は、その相続人など、その権利を承継した者が前記保護期間内で著作権を行使することができるが、保護期間が経過すると、その著作権は消滅する。

② 無名又は変名の著作物の保護期間

要点⑥⓪
無名又は変名で公表された著作物の著作権は、その著作物の公表後70年を経過するまでの間、存続する(法52条1項本文。終期計算の起算点は公表した年の翌年の1月1日。法57条)。

これは、実名で著作物が公表された場合とは異なり、死亡時が客観的に不明であるため、「公表時」を終期計算の起算点としたものである。

例えば、前例で、作家Aが無名又は変名で1990年に小説Xを公表した場合には、Aの死亡時期にかかわらず、小説Xに対する著作権は、公表時の1990年(翌年1月1日)から起算され、70年後の2060年12月31日まで存続することになる。

ただし、この期間の満了前に著作者(A)の死後70年を経過していると認められるときは、原則どおり、著作者の死後70年を経過したと認められる時において、著作権は消滅する(法52条1項ただし書)。

一方、無名又は変名で著作物が公表された場合に、「公表後に著作者が死亡したとき」は、実名による公表に比べて保護期間が短くなってしまう。

そこで、次のいずれかの場合には、原則どおり、法51条2項の保護期間(著作者の死後70年)が適用される。

- 変名の著作物における**著作者の変名が、その者のものとして周知のもの**であるとき。
- 法52条1項の期間内に法75条1項に基づく**著作者による実名の登録**があったとき。
- 著作者が法52条1項の期間内にその実名又は周知の変名を著作者名として表示してその著作物を公表したとき。

③ 団体名義の著作物の保護期間

要点61
法人その他の団体が著作の名義を有する著作物（職務著作か否かは問わない。）の著作権は、その著作物の公表後70年を経過するまでの間、存続する（法53条1項。終期計算の起算点は、公表した年の翌年の1月1日。法57条）。

ただし、その著作物が創作後70年以内に公表されなかったときは、その著作権の保護期間は**「創作後70年」**とされる（法53条1項括弧書。終期計算の起算点は、創作した年の翌年の1月1日。法57条）。

一方、団体名義で著作物が公表された場合でも、その著作物が法15条の規定する職務著作にはあたらず、著作者が個人（自然人）であって、その個人が法53条1項の期間内にその実名又は周知の変名を著作者名として表示して著作物を公表したときは、原則どおり法51条2項の保護期間（死後70年）が適用される（法53条2項）。

また、職務著作とされたプログラムの著作物については、団体名義で公表されていなくとも、その著作権の保護期間は法53条1項の期間（公表又は創作から70年）とされる（法53条3項）。

④ 映画の著作物の保護期間

要点62
映画の著作物の著作権は、その著作物の公表後70年を経過するまでの間、存続する（法54条1項。終期計算の起算点は、公表した年の翌年の1月1日。法57条）。

ただし、その著作物が創作後70年以内に公表されなかったときは、その著作権の保護期間は**「創作後70年」**とされる（法54条1項括弧書。終期計算の起算点は、創作した年の翌年の1月1日。法57条）。

この映画の著作物の保護期間の規定は、個人や法人の名義で公表されたか否かを問わず、映画の著作物であれば、原則として一律に適用される（法54条3項）。

さらに、上記期間の満了により映画の著作物の著作権が消滅したときには、当該映画の著作物の利用に関する限り、原著作物（原作小説等）の著作権も、同様に消滅する（法54条2項）。

⑤ 継続的刊行物等の公表の時

要点63
無名又は変名の著作物、団体名義の著作物、映画の著作物の公表の時は、冊、号、回を追って公表する著作物（継続的刊行物。例、新聞や雑誌）については、「毎冊、毎号又は毎回の公表の時」を、一部分ずつを逐次公表して完成する著作物（逐次刊行物。例、連載小説や連続ドラマ）については、「最終部分の公表の時」を保護期間の基準とする（法56条1項）。

すなわち、「公表時」が保護期間の起算点となる場合、「継続的刊行物」に関しては、「各冊、号、回」ごとに著作権の保護期間が計算され、「逐次刊行物」に関しては、**「最終回の公表時」**から、それまでの**全編の著作権の保護期間**が計算されるが、このうち、「逐次刊行物」に関しては、継続すべき部分が直近の公表の時から3年間を経過しても公表されないときは（逐次刊行の中断）、すでに公表されたもののうち最終部分の公表時を基準とする（法56条2項）。

なお、この規定は、法51条2項又は法52条2項に規定する場合など、著作者が個人の場合で、その実名や周知の変名が明らかな著作物には適用されず、これらの場合には、原則どおり「著作者死亡の時」から保護期間が計算される。

⑥ 保護期間の相互主義

要点64

ベルヌ条約等の条約に加盟している他国において定められている著作権の存続期間が、法51条から54条までに定めるわが国の著作権の存続期間より短い場合には、その他国の著作物のわが国における著作権の存続期間は、他国の例(わが国より短い期間)による(保護期間の相互主義。法58条)。

例えば、ベルヌ条約に加盟するA国の著作権法では、映画の著作物の著作権の保護期間が50年とされている場合には、わが国においても、A国人の著作者による映画の著作物の著作権は、同様に50年間保護すれば足りる。

なお、反対に、他国が定める保護期間の方が、わが国が定める保護期間より長い場合でも、わが国においては、わが国が定める保護期間内でのみ保護すれば足りるが、「戦時加算」に注意を要する。

☞ 第二次世界大戦の敗戦国である日本は、サンフランシスコ平和条約により、アメリカなど戦勝国(連合国)側の国民の著作物であって戦争前又は戦時中に著作権を取得したものについては、現行著作権法に基づく保護期間に加え、約 10 年(原則として 3794 日)の保護期間が加算される(戦時加算)。

(3) 著作権の消滅

著作権は、次のいずれかの場合には消滅し、消滅後は、文化の発展のため、誰でも自由に著作物を利用することができる(パブリックドメイン。法62条)。

要点65

① 法51条から54条が規定する著作権の保護期間が満了したとき。

② 著作権者が死亡した場合に、その著作権が民法959条(残余財産の国庫への帰属)の規定により国庫に帰属すべきこととなるとき。

③ 著作権者である法人が解散した場合において、その著作権が一般社団法人及び一般財団法人に関する法律（以下「一般社団・財団法」という。）239条3項（残余財産の国庫への帰属）その他これに準ずる法律の規定により国庫に帰属すべきこととなるとき。

前記①は、「著作者以外の著作権者」がいる場合であり、例えば、著作者（著作権者）の相続人や、著作者から著作権を譲り受けた者（個人・法人を問わない。）が存在する場合でも、著作権は、70年の保護期間の満了とともに消滅するという意味である。

前記②は、「著作権者（著作者か否かは問わない。）」が死亡し、その相続人又は財産分与を受けるべき特別縁故者がいない場合、民法の規定によると「相続財産は国庫に帰属する。」とされているが、相続財産のうち著作権は、その保護期間内であっても、国庫に帰属せずに消滅するという意味である。

前記③は、法人が著作権者である場合に、その法人が解散したときには、一般社団・財団法によれば、「その帰属が定まらない残余財産は国庫に帰属する」とされているが、残余財産のうち著作権は、その保護期間内であっても、国庫に帰属せず消滅するという意味である。ただし、著作権者たる法人が他の法人との「合併」により解散・消滅したときは、合併後の「存続会社又は新設会社」が、著作権を含む消滅会社の財産を包括的に承継するため、その著作権は消滅しない（存続会社又は新設会社が著作権者となる）。

前記②、③について、これらの規定により映画の著作物の著作権が消滅するときは、当該映画の著作物の利用に関する限り、その原著作物の著作権も、当該映画の著作物の著作権とともに消滅する（法62条2項、54条2項）。

一方、著作権法には規定がないものの、財産権である著作権は、その権利者の意思による「放棄」も可能と解されており、著作権が放棄されたときも、以後は、誰でもその著作物を自由に利用することができる。

確認テスト

各設問について、正しければ○を、誤っていれば×をつけなさい。(解答・解説は次ページ)

□ 問1　▶実名で公表された著作物について、その著作権の保護期間は、著作者が死亡した時から開始する。

□ 問2　▶小説家Aが、周知の筆名であるBと表示して小説Xを1990年5月1日に発行し、2009年10月20日に死亡した場合には、小説Xに関する著作権は、2079年10月20日まで存続する。

□ 問3　▶楽曲Yの著作権を有する作曲家Aが死亡した場合に、相続人Bがいるときは、楽曲Yの著作権の保護期間内は、Bが著作権者として権利を行使することができる。

□ 問4　▶小説家Aが、その執筆に係る小説Xの著作権をB出版社に譲渡していた場合、B社が解散しない限り、小説Xに関する著作権が消滅することはない。

□ 問5　▶作曲家Aが、無名により楽曲Yを1995年10月1日に発表し、2010年3月20日に死亡した場合には、Aが楽曲Yについて実名登録をしていたときであっても、楽曲Yに関する著作権の保護期間は、2065年12月31日までである。

□ 問6　▶A社が、報告資料Zを2001年12月10日に作成し、これをA社名義で2002年4月1日に公表した場合には、報告資料Zに関する著作権は、2071年12月31日まで存続する。

□ 問7　▶A社が、映画Xを2007年10月20日に製作し、これをA社名義で2008年4月20日に公開した場合には、映画Xに関する著作権は、2078年12月31日まで存続する。

□ 問8　▶団体名義の著作物又は映画の著作物が公表されなかった場合には、これらの著作物には著作権は発生しない。

解答・解説

□ 問1× ▶著作権の保護(存続)期間は、著作物の「創作の時」に始まる(法51条1項)。

□ 問2× ▶著作権の保護期間の終期計算は、起算日が属する年の「翌年1月1日」から起算される(法57条)。したがって、本問ではAが死亡した日が属する年の翌年2010年1月1日から起算され、2079年12月31日まで著作権が存続する(法52条2項1号、51条2項)。

□ 問3○ ▶財産権である著作権は相続の対象となるため、著作権の保護期間内は、その相続人が著作権者となる。

□ 問4× ▶法人が著作権者となった場合でも、「著作者の死後又は公表後70年」といった著作権の保護期間が満了すれば、その著作権は消滅する。

□ 問5× ▶周知ではない変名又は無名で公表された著作物であっても、その後に当該著作物について著作者が実名の登録をしたときは、著作者が明らかとなるため、原則通り、当該著作物の著作権は、「著作者が死亡した時から70年間」存続する(法52条2項2号)。したがって、本問の場合、2080年12月31日まで著作権が存続する。

□ 問6× ▶団体名義で公表された著作物の著作権は、「公表後70年間」存続する(法53条1項)。したがって、本問の場合、2072年12月31日まで著作権が存続する。

□ 問7○ ▶設問記述のとおり(法54条1項)。

□ 問8× ▶団体名義の著作物又は映画の著作物が公表されなかったときは、いずれも、その「創作後70年間」、著作権が存続する(法53条1項括弧書、54条1項括弧書)。

4. 著作権の譲渡と利用許諾等

(1) 著作権の譲渡

① 著作権譲渡の方法

要点66

著作権は、その全部又は一部(複製権や貸与権といった一部の支分権)を譲渡することができる(法61条1項)。

著作権は財産権であるから、前述のように相続の対象となるほか、他人に譲渡することもできる(譲渡とは、通常は「売却」を意味する)。

著作権譲渡の方法には特に規定がなく、その譲渡契約は、民法一般の契約(売買契約等)と同様に、譲渡人(著作権者)と譲受人間の譲渡についての**「合意のみ」**で、**「合意成立時」**に成立し、契約書その他の書面の交換を必要としない(諾成・不要式の契約)。

ただし、ビジネス上は、後日の紛争に備えて、譲渡内容等を記載した契約書を作成し、交換しておくことが望ましい。

著作権譲渡の際には、特に支分権のみ譲渡する場合など、「契約自由の原則」により、**その用途や利用地域などに制限を加えることができる**ほか、譲渡価格や支払方法も、当事者が自由に定めることができるが、「著作者人格権」までも譲渡する旨を約することはできない(法59条。なお、著作者が著作権譲渡後は著作者人格権を行使しない旨を約する「不行使特約」程度は許される)。

一方、著作権譲渡契約において、**二次的著作物を創作するための翻訳権・翻案権等(法27条)及び二次的著作物の利用に関する原著作者の権利(法28条)も移転させるときは、その旨を特に契約書などに「特掲」しておく必要があり**、この特掲がないときは、これらの権利は「譲渡人」に留保されたものと推定される(法61条2項)。

著作権譲渡がなされると、以後は「譲受人」が著作権者となり、さらに他人に著作権を譲渡し、又は法63条1項に従い著作物の利用を許諾することができる。

また、「著作者たる著作権者」が著作権を譲渡した場合には、**「著作者」と「著作権者」の地位が分離すること**になる。

② 著作権譲渡の対抗要件

要点㊼
著作権の移転は、「登録」をしなければ、第三者に対抗することができない(法77条1号)。

前述のように、著作権は、当事者間の合意のみで譲渡・移転させることができるが、著作権が移転したことを第三者が認識することは困難である。

そこで、著作権の移転を第三者に対抗(主張)するためには、対抗要件として「登録」を必要とした。

例えば、下図において、BがCよりに先にAから著作権の譲渡を受けたが、Bが権利移転の登録をせずにいたところ、Cが移転の登録を行えば、Bは譲受人であることをCに対抗することができず、Cが譲受人に確定する(Bは、Aの債務不履行や詐欺を原因として契約を解除・取り消した上で、損害賠償や返金を求めることになる)。

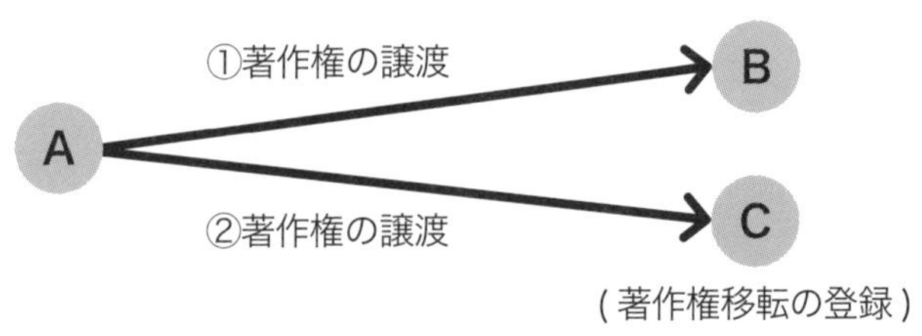

なお、相続によっても著作権は移転するが、例えば、相続人が複数いる場合の「遺産分割による著作権(持分)の移転」も、「登録」が対抗要件となる。

③ 共有著作権の行使

要点㊳
共同著作物の著作権その他共有に係る著作権(以下「共有著作権」という。)については、各共有者は、他の共有者の同意を得なければ、その持分を譲渡し、又は質権の目的とすることができない(法65条1項)。

例えば、A・B・Cが共同して壁画Xを描き、この壁画Xが共同著作物である場合、財産権である壁画Xの著作権は、A・B・Cの「共有著作権」となる(3人の取決めがない限り、持分は等しく3分の1ずつと推定される。民法250条)が、各自が自由に持分を処分(譲渡等)することができる「所有権」の共有とは異なり、Aは、B及びCの同意を得なければ、自己の著作権持分(3分の1)であっても処分することができない。

同様に、共有著作権(持分でなく全体の著作権)も、その「共有者全員の合意」によらなければ行使することができないが、**各共有者は、正当な理由がない限り、各持分の処分に対する同意を拒み、又は共有著作権を行使するための合意の成立を妨げることができない**(法65条2項、3項。著作者人格権の行使についても同様。法64条1項、2項)。

なお、共有者は、その中から**共有著作権を代表して行使する者**を定めることができるが、この代表者の権限は包括的なものであって、その代表権に制限を加えても、善意の(その制限を知らない)第三者に対抗することができない(法65条4項。著作者人格権の行使についても同様。法64条3項、4項)。

(2) 著作物の利用許諾

要点㊴
著作権者は、他人に対し、著作物の利用を許諾することができる(ライセンスの付与。法63条1項)。

この利用許諾契約も、著作権譲渡契約と同様に**諾成・不要式の契約**である。

また、利用許諾を得た者は、当該許諾をした著作権者に変動(著作権の移転)があった場合など、**その利用権を新たな著作権者その他の第三者にも対抗することができる**が(法63条の2)、利用許諾は登録することができないため、ビジネス上は、証拠として許諾を得た際の契約書等を保存しておくことが望ましい。

利用許諾を得た者は、その許諾を得た利用方法及び条件の範囲内においてのみ、著作物を利用することができるにすぎず(法63条2項)、この利用権を著作権者の承諾なくして第三者に譲渡することはできない(法63条3項)。

一方、**他人に利用許諾をした後でも、「著作権者」の地位には影響はなく**、当該他人と「独占的利用許諾」の特約をした場合を除き、著作権者は、自ら著作物を利用し、また、さらに第三者に利用許諾をすることができる。

(3) 著作物の裁定利用

公表された著作物又は相当期間にわたり公衆に提供され、若しくは提示されている事実が明らかである著作物を利用しようとする者は、著作権者の不明その他の理由により相当な努力を払ってもその著作権者と連絡をすることができない場合として政令で定める場合には、「文化庁長官」の裁定を受け、かつ、通常の使用料の額に相当するものとして文化庁長官が定める額の補償金を著作権者のために供託して、公表されている著作物を利用することができる(国や地方公共団体は供託不要。法67条1項、2項。一定の要件下で裁定申請中の利用も可。法67条の2)。

また、公表された著作物を放送しようとする放送事業者も、その著作権者に対し放送の許諾につき協議を求めたがその協議が成立せず、又はその協議をすることができないときは、「文化庁長官」の裁定を受け、かつ、通常の使用料の額に相当するものとして文化庁長官が定める額の補償金を著作権者に支払って、その著作物を放送することができる(法68条1項)。

☞「供託」とは、債務を弁済すべき相手方が不明等の場合に、代わりに国の機関である「供託所（法務局）」に金品を預けることをいう。相手方は、後日、供託所から還付を受けることができる。

(4) 質権の設定

要点⑩

　著作権者が他人から金銭を借りた場合等には、その「担保」として、当該他人（債権者）のために自らの著作権に「質権」を設定することができる（法66条）。

　万一、著作権者が借金を返済しない場合には、質権者は、著作権者が第三者から受けるべき著作権使用料や出版印税等を差し押さえて、貸金を回収することができる。

　なお、著作権に質権が設定されても、質権者へは著作物の引渡しを要さず（諾成契約）、原則として著作権を行使できるのも「著作権者」である。

(5) 登録

　すでに述べたとおり、著作権は、その登録がなくても著作者が著作物を創作した時に自動的に発生し、著作権法による保護を受けることができるが、次の一定事項は登録することもできる。

　この登録により、権利が推定されて「保護期間が延長される」といったメリットが生じるほか、前述したように、著作権譲渡による権利の移転など、第三者対抗要件を備えることになる。

　次ページ①については、この実名の登録により、登録者が著作者であるとの推定を受け、それまで「無名又は変名の著作物」として「公表時から70年」とされていた著作権の保護期間が、「著作者の死後70年」へと延長される（法75条1項、52条2項2号）。

　なお、著作者本人のみならず、その遺言で指定する者により、著作者の死後においても、この実名の登録を受けることができる（法75条2項）。

　次ページ②については、この登録により登録年月日に著作物の発行(公表)があったものと推定されるため、保護期間内か否かについて争いがある場合には、登録者が有利となる(法76条2項)。

要点㉑

① 実名の登録	無名又は変名で公表された著作物の「著作者」は、現に著作権を有するか否かにかかわらず、その著作物について実名の登録を受けることができる(法75条1項)。
② 第一発行年月日の登録	「著作権者」又は「無名若しくは変名の著作物の発行者」は、その著作物について第一発行年月日又は第一公表年月日の登録を受けることができる(法76条1項)。
③ 創作年月日の登録	「プログラムの著作物の著作者」は、その創作年月日の登録を受けることができる(ただし、創作後6ヵ月を経過した場合には登録できない。法76条の2第1項)。
④ 著作権の登録	次の事項は、登録しなければ第三者に対抗(主張)することができない(法77条)。 ● 著作権の移転若しくは信託による変更又は処分の制限(差押え等) ● 著作権を目的とする質権の設定、移転、変更若しくは消滅、又は処分の制限

上記③の登録は､｢プログラムの著作物の著作者｣に限り認められ、この登録により登録年月日に創作があったものと推定されるため、創作者やプログラムの特定に寄与するほか、保護期間内か否かについて争いがある場合にも、登録者が有利となる(法76条の2第2項)。

以上の登録は､｢プログラムの著作物｣に関する登録のみ一般財団法人ソフトウェア情報センターにおいて行うが、その他は文化庁の著作権課が担当する。

なお、登録事項を確認するため、何人(なんぴと)も(＝誰でも)文化庁長官に対して、著作権登録原簿の謄本若しくは抄本若しくはその附属書類の写し(コピー)の交付等を請求することができる(法78条４項。ただし、手数料の支払が必要。法78条５項)。

確認テスト

各設問について、正しければ○を、誤っていれば×をつけなさい。(解答・解説は次ページ)

□ 問1　▶著作権のうち、複製権のみを譲渡することもできる。

□ 問2　▶小説Yの著作権を有するAが、その著作権をBに譲渡した後に、同一の著作権をCにも二重に譲渡した。この場合、Bが先に小説Yの原稿を受け取り、その対価も支払っていたときは、Bは、著作権者であることをCに対抗することができる。

□ 問3　▶遺産分割による著作権持分の移転は、登録しなくとも第三者に対抗することができる。

□ 問4　▶楽曲Xの著作権を有するAが、「著作権の全部を譲渡する」旨を明示してその著作権をBに譲渡した場合でも、Bは、楽曲Xを編曲することはできない。

□ 問5　▶楽曲Xの著作権を有するAが、Bにその演奏会での利用につき許諾を与えた後であっても、Aは、楽曲Xの著作権をCに譲渡することができる。

□ 問6　▶楽曲Xの著作権者Aは、BとCの双方に対し、同時に、楽曲Xの利用を許諾することはできない。

□ 問7　▶A・B・Cの3名が共同して彫刻Zを創作し、彫刻Zが共同著作物と認められる場合には、Aがその共有著作権の持分をDに譲渡するには、B及びCの同意を必要とする。

□ 問8　▶A・B・Cの3名が共同して彫刻Zを創作し、彫刻Zが共同著作物と認められる場合には、この3名の協議により、Bを共有著作権を代表して行使する者と定めることができる。

□ 問9　▶小説Yの著作権を有するAが、Bから金銭を借りる際の担保としてその著作権に質権を設定するには、小説Yの原稿をBに引き渡さなければならない。

解答・解説

□ 問1○　▶設問記述のとおり(法61条1項)。

□ 問2×　▶著作権の移転は、その旨の「登録」をしなければ、第三者に対抗することができない(法77条1号)。

□ 問3×　▶相続に伴う遺産分割による著作権持分の移転も、登録をしなければ第三者に対抗することができない(法77条1号)。

□ 問4○　▶著作権譲渡時に、契約書等に「特掲」がない限り、二次的著作物を創作するための翻訳権・翻案権等(法27条)及び二次的著作物の利用に関する原著作者の権利(法28条)は移転しない(法61条2項)。

□ 問5○　▶利用許諾を与えても著作権者の地位には影響しないため、著作権者Aは、他人に利用を許諾した後であっても、その著作権を第三者に譲渡することができる。

□ 問6×　▶著作権譲渡とは異なり、著作物の利用許諾は、「独占的利用許諾」の特約がある場合を除き、同時に複数の者に与えることができる(法63条1項)。

□ 問7○　▶設問記述のとおり(法65条1項)。

□ 問8○　▶設問記述のとおり(法65条4項、64条3項)。

□ 問9×　▶「著作権」に質権を設定しても、著作物を債権者(質権者)に引き渡す必要はなく、特約がない限り、著作権者が引き続き著作権を行使することができる(法66条1項)。

第6章　出版権と著作隣接権

本章で学ぶこと

1．出版権
2．著作隣接権

1. 出版権

著作権法は、著作権だけでなく、出版権についても規定している。出版権も「財産権」であるが、著作権とは別個の権利である。

(1) 出版権の設定

要点㊼
複製権又は公衆送信権を有する者（以下「複製権等保有者」という。）は、その著作物について、文書若しくは図画として出版すること（デジタルデータとして複製された記録媒体により頒布することを含む。以下「出版行為」という。）又は当該記録媒体に記録されたデジタルデータを用いて公衆送信（送信可能化を含むインターネット配信に限る。）を行うことを引き受ける出版社等に対し、出版権を設定することができる（法79条１項）。

出版権は、著作権のうち**複製権又は公衆送信権（双方又は一方）**に設定されるため、設定者たる複製権等保有者は、これらの権利のみを有していればよく、著作権全部を有している必要はない。

ただし、これらの権利に質権が設定されているときは、当該質権者の承諾を得た場合に限り、出版権を設定することができる（法79条２項）。

出版権の設定（契約）は、**当事者の意思表示の一致（合意）のみ**で成立するが（諾成・不要式契約）、出版権者は、**出版権設定の登録**

をしなければ、その出版権を第三者(複製権又は公衆送信権が譲渡された場合の譲受人を含む。)に対抗することができない(法88条1項1号)。

一方、出版権を設定しても、**複製権者又は公衆送信権者たる地位**に影響はなく、複製権等保有者は、出版権者の承諾がなくとも、これらの権利を他人に譲渡することができるほか、**著作者たる地位**にも影響はなく、出版権者が著作者人格権を行使することはできない(法61条1項、59条)。

(2) 出版権の内容

要点⑬

出版権者は、設定行為で定めるところにより、出版権の目的である著作物について、次に掲げる権利の全部又は一部を専有する(法80条1項)。

①頒布の目的をもって、原作のまま印刷その他の機械的又は化学的方法により文書又は図画として複製する権利(原作のまま記録媒体に記録されたデジタルデータとして複製する権利を含む。)

②原作のまま上記①の記録媒体に記録されたデジタルデータを用いて公衆送信を行う権利

このように、出版権者は、出版契約に従い、文書や図画の著作物を①「本やＣＤロム等により出版する権利(公衆送信は不可)」と、②「ホームページ上での表示やダウンロード等、インターネット配信により出版する権利(公衆送信のみ可)」の**双方又は一方を専有**する。

したがって、複製権等保有者は、上記①と②の出版権を各別の者に設定することもできる。

出版権を設定した複製権等保有者は、**同一の著作物について、重ねて同一内容の出版権を設定することはできず、複製権等保有者であっても、自ら同一内容の出版をすることはできない。**

出版権の存続期間は、設定契約に定めがない限り、最初に出版行為又は公衆送信があった日から**３年間**とされる(法83条)。

なお、この期間中において、出版権者は、複製権等保有者の承諾を得た場合に限り、他人に対し、出版権の目的である著作物の複製又は公衆送信を許諾することができるほか、その出版権(全部又は一部)を他人に譲渡し、又は出版権に質権を設定することができる(法80条３項、87条)。

(3) 出版権者の義務

出版権者は、複製権等保有者からその著作物を複製するために必要な原稿その他の原品等の引渡し又は提供を受けた日から６ヶ月以内に、当該著作物について出版又は公衆送信を行う義務を負うほか、慣行に従い、継続して出版又は公衆送信を行う義務を負う(法81条)。また、著作者は、出版権者が著作物を改めて複製(増刷・重版)する場合には、正当な範囲内でその著作物に修正又は増減を加えることができるため、出版権者は、その著作物を改めて複製しようとするときは、その都度、あらかじめ「著作者」にその旨を通知しなければならない(法82条２項)。

(4) 出版権の消滅

出版権は、次のいずれかの事由によって消滅する(法83条、84条)。

① 出版権の存続期間(契約期間)が満了したとき。

② 出版権者が法81条１号イと同条２号イの義務(６ヶ月以内に発行する義務)に違反した場合で、複製権等保有者が、出版権者にその出版権を消滅させる旨を通知したとき。

③ 出版権者が法81条１号ロと同条２号ロの義務(継続出版義務)に違反した場合で、複製権等保有者が３ヶ月以上の期間を定めてその履行を催告したにもかかわらず、その期間内にその履行がされないため、複製権等保有者が、出版権者にその出版権を消滅させる旨を通知したとき。

④ 複製権等保有者が、その著作物の内容が自己の確信に適合しなくなったため、その著作物の出版を廃絶するよう出版権者に通知した場合であって、かつ、当該絶版により出版権者に通常生ずべき損害を賠償したとき。

2. 著作隣接権

著作者(著作権者)には「著作権」が認められているとはいえ、その著作物が利用されなければ意味がない。また、「文化の発展」という観点からも、著作物の適正な利用・普及は不可欠である。

そこで、著作権法においては、直接著作物を創作した著作者ではないものの、著作物を公衆に伝える上で重要な役割を果たす一定の者に、「著作隣接権」を認めている(法1条、89条)。

(1) 著作隣接権者

著作隣接権を有する者は、次の4者である。

要点㊹

① 実演家　② レコード製作者
③ 放送事業者　④ 有線放送事業者

① 実演家

まず「実演」とは、**著作物を、演劇的に演じ、舞い、演奏し、歌い、口演し、朗詠し、又はその他の方法により演ずること**(これらに類する行為で、著作物を演じないが**芸能的な性質を有するもの**を含む。)をいう(法2条1項3号)。そして、「実演家」とは、俳優、舞踊家、演奏家、歌手その他実演を行なう者及び実演を指揮し、又は演出する者をいうが(法2条1項4号)、**プロかアマチュアかといった点は問題とはならず**、例えば、「学芸会で演技をする生徒」や「ストリートミュージシャン」も実演家である。また、「著作物を演じないが芸能的な性質を有するもの」も実演に含まれるため、例えば、マジシャンや大道芸人も「実演家」である。

② レコード製作者

まず「レコード」とは、蓄音機用音盤、録音テープその他の物に**「音」を固定したもの**(ビデオテープなど音を専ら影像とともに再生することを目的とするものを除く。)をいうが(法2条1項5号)、音を収録するものであれば、カセットテープやCD等あらゆる記録媒体が含まれる。

そして、「レコード製作者」とは、レコードに固定されている音を最初に固定した者、すなわち「マスター(原盤)製作者」をいう(法2条1項6号)。

「音」とのみあるため、レコードに固定される音は**「音楽」に限らず、「音声」、「動物の鳴き声」や「波の音」など、あらゆる音が含まれ**、それらのマスター製作者は、すべて「レコード製作者」である。

また、レコード製作者は、一般的にはレコード会社、音楽出版社又は音楽事務所などであろうが、法人に限らず、個人であってもレコード製作者になりうる。

③ 放送事業者

まず「放送」とは、公衆送信のうち、公衆によって同一の内容の送信が同時に受信されることを目的として行う無線通信の(電波による)送信をいう(法2条1項8号)。そして、「放送事業者」とは、テレビ局やラジオ局など、放送を業として行なう者をいう(法2条1項9号)。

④ 有線放送事業者

まず「有線放送」とは、公衆送信のうち、公衆によって同一の内容の送信が同時に受信されることを目的として行う有線電気通信の送信をいう(法2条1項9号の2)。そして、「有線放送事業者」とは、ケーブルテレビ局や有線音楽放送局など、有線放送を業として行う者をいう(法2条1項9号の3)。

(2) 実演家の権利

実演家の権利としては、次のものが規定されており、著作隣接権者の中では最も多くの権利が認められる。

なお、これらの権利のうち「氏名表示権」と「同一性保持権」を**「実演家人格権」**というが、著作隣接権者のうち、人格権を有するのは**実演家のみ**であり、また、厳密にいうと、「実演家人格権」、「報酬請求権」、「二次使用料を受ける権利」など、「専有的財産権(利用許諾権)」ではない権利は、著作隣接権には含まれない個別の権利である(法89条6項)。

① 氏名表示権

要点⑮
実演家は、その実演の公衆への提供又は提示に際し、その氏名若しくはその芸名その他氏名に代えて用いられるものを実演家名として表示し、又は実演家名を表示しないこととする権利を有する(法90条の2第1項)。

例えば、「歌手」や「演奏者」であればCDジャケットに、「俳優」であればドラマや映画のエンドロール(画面)に氏名を表示させる権利であるが、実演を利用する者は、その実演家の別段の意思表示がない限り、その実演につきすでに実演家が表示しているところに従って実演家名を表示することができる(改めて表示名を確認する必要はない。法90条の2第2項)。

なお、「実演家名の表示は、実演の利用の目的及び態様に照らし実演家がその実演の実演家であることを主張する利益を害するおそれがないと認められるとき、又は公正な慣行に反しないと認められるときは、省略することができる。」とされており、例えば、音のみで流れるBGM利用の際には、実演家名の表示を省略することができる(法90条の2第3項)。

② 同一性保持権

要点⑯
実演家は、その実演の同一性を保持する権利を有し、自己の名誉又は声望を害するその実演の変更、切除その他の改変を受けない(法90条の3第1項)。

例えば、他人が無断で歌手の歌の一部をカットしたり、俳優の演技や容姿を改変(CG加工等)することはできない。

なお、「著作者人格権」における同一性保持権とは異なり、実演家については、「名誉・声望を害する改変」のみが、同一性保持権の対象となる。

したがって、この規定は「実演の性質並びにその利用の目的及び態様に照らしやむを得ないと認められる改変、又は公正な慣行に反しないと認められる改変については、適用しない。」とされており、例えば、時間的制約や技術的な理由によりやむを得ない実演のカット・改変は、許される(法90条の3第2項)。

③ 録音権及び録画権

要点⑰
実演家は、その実演を録音し、又は録画する権利を専有する(法91条1項)。

これは、著作権内の「複製権」に類似する権利であるが、写真撮影やキャプチャリングによる静止画については権利がなく、あくまで「録音」と「録画」に関する権利である。

なお、この規定は俳優の許諾を得て映画の著作物において録音され、又は録画された実演については適用されず、例えば、スクリーン映画をＤＶＤ化して販売する際には、改めて俳優の許諾を得る必要はない(ワンチャンス主義。ただし、映画音楽のサントラ盤ＣＤなど「録音物」への録音時には実演家の権利が及ぶ。法91条２項。)。

④ 放送権及び有線放送権

要点⑱
実演家は、その実演を放送し、又は有線放送する権利を専有する(法92条1項)。

これは、例えば歌手のコンサートをテレビでライブ(生)中継し、又は違法な録音・録画物(海賊版ＣＤ等)を利用した放送等を制限するための権利であるが、次の場合には、この権利が及ばない(実演家の許諾は不要。法92条２項各号)。

●放送される実演を「有線放送」する場合

これは、実演家から放送許諾を得た放送事業者（Ａ社）又はＡ社から許諾を得た者（Ｂ社）が、その放送と同時に（再）有線放送を行う場合である。なお、**著作権法上の「再放送（再有線放送）」とは同時放送を意味し、後日（再度）放送する「リピート放送」とは区別される。**

●次に掲げる実演を放送し、又は有線放送する場合

1）録音権及び録画権を有する者の許諾を得て録音され、又は録画されている実演　→実演家等の許諾を得て収録したＣＤやＤＶＤ等を用いて放送等をする場合である。したがって、実演家等は、最初の収録時に利用条件を確認する必要がある。

2）法91条２項（ワンチャンス主義）により映画の著作物において録音され、又は録画された実演　→劇場用映画をテレビ放送等する場合である。

なお、実演の放送について放送権及び有線放送権を有する者（以下「放送権者等」という。）から許諾を得た放送事業者は、**その実演を放送のために録音又は録画することができる**（契約に別段の定めがある場合又は当該許諾に係る放送番組と「異なる番組」で使用する目的を除く。法93条１項）。

一方、放送権者等が、その実演の放送を許諾したときは、契約に別段の定めがない限り、当該実演は、当該許諾に係る放送のほか次に掲げる放送もすることができるが、この場合、放送事業者（Ａ社）は、相当な額の報酬を当該放送権者等に支払わなければならない（報酬請求権。法94条各号。有線放送事業者は除く）。

●当該許諾を得た放送事業者（Ａ社）が、法93条１項の規定によりその放送のため作成した録音物又は録画物を用いてする放送（リピート放送）

●当該許諾を得た放送事業者（Ａ社＝キー局）から、法93条１項の規定によりその放送のため作成した録音物又は録画物の提供を受けてする（Ｂ社＝ローカル局による）放送（テープネット放送）

●当該許諾を得た放送事業者（Ａ社＝キー局）から、（Ｂ社＝ローカ

ル局が)当該許諾に係る放送番組の供給を受けてする放送(マイクロネット放送)

⑤ 送信可能化権

要点⑲
実演家は、その実演を送信可能化する権利を専有する(法92条の2第1項)。

これは、歌手の歌などをインターネット配信する前段階の、サーバにアップロードをする権利であるが、実質的には、第三者によるインターネット配信(自動公衆送信)をコントロールする権利である。ただし、次の場合には、この権利が及ばない(法92条の2第2項)。

●録音権及び録画権を有する者の許諾を得て録画(録音のみを除く。)されている実演　→実演家等の許諾を得て録画したＤＶＤ等を用いて動画をアップロードする場合である。したがって、実演家等は、最初の録画時に利用条件を確認する必要がある。
●法91条２項(ワンチャンス主義)により映画の著作物において録音され、又は録画された実演　→劇場用映画をアップロードする場合である。

⑥ 有線放送に対する報酬請求権

有線放送事業者は、法92条2項1号の規定により放送される実演を「有線放送」した場合(つまり、放送と同時に有線放送もする場合)には、原則として、当該実演に係る実演家に相当な額の報酬を支払わなければならない(ただし、有線放送するにあたり実演家の許諾は必要ない。法94条の2)。

⑦ 二次使用料を受ける権利

要点⑳

放送事業者及び有線放送事業者は、実演が録音された商業用レコード（送信可能化されたレコード＝配信音源を含む。）を用いた放送又は有線放送を行った場合には、原則として、当該実演に係る実演家に二次使用料を支払わなければならない（法95条１項）。

「商業用レコード」とは、市販されている音楽CDなどをいい、これらを放送又は有線放送で使用する場合、放送事業者等は、歌手など実演家から**許諾を得る必要はない**が、当該実演家に（文化庁長官が指定する管理団体経由で）二次使用料を支払わなければならない（法95条5項）。

⑧ 譲渡権

要点㉛

実演家は、その実演をその録画又は録音物の譲渡により公衆に提供する権利を専有する（法95条の2第１項）。

これは、実演を録音した音楽ＣＤ等を販売する権利であるが、次の場合には、この権利が及ばない（法95条の２第２項、３項）。

- 録音権及び録画権を有する者の許諾を得て録画（録音のみを除く。）されている実演　→実演家等の許諾を得て録画したＤＶＤ等を販売する場合である。したがって、実演家等は、最初の録画時に利用条件を確認する必要がある。
- 法91条２項（ワンチャンス主義）により映画の著作物において録音され、又は録画された実演　→劇場用映画のＤＶＤ等を販売する場合である。
- 正規に公衆に譲渡等された実演の録音物又は録画物（譲渡権の消尽）

⑨ 貸与権等

要点㉜
実演家は、その実演をそれが録音されている「商業用レコードの貸与」により公衆に提供する権利を専有する(法95条の3第1項)。

これは、市販されている音楽CD（DVDやビデオなど録画物を含まない。)を公衆にレンタル等する権利であるが、貸与権は、最初に発売された日から起算して「1年間」で消滅する(法95条の3第2項)。

ただし、1年経過後(期間経過商業用レコード)であっても、レンタルCD店など営利目的の「貸レコード業者」は、実演家の著作隣接権の存続期間中(実演から70年間)、貸与に伴う相当額の報酬を実演家に支払わなければならない(貸与権に代わる報酬請求権。法95条の3第3項、101条2項1号)。

(3) レコード製作者の権利

レコード製作者には、人格的権利はなく、財産権である「複製権」、「送信可能化権」、「二次使用料を受ける権利」、「譲渡権」及び「貸与権」が認められる。

① 複製権

要点㉝
レコード製作者は、そのレコードを複製する権利を専有する(法96条)。

これは、音楽等を原盤・マスターからCD等の他の媒体にダビング等する権利であり、これにより市販するための音楽CD（商業用レコード)を生産することができる。

② 送信可能化権

要点㉞
レコード製作者は、そのレコードを送信可能化する権利を専有する(法96条の2)。

これは、前述の実演家の権利と同様に、音楽等をインターネットで配信する前段階の、サーバ等にアップロードする(インターネット配信をコントロールする)権利である。

③ 二次使用料を受ける権利

要点㉟
放送事業者及び有線放送事業者は、商業用レコード又は配信音源を用いた放送又は有線放送を行った場合には、原則として、当該レコードに係るレコード製作者に二次使用料を支払わなければならない(法97条1項、95条1項括弧書)。

これは、実演家と同様に、商業用レコード等を用いた放送又は有線放送によってレコード製作者が受ける経済的損失を補うため、その**許諾を得る必要はない**ものの、放送事業者等が二次使用料を(文化庁長官が指定する管理団体経由で)支払うべきことを定めたものである(法97条3項)。

したがって、レコード製作者には、その専有権(許諾権)としての「放送権及び有線放送権」は認められない。

④ 譲渡権

要点㊱
レコード製作者は、そのレコードをその複製物の譲渡により公衆に提供する権利を専有する(法97条の2第1項)。

これは、複製した音楽CDなどを販売することができる権利である。

ただし、正規に公衆に譲渡等されたレコードの複製物には、譲渡権は及ばない(譲渡権の消尽。法97条の２第２項)。

⑤ 貸与権等

要点㊲
レコード製作者は、そのレコードをそれが録音されている商業用レコードの貸与により公衆に提供する権利を専有する(法97条の3第1項)。

この規定も、実演家におけるものと同じく、音楽CDをレンタル等する権利であるが、貸与権は、最初に発売された日から起算して「1年間」で消滅する(法97条の3第2項)。

ただし、1年経過後(期間経過商業用レコード)であっても、レンタルCD店など「貸レコード業者」は、レコード製作者の著作隣接権の存続期間中(CD発行日から70年間)、貸与に伴う相当額の報酬をレコード製作者に支払わなければならない(貸与権に代わる報酬請求権。法97条の3第3項、101条2項2号)。

(4) 放送事業者の権利

放送事業者にも、人格的権利はなく、財産権である「複製権」、「再放送権及び有線放送権」、「送信可能化権」及び「テレビジョン放送の伝達権」のみが規定されている。以下に具体的な権利内容について説明するが、注意すべきは、放送事業者の権利は、放送する番組など「個々の著作物」を保護するためではなく(これらは「著作権」の問題である)、広く著作物を同時かつ大衆に伝達するといった重要性に鑑みて、「放送行為そのもの」を保護するための権利であるという点である。

① 複製権

要点88
　放送事業者は、その放送又はこれを受信して行う有線放送を受信して、その放送に係る音又は影像を録音し、録画し、又は写真その他これに類似する方法により複製する権利を専有する(法98条)。

　これは、テレビ局等が、自ら放送している映像や音声(著作物に限らない。)について、その録画・録音や、影像からの静止画作成(キャプチャリング)等、あらゆる方法により複製をする権利を専有する旨を定めたものである。

② 再放送権及び有線放送権
　放送事業者は、その放送を受信してこれを再放送し、又は有線放送する権利を専有する(法99条1項)。
　注意すべきは、これは過去放送した番組を再度放送(リピート放送)する権利ではなく、自らの放送を受信して「同時」に、中継放送したり、ケーブルテレビで有線放送することができる権利であるという点である。

③ 送信可能化権
　放送事業者は、その放送又はこれを受信して行う有線放送を受信して、その放送を送信可能化する権利を専有する(法99条の2)。
　これは、大容量ブロードバンドネットワーク化が進み、音声及び映像を伴う放送そのものが、インターネットで「同時」に配信可能となったために、放送事業者によるコントロールを認めた規定である。なお、個々の番組の複製物を用いたインターネット配信は、この権利ではなく「複製権」の問題となる。

④ テレビジョン放送の伝達権

要点㊾
放送事業者は、そのテレビジョン放送又はこれを利用して行う有線放送を受信して、影像を拡大する特別の装置を用いてその放送を公に伝達する権利を専有する(法100条)。

これは、家庭用ではなく、大型のテレビスクリーンや街頭テレビ等によって、公に放送を視聴させる(パブリックビューイングを行う)権利である。

(5) 有線放送事業者の権利

有線放送事業者も、放送事業者と同等の財産的権利が認められている。また、個々の放送内容(番組)ではなく、「有線放送行為」を保護するための権利である点も、放送事業者のそれと同様である。

① 複製権

有線放送事業者は、その有線放送を受信して、その有線放送に係る音又は影像を録音し、録画し、又は写真その他これに類似する方法により複製する権利を専有する(法100条の2)。

これは、放送事業者と同様、有線放送事業者が、自ら有線放送している映像や音声について、その録画・録音や、静止画の作成(キャプチャリング)等、あらゆる方法により複製をする権利を専有する旨を定めたものである。

② 放送権及び再有線放送権

有線放送事業者は、その有線放送を受信してこれを放送し、又は再有線放送する権利を専有する(法100条の3)。

これは、自らが行う有線放送を電波によって同時に放送し、又は有線で中継放送するための権利である。

③ 送信可能化権

有線放送事業者は、その有線放送を受信して、これを送信可能化する権利を専有する(法100条の4)。

これは、大容量ブロードバンドネットワーク化が進み、音声及び映像を伴う放送内容そのものが、インターネットで「同時」に配信可能となったために、有線放送事業者によるコントロールを認めた規定である。なお、放送事業者と同様、個々の番組の複製物を用いたインターネット配信は、この権利ではなく「複製権」の問題となる。

④ 有線テレビジョン放送の伝達権

有線放送事業者は、その有線テレビジョン放送を受信して、影像を拡大する特別の装置を用いてその放送を公に伝達する権利を専有する(法100条の5)。

これは、家庭用ではなく、大型のテレビスクリーンや街頭テレビ等によって、公に有線放送を視聴させる(パブリックビューイングを行う)権利である。

(6) 著作隣接権の保護期間

以上に紹介した各著作隣接権の保護期間は、以下のとおりである。

要点⑳

実 演	その実演を行った日から70年
レコード	その音を最初に「固定した時」から保護が始まり、その「発行日」から70年(発行されなかったときは、「固定した日」から70年)
放 送	その放送を行った日から50年
有線放送	その有線放送を行った日から50年

なお、著作権の保護期間と同様に、終期計算上の起算点は、各行為を行った年の**「翌年の1月1日」**である(法101条)。

(7) 著作隣接権の制限(自由利用)

著作隣接権も、著作権と同様に一定の範囲内で制限されており、「テレビ放送の録画」といった「私的使用のための複製」等、次の場合には、他人による自由利用が認められている(法102条1項)。

実演、レコード、放送又は有線放送の自由利用

①私的使用のための複製(法30条１項の準用)
②付随対象著作物の利用(法30条の２の準用)
③検討の過程における利用(法30条の３の準用)
④著作物に表現された思想又は感情の享受を目的としない利用(法30条の４の準用)
⑤図書館等における複製等(法31条の準用)
⑥引用(法32条の準用)
⑦学校その他の教育機関における複製等(法35条の準用)
⑧試験問題としての複製等(法36条の準用)
⑨視覚障害者等のための複製等(法37条３項、37条の２の一部準用)
⑩営利を目的としない上演等(法38条２項、４項の準用)
⑪時事の事件の報道のための利用(法41条の準用)
⑫裁判手続等における複製(法42条の準用)
⑬行政機関情報公開法等による開示のための利用等(法42条の2～43条の準用)
⑭放送事業者による一時的固定(法44条の一部準用)
⑮公開の美術の著作物等の利用(法46条の準用)
⑯美術の著作物等の展示に伴う複製等(法47条、47条の２の準用)
⑰電子計算機における著作物の利用に付随する利用等(法47条の４、47条の５の準用)

実演又はレコードの自由利用

⑱自由利用により作成された複製物の譲渡(法47条の７の準用)

放送又は有線放送の自由利用

⑲教科用図書等への掲載等(法33条～33条の３の準用)

実演、レコード又は有線放送の自由利用

⑳有線放送事業者による一時的固定(法44条の一部準用)

前記のうち⑥、⑨、⑫、⑯又は⑲により実演等を複製する場合には、その出所を明示する慣行があるときは、複製の態様に応じ合理的と認められる方法及び程度により、その出所を明示しなければならない(法102条２項)。

(8) 著作隣接権の譲渡・行使等

著作隣接権も、著作権と同様に、その権利の全部又は一部を他人に譲渡し、又は利用許諾をすることができる。

また、著作隣接権者たる実演家が相続人なく死亡した場合、又は著作隣接権者たる法人が権利を承継する者なく解散した場合には、その保護期間内であっても、著作隣接権は消滅する(以後は誰でも自由に利用することができる。法103条)。

一方、実演家人格権は、著作者人格権と同様に一身専属権とされ、相続の対象とはならず、他人に譲渡することもできない(法101条の2。ただし、利用者は、実演家の死後も実演家人格権を保護すべき義務を負う。法101条の3)。

なお、実演家等が有する**報酬請求権及び二次使用料を受ける権利**は、厳密には**著作隣接権とは別個の財産権**であり、著作隣接権を譲渡しても、当然には譲受人に移転しない(別途、移転の特約を要する。法89条６項)。

(9) 著作隣接権の登録

著作隣接権も、著作権と同様に登録がなくとも保護されるが、その権利の移転や処分の制限、著作隣接権を目的とする質権の設定等は、その登録をしなければ、第三者に対抗することができない(法89条5項、104条)。

確認テスト

各設問について、正しければ○を、誤っていれば×をつけなさい。(解答・解説は次ページ)

□ 問１　▶Aが、小説Xに関する著作権のうち、複製権のみを有していれば、小説Xを本として出版させるため、B社に出版権を設定することができる。

□ 問２　▶出版権は財産権であるから、小説Xについて出版権を有するB社は、その出版権を自由にC社に譲渡することができる。

□ 問３　▶文化祭で劇を演じる学生や、アマチュアミュージシャンは、実演家とは認められない。

□ 問４　▶音楽に限らず、「海辺の波の音」など「音」のマスター・原盤を製作した者も、レコード製作者である。

□ 問５　▶実演家には、著作者と同一の人格的権利が認められる。

□ 問６　▶著作隣接権者は、いずれも、複製権と公衆送信権が認められる点では共通する。

□ 問７　▶映画Xに出演した俳優は、その後に映画XがDVD化される際には、原則として著作隣接権が及ばない。

□ 問８　▶放送事業者が、市販された音楽CDを用いて放送を行う場合には、実演家及びレコード製作者の許諾を受けなければならない。

□ 問９　▶映画に出演した俳優の著作隣接権は、映画が公開された時(翌年1月1日)から70年間存続する。

解答・解説

□ 問1○　▶設問記述のとおり(法79条1項)。

□ 問2×　▶複製権等保有者にとって利害が大きいため、出版権は、複製権等保有者の承諾がなければ、譲渡することができない(法87条)。

□ 問3×　▶実演家には資格制限などなく、プロかアマチュアかを問わず、実演を行う者は実演家である(法2条1項4号)。

□ 問4○　▶設問記述のとおり(法2条1項6号)。

□ 問5×　▶実演家には、氏名表示権と同一性保持権は認められるが、「公表権」はない(法90条の2、90条の3)。

□ 問6×　▶著作隣接権者のうち、実演家には「録音権及び録画権」が認められるものの、写真撮影などを含む広範な「複製権」は認められない(法91条)。また、いずれの著作隣接権者にも、「送信可能化権」は認められるものの、著作権者とは異なり「公衆送信権」の規定はない(法92条の2、96条の2、99条の2、100条の4)。

□ 問7○　▶俳優(実演家)の録音権及び録画権は、原則として「ワンチャンス主義」であり、出演映画の複製時等には権利が及ばない(法91条2項)。

□ 問8×　▶放送事業者が、市販された音楽CDを用いて放送を行う場合には、実演家及びレコード製作者に「二次使用料」を支払う必要があるが、その許諾を受ける必要はない(法95条、97条)。

□ 問9×　▶実演家の著作隣接権の保護期間は、「実演を行った時(俳優の場合には、収録を終えた時)」の翌年1月1日から起算して70年間である(法101条1項1号、2項1号)。

第7章　権利侵害に対する措置

本章で学ぶこと

1. 侵害に対する措置（民事的措置）

2. 罰則（刑事罰）

1. 侵害に対する措置(民事的措置)

(1) 侵害とみなされる行為

以上に見てきた著作者、出版権者又は著作隣接権者の各権利(以下「著作権等」という。)は、著作者等の一身専属権又は専有権であり、自由利用が認められる場合等を除き、他人が無断で著作物等を利用することは、著作権等の侵害となる。

また、著作権法上、次の行為は「著作権等を侵害する行為」とみなされる。

要点㊈

①国内で頒布する目的をもって「輸入時」において国内で作成したとしたならば違法となる行為によって作成された物(海賊版等)を輸入すること(法113条１項１号)。

②海賊版等(上記①の輸入物を含む。)を、情を知って(それを知りつつ)頒布し、頒布目的で所持し、頒布の申出(広告)をし、又は業として輸出し、業としての輸出目的で所持すること(法113条１項２号)。

③いわゆる「リーチサイト」又は「リーチアプリ」において送信元識別符号(ＵＲＬ)等を提供(リンク)することで、海賊版(国外で送信可能化されたものを含む。)など侵害コンテンツへのアクセスを容易にすること(リンク提供者。ただし、リンク先が侵害コンテンツであることに悪意又は有過失の場合に限る。法113条２項)。

④上記③のリーチサイト運営者又はリーチアプリ提供者が、そのサイト等を用いて他人による侵害コンテンツへのリンクがなされていることに悪意又は有過失の場合に、当該リンクを削除できるにもかかわらず放置すること(法113条3項)。

⑤海賊版と知りつつ取得した「プログラムの著作物の複製物」を「業務上」で使用すること(法113条5項)。

⑥技術的利用制限手段(アクセスコントロール)を回避すること(これにより著作権者等の利益が不当に害される場合に限る。法113条6項)。

⑦コピーガード又はアクセスコントロールに係る「ライセンス認証」を回避するための不正な指令符号(シリアルコード)を公衆に提供等すること(法113条7項)。

⑧権利管理情報に虚偽の情報を故意に付加し、又は権利管理情報を故意に除去・改変等すること(法113条8項)。

⑨国内頒布目的商業用レコード(国内における正規品)と同一内容と知りつつ国外頒布目的商業用レコード(海外における正規品)を国内頒布目的で輸入し、頒布等すること(これにより著作権者等の利益が不当に害される場合に限る。法113条10項)。

⑩著作者の名誉・声望を害する方法で利用すること(著作者人格権の侵害とみなされる。法113条11項)。

なお、③と④内の「リーチサイト、リーチアプリ」とは、いずれも「殊更に公衆を侵害コンテンツに誘導するもの」又は「主として公衆による侵害コンテンツの利用を助長するもの」を指し、自ら直接的にはリーチサイト運営行為やリーチアプリ提供行為を行っていない一般的なプラットフォーム・サービス提供者(例：GoogleやYouTube)は、原則として該当しない(法113条3項括弧書)。

☞ 法令用語としての「悪意」とは「ある事実を知っていることを」意味し、「善意」とは「ある事実を知らないこと」を意味する。なお、「有過失」とは、「知らないことに過失（＝不注意）があること」を意味し、「悪意」と同一視される場合がある。

☞「権利管理情報」とは、著作権保護のため、デジタル式記録媒体などにいわゆる「電子透かし」等の電磁的方法によって、目には見えない形で著作権者等の特定や利用方法に関する情報を埋め込んだものである。

(2) 侵害に対する措置(著作権法の規定)

著作権法においては、いくつかの民事上の救済措置、並びに侵害者に対する刑事上の制裁を規定することにより、著作権者等の権利保護を図っている。

このうち、具体的には、権利について争いのある当事者は、文化庁長官に「あっせん」を申請することができるほか、著作権者等は、著作権等を侵害する者に対し、著作権法に基づく侵害行為差止請求や、司法当局への刑事告訴等をすることができる。

① あっせん

要点㉒

著作権法が規定する権利に関し紛争が生じたときは、当事者は、文化庁長官に対し、「あっせん」の申請をすることができる(法106条)。

「あっせん」とは、文化庁長官から委託を受けた「著作権紛争解決あっせん委員(以下「委員」とする。)」が、当事者双方を交えて、実情に応じた解決を図ることであり、通常の民事訴訟(裁判)に比べて簡易・迅速な解決が期待できるほか、訴訟にふさわしくない事件や、当事者が訴訟までは望まない場合に有効な制度である。

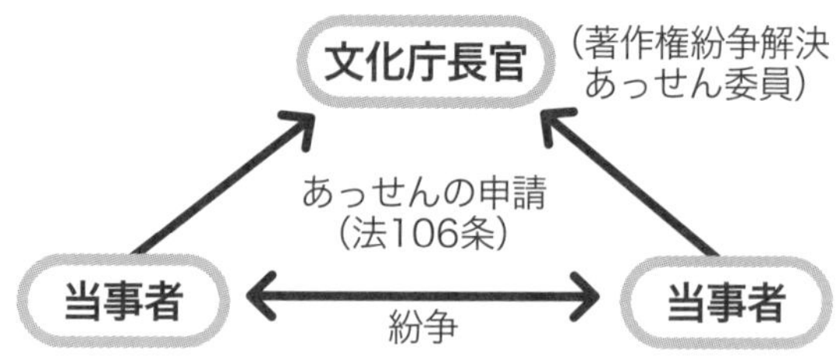

あっせんは、当事者双方からの申請によって、文化庁長官が委員に付託するが、当事者の一方のみから申請があった場合でも、他の当事者が同意をすれば、同様に付託される(法108条)。

② 差止請求権

著作権等が侵害され、又は侵害されるおそれがあるときは、著作者等は、まず、侵害行為を差し止める必要がある。

要点93

著作者等は、その著作者人格権、著作権、出版権、実演家人格権又は著作隣接権を侵害する者、又は侵害するおそれがある者に対し、その侵害の停止又は予防を請求することができる(法112条1項)。

さらに、著作者等は、上記の請求をするに際して、侵害行為を組成した物、侵害行為により作成された物又は専ら侵害行為に供された機械・器具の廃棄その他の侵害の停止又は予防に必要な措置を請求することができる(法112条2項)。

著作者等がこれらの請求を行うに際し、侵害者又は侵害するおそれがある者に故意又は過失があることは要件とされない。

この請求は、必ずしも裁判上行う必要はなく、**裁判外**で(警告文等を送付して)行うこともできる。

また、共同著作物の各著作者又は各著作権者は、**他の著作者等の同意を得ることなく**差止請求を行うことができる(法117条1項)。

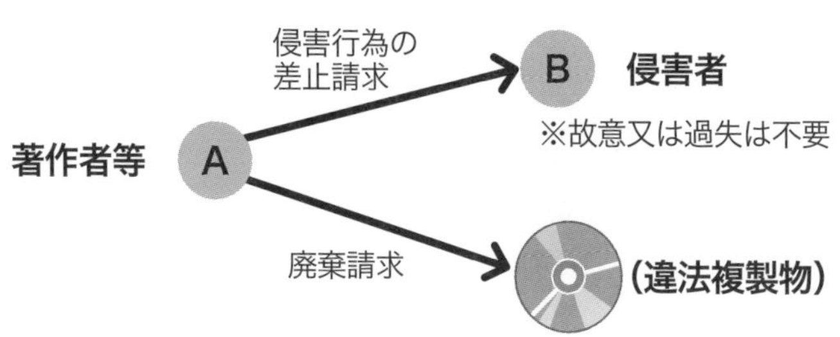

③ 名誉回復等の措置請求権

一方、著作者又は実演家の**人格権を侵害する行為**に対しては、前記差止請求や後述する損害賠償請求のほか、名誉回復等のための措置を請求することができる。

要点94

著作者又は実演家は、「故意又は過失」によりその著作者人格権又は実演家人格権を侵害した者に対し、損害賠償に代えて、又は損害賠償とともに、著作者又は実演家であることを確保し、又は訂正その他著作者若しくは実演家の名誉若しくは声望を回復するために適当な措置を請求することができる(法115条)。

ただし、判例によると、この請求をするには「名誉・声望が毀損されたこと」を必要とし、ここにいう「名誉・声望」とは、個人の主観的な名誉感情ではなく、客観的な社会的名誉・名声であるとしている(「第2次パロディー事件」最判昭和61.5.30)。

「名誉回復のための措置の請求」とは、具体的には、新聞への謝罪文の掲載などが挙げられる。

なお、この請求も必ずしも裁判上行う必要はなく、**裁判外**で行うこともできる。

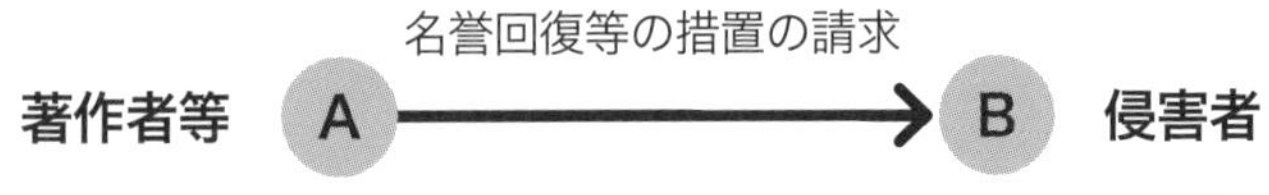

(3) 侵害に対する措置(著作権法以外の規定)

以上、著作権法が規定する侵害に対する措置を見てきたが、著作権等を侵害する者に対しては、このほかにも、**民法を根拠**として以下の請求が認められる。

① 不法行為に対する損害賠償請求権

要点㉟
著作者等は、「故意又は過失」により著作権等を侵害した者に対して、損害賠償請求をすることができる(民法709条)。

ここにいう「侵害」とは、財産権に対する侵害に限らず、人格権や名誉・声望など、**法律上保護される利益**に対するあらゆる侵害が含まれる。

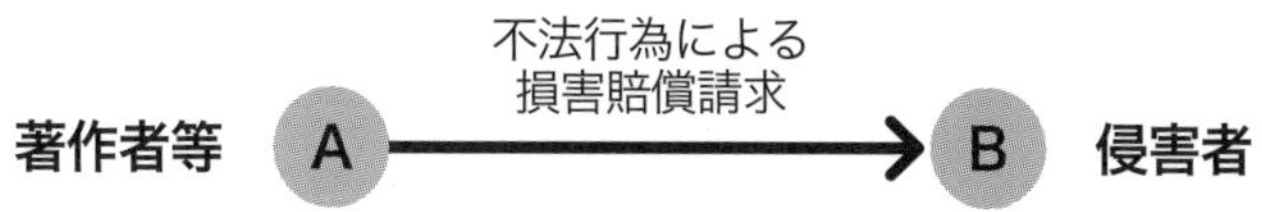

※故意又は過失が必要

不法行為に対する損害賠償請求も、裁判上のみならず、**裁判外**で行うことができるが、いずれの場合も、損害賠償額は、その侵害行為により通常生ずべき損害額を、原則として被害者(著作者等)側で証明して請求しなければならない。

しかし、一般に損害額の証明は容易ではない。

そこで、著作権法では、**財産権の侵害**については「侵害物の販売数量×その侵害行為がなければ著作権者等が受けたであろう単位数量当たりの利益の額」を「損害額とすることができる」といった、**損害額の推定規定**を置いているほか、訴訟においては、「裁判所は、口頭弁論の全趣旨及び証拠調べの結果に基づき、相当な損害額を認定できる」としている(法114条、114条の5)。

② 不当利得の返還請求権

要点㉟
不当利得とは、法律上の原因なく、他人の財産や労務によって利益を受け、これにより他人に損失を与えることをいい、損失者は、受益者に対し、その返還を請求をすることができる(民法703条、704条)。

例えば、著作権等の譲渡契約が解除され、又は著作権者が許諾した利用期間が終了したにもかかわらず、譲受人等が著作物を利用して利益を受けた場合には、その利益は不当利得となり、これにより損失を受けた著作権者等は、その返還請求をすることができる。

不当利得の返還請求は、受益者側の故意又は過失を必要としない。また、裁判上のみならず、**裁判外**でも返還請求をすることができる。

なお、共同著作物の各著作者等は、**その持分に応じた損害賠償又は不当利得の返還を請求すること**ができる(法117条１項)。

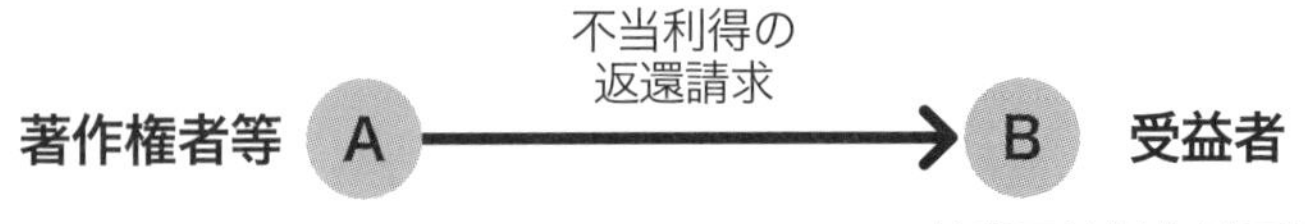

③ その他、裁判外の紛争解決方法

以上のほか、｢裁判外｣の紛争解決方法としては、次のものがある。

要点97

和 解	当事者が互いに譲歩して解決することで、裁判外の和解は｢和解契約｣や｢示談｣ともいう(民法695条)。なお、裁判所が関与する訴訟上の和解や即決和解(起訴前の和解)もある。
調 停	第三者である調停委員に調停案を出してもらい、当事者がそれを受諾することにより解決を図る(民事調停法1条)。
仲 裁	当事者があらかじめ仲裁人を決めておき、万一の紛争時は、その仲裁人の判断に従う旨を合意しておくこと(仲裁法2条)。

2. 罰則(刑事罰)

以上の、民事的措置のほか、著作権法には、著作権法違反者に対する刑事上の措置、すなわち「刑事罰」に関する規定がある。

具体的には、著作権法違反者は、警察や検察といった捜査機関により捜査・起訴され、刑事裁判により「1,000万円以下の罰金刑」や「10年以下の懲役刑」といった刑罰が科せられ(双方の併科も可)、さらに、違反した企業に対しては、最高3億円の罰金が科される可能性もある(関与した個人と法人の両罰規定かつ法人重科。法119条〜124条)。

ただし、違反内容によっては、「親告罪」とされているものもあり、この親告罪とは、被害を受けた著作権者等からの刑事告訴により、裁判が開始される罪である(法123条)。

確認テスト

各設問について、正しければ○を、誤っていれば×をつけなさい。(解答・解説は次ページ)

□ 問1　▶映画の著作物の海賊版を所持していても、それを実際に販売しなければ、著作権の侵害とはみなされない。

□ 問2　▶違法コピーされたものと知りつつパソコン用ソフトを購入し、それを業務上で使用する行為は、著作権の侵害とみなされる。

□ 問3　▶Aが、学者Bによる論文Xの一部を無断で加筆・修正し、自己の論文として発表した場合には、Aの行為は、Bが持つ複製権のほか、同一性保持権や氏名表示権の侵害となりうる。

□ 問4　▶現に著作権が侵害されていない場合には、著作権者は、侵害行為の差止(予防)請求をすることができない。

□ 問5　▶A社が著作権を有するゲームソフトを、B社が無断複製して販売している場合、A社は、B社に対して文書で侵害行為の差止請求をするとともに、違法複製したゲームソフトの廃棄を請求することができる。

□ 問6　▶著作者人格権の侵害を理由として、著作者が、侵害者に対して名誉回復のための措置を請求するには、侵害者側に故意又は過失があることを要する。

□ 問7　▶Aの執筆した原稿Xについて、出版権を有するB社が出版していたところ、C社が、原稿Xを違法に複製して出版を始めた。この場合、C社に故意又は過失があるときは、AのみならずB社も、C社に対して損害賠償を請求することができる。

□ 問8　▶契約関係にないにもかかわらず、著作物を利用して利益を得たBに対し、その著作権者Aが不当利得の返還を請求するには、Bの故意又は過失を必要としない。

□ 問9　▶不法行為に対する損害賠償請求権は、必ず、裁判上で行使しなければならない。

解答・解説

□ 問1×　▶海賊版と知りつつ頒布(販売)目的で所持する行為は、著作権の侵害とみなされる(法113条1項2号)。

□ 問2○　▶設問記述のとおり(法113条5項)。

□ 問3○　▶設問記述のとおり(法21条、19条1項、20条1項)。1つの行為で複数の権利を侵害する場合がある。

□ 問4×　▶現に著作権等が侵害されている場合だけでなく、侵害されるおそれがある場合にも、その差止め(予防)を請求することができる(法112条1項)。

□ 問5○　▶侵害行為の差止請求とともに、侵害行為によって作成された物の廃棄も請求することができる(法112条)。

□ 問6○　▶名誉回復等の措置の請求をするには、侵害者側に故意又は過失があることを要する(法115条)。

□ 問7○　▶故意又は過失により原稿を無断で複製され、違法に出版された場合には、これにより損害を受ける複製権者及び正規の出版権者は、いずれも、不法行為を理由として損害賠償を請求することができる(民法709条)。

□ 問8○　▶設問記述のとおり(民法703条、704条)。

□ 問9×　▶不法行為に対する損害賠償請求は、必ずしも裁判上行う必要はなく、裁判外で行うこともできる(民法709条)。

第8章　著作権法の周辺知識

本章で学ぶこと

1. 著作権に関する条約
2. 著作権等管理事業法
3. その他の知識

1. 著作権に関する条約

著作権法は、外国人(外国法人を含む。)の著作物であっても、日本国内で最初に発行された著作物のほか、「条約」によりわが国が保護の義務を負う著作物も保護対象としている(法6条2号、3号)。

これは、各国の著作権法は国外には及ばないが、国際間で条約を結ぶことにより、その加盟国(同盟国)間では、条約で定める範囲内において、相互に著作物を保護するようにしたものであり、もし各国の著作権法の規定と加盟している条約の規定が異なる場合には、「条約の規定」が優先される(法5条)。

インターネットをはじめとするデジタル技術の進歩により、高品質な著作物が世界中で利用可能となった昨今、条約を通じて国際的に著作権を保護する必要性は、ますます高まっている。

日本が加盟している条約の中で、重要なものは、とりわけ「ベルヌ条約、TRIPs協定、WIPO著作権条約」である。

(1) ベルヌ条約

要点98
　ベルヌ条約は、著作権を国際的に保護するために、ヨーロッパ諸国を中心として、1886年にスイスのベルンで成立した条約である。

　正式名称は、「文学的及び美術的著作物の保護に関するベルヌ条約」という。

　現在の著作権法の内容は、その多くが**ベルヌ条約に沿う形**で規定されている。

　ベルヌ条約の特徴は、以下のとおりである。

① 内国民待遇（ないこくみん）

要点99
　内国民待遇とは、外国人の著作物に対しても、自国民に与えている保護と同等以上の保護を与えることをいう。

　なお、ベルヌ条約により保護されるべき著作物は、1)同盟国の国民(同盟国の国民ではないが同盟国内に常居所を有する者を含む。)の著作物、及び2)同盟国以外の著作者の著作物で、同盟国内で最初に発行された著作物、並びに3)同盟国内及び同盟国以外で同時に発行された著作物、である。

② 無方式主義

要点100
　権利の享有及び行使には、いかなる方式の履行をも要しない。その享有及び行使は、著作物の本国における保護の存在にかかわらない。

「著作者人格権及び著作権の享有には、いかなる方式の履行も要しない。」という法17条2項の規定は、このベルヌ条約からの要請である。

③ 著作者人格権の保護

著作権が著作者から他人に移転された後も、人格的権利として、著作者が保有する著作者人格権を保護すべきことを求めている。

④ 遡及効（そきゅうこう）

条約への加盟前に創作された著作物であっても、その保護期間内であれば、ベルヌ条約が適用される。

☞「遡及効」とは、法律の効果が、その法律の施行前又は要件事実の発生前に遡（さかのぼ）って生じることをいう。反対に、法律の効果が遡らないことを、「不遡及」という。

⑤ 準拠法の属地主義（保護国法主義）

著作物の保護の範囲や、権利救済の方法は、その保護が要求される同盟国（当該著作物の利用地）の定める法令による。

⑥ 最低保護期間と相互主義

要点101

著作権の最低保護期間は、著作者の生存中及び死後50年とする。ただし、保護期間は「相互主義」であり、保護すべき国より短い保護期間を定めている外国の著作物に対しては、その短い期間のみ保護すれば足りる。

(2) TRIPs協定

TRIPs（トリップス）協定とは、1994年にモロッコのマラケシュにおけるGATT（関税と貿易に関する一般協定）ウルグアイラウンドにおいて作成されたWTO（世界貿易機関）設立協定（マラケシュ協定）の、附属書類として添付されている「知的所有権の貿易関連の側面に関する協定」のことである。

このTRIPs協定は、著作権のほか、特許、意匠、商標等の知的所有権全般の国際的保護基準（**最恵国待遇**（さいけいこく））等を定めており、著作権については、①ベルヌ条約における保護内容の遵守、②コンピュータプログラム及びデータベースの保護、③コンピュータプログラム及び映画の貸与権、④実演家、レコード製作者及び放送事業者の保護、という4基軸を設けている。

☞「最恵国待遇」とは、加盟国が他の国の国民に与える利益、特典、特権又は免除は、他のすべての加盟国の国民に対し即時かつ無条件に与えられる（国による差別をしない。）という意味である。

(3) WIPO著作権条約

この「WIPO（ワイポ）著作権条約」及び後述する「WIPO実演・レコード条約」は、1996年、**WIPO（世界知的所有権機関）**における著作権及び著作隣接権に関する外交会議において、インターネット化の進展に対応した著作権保護の新たな枠組みとして採択された。

本条約は**ベルヌ条約を強化**して、その保護水準を高いレベルで平準化しようとするものであり、主なものとして、①コンピュータプログラム及びデータベースの保護、②コンピュータプログラム、映画の著作物及びレコードに関する商業的貸与権、③著作物の頒布権及び公衆への伝達権、④写真の保護期間の延長、⑤技術的保護手段の回避の禁止、⑥権利管理情報の改変の禁止等について定めている。

(4) その他の条約

① 万国著作権条約

要点⑩②

無方式主義のベルヌ条約に加盟する国と、方式主義（登録制）を採用する国との調整等のため、1952年にユネスコが中心となり成立した。

なお、アメリカも1988年にベルヌ条約に加盟したため、現在ではベルヌ条約に加盟していない国は数カ国程度である。

本条約により、無方式主義の国の著作物については、その著作物（複製物）に**「Ⓒマーク」と「著作権者名及び最初の発行年」を表示すれば、方式主義の国においても保護を受けることができる**こととなった。

わが国はベルヌ条約と万国著作権条約の双方に加盟している

が、重複する事項については、ベルヌ条約が優先する。

なお、万国著作権条約は、不遡及を原則としており、条約の締約後に発行又は創作された著作物にのみ適用される。

② 実演家等保護条約

テレビや録音機器等の普及により、実演家の実演の機会が減少し、また、レコード等の無断複製が増加したことに伴い、実演家、レコード製作者及び放送事業者等の著作隣接権者に内国民待遇を付与することを内容として、1961年に成立した。正式名称を「実演家、レコード製作者及び放送機関の保護に関する国際条約」といい、条約成立のための外交会議が開かれた開催地にちなみ、「ローマ条約」ともいわれる。

③ レコード保護条約

レコードのデッドコピー・海賊版を防止し、レコード製作者の保護を目的として、1971年にジュネーブにおける「レコード保護に関する国際会議」で採択された。正式名称を「許諾を得ないレコードの複製からのレコード製作者の保護に関する条約」という。

本条約の加盟国は、レコードの無断複製物の作成、輸入、頒布から、他の加盟国のレコード製作者を保護しなければならない。

④ WIPO実演・レコード条約

この条約は、前述した実演家等保護条約とは異なる独立した条約であり、米国など実演家等保護条約に加盟していない国との調整のため、実演家及びレコード製作者について、主なものとして、1)実演家の人格権、2)実演家とレコード製作者の複製権・頒布権・商業的貸与権、3)放送及び送信可能化を含む公衆への伝達権、4)技術的保護手段の回避等の禁止、5)権利管理情報の改変の禁止等を定めている。

2. 著作権等管理事業法

(1) 著作権等管理事業者

著作物を利用しようとする場合には、著作権法上、その著作物について権利を有する著作権者等から利用許諾を受けなければならない。

著作権等を管理するのは、基本的には、著作権者等自身(又はその代理人・エージェント)である。しかし、現実問題として、利用者が著作権者等を探し出し、かつ、直接利用許諾を求めることは困難である。他方、著作権者等においても、利用者からの申し出について、その都度対応することは煩雑・困難であり、こうした点を配慮しなければ、著作権法が目的とする「公正な利用に留意しつつ、著作者等の権利の保護を図り、もって文化の発展に寄与する」こと自体がむずかしくなる。

そこで、著作物の種類ごとに、個々の著作権等を集中的に管理する団体(著作権等管理事業者)が設立されており、著作権者等から管理委託(権利の信託又は管理の委任)を受け、これらの団体が著作権者等に代わって利用許諾契約や使用料の徴収等を行っている。

そして、こうした団体について規定する法律が、「著作権等管理事業法」である。

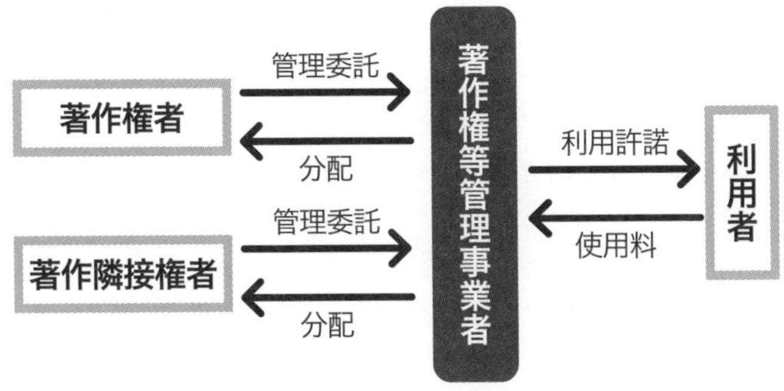

(2) 著作権等管理事業法の内容

従来は、こうした著作権等管理事業者については、昭和14年に制定された「仲介業務法」によって規定されていた。しかし、社会のデジタル化やインターネット化等の影響により、著作物の利用形態が変化してきたため、これに代わる新たな法律として、平成12年に「著作権等管理事業法」が制定された（施行は平成13年10月1日）。

この著作権等管理事業法においては、以下の点について規定されている。なお、以下の文中の「法○条」とは、「著作権等管理事業法第○条」の略である。

① 目的及び対象となる権利

この法律は、**「著作権及び著作隣接権」**を管理する事業を行う者について登録制度を実施し、管理委託契約約款及び使用料規程の届出及び公示を義務付ける等その業務の適正な運営を確保するための措置を講ずることにより、「著作権及び著作隣接権の管理を委託する者を保護する」とともに、「著作物、実演、レコード、放送及び有線放送の利用を円滑にし」、もって文化の発展に寄与することを目的とする（法1条）。

② 著作権等管理事業者

要点⑩③

「著作権等管理事業者」とは、管理委託契約に基づき著作物等の利用の許諾その他の著作権等の管理を業として行う者（法人等の団体に限る。）であって、文化庁長官の登録を受けた者をいう（法2条3項、3条、6条1項1号）。

なお、文化庁長官の「登録」を受ければ足り、「許可」は必要ない。

③ 管理事業者の業務

著作権等管理事業者は、**「管理委託契約約款」**を定め、あらかじめ、文化庁長官に届け出なければならず、管理委託契約を締結しようとするときは、著作権等の管理を委託しようとする者(著作権者等)に対し、管理委託契約約款の内容を説明しなければならない(法11条、12条)。

また、著作権等管理事業者は、「使用料規程」を定め、あらかじめ、文化庁長官に届け出なければならない(法13条。なお、届出が受理された日から30日以内は使用料規程を実施できない。法14条)。

著作権等管理事業者は、この管理委託契約約款と使用料規程の双方を公示しなければならない(法15条)。

著作権等管理事業者は、正当な理由がなければ、取り扱っている著作物等の利用の許諾を拒んではならず、著作物等の題号又は名称その他の取り扱っている著作物等に関する情報及び当該著作物等ごとの取り扱っている利用方法に関する情報を、利用者に提供するように努めなければならない(法16条、17条)。

3. その他の知識

(1) 肖像権とパブリシティ権

著作権のように法律によって明文として規定された権利ではないが、判例上で認められた権利として、肖像権とパブリシティ権がある。

① 肖像権

要点⑩④

「肖像権」とは、誰であるかを特定できる方法で顔写真(肖像)などを撮影・使用されないという、誰にでも認められる人格的権利である。

誰でも、自分の写真を勝手に他人に撮影され、知らない所で使用されたくないはずであり、例えば、本人の許諾を得ずにホームページ上などに個人の顔写真を掲載する行為は、「肖像権の侵害」となる。

なお、肖像権の侵害に対しては、具体的には、「不法行為」が成立し、差止請求や損害賠償請求が認められる(民法709条)。

② パブリシティ権

要点⑩⑤
「パブリシティ権」とは、俳優など有名人が有する、その氏名や肖像から生じる経済的価値に対する権利である。

誰にでも肖像権が認められるとはいうものの、名前や顔を売る商売である俳優をはじめとした有名人については、その肖像権は大幅に制限される。

したがって、有名人については、誹謗中傷などの悪意がない限り、公衆に顔写真等が公開されても、原則として肖像権の侵害とはならない。

一方、有名人には、その氏名や肖像に一般人にはない経済的な価値がある。例えば、企業や商品の広告として有名人の肖像を利用する場合には、その肖像には**「顧客吸引力」という経済的価値**が認められることになり、この経済的価値が保護されるという権利が、パブリシティ権(営利利用権)である(「マーク・レスター事件」東京地判昭和51.6.29)。

このパブリシティ権の侵害に対しても「不法行為」が成立し、**差止請求**や**損害賠償請求**が認められる(「おニャン子クラブ事件」東京高判平成3.9.26。民法709条)。

(2) インターネットの利用における著作権侵害の問題

今や、「インターネット」と「著作物」とは、切っても切れない関係にある。

ホームページやブログを見れば、そこは「著作物の宝庫」であるが、必ずしも独自のコンテンツ(著作物)を利用・配信しているとは限らず、他人のコンテンツを利用・紹介しているものも多い。

すでに「著作権」の箇所で説明したように、著作権者等の許諾を得ずに、他人の著作物をホームページ上に掲載し、インターネット配信(自動公衆送信)する行為は、**複製権**や**公衆送信権**の侵害となる(ファイル交換ソフト等を利用して他人の著作物をダウンロード可能とする行為も同様)。

要点106
　また、他人のホームページにリンクを張る場合に、相手方のトップページへのリンクであれば(無断で行っても)著作権の侵害とはならないが、特定階層のページへの「ディープリンク」や、フレーム技術により自己のホームページ内で他人のコンテンツを表示することは、著作者人格権(氏名表示権や同一性保持権)等の侵害になりうる。

なお、自由利用が認められる著作物(「著作権フリー」とされている素材)であっても、これに改変を加えて(自己の著作物として)利用する行為は、同じく**著作者人格権(氏名表示権や同一性保持権)等の侵害**となるほか、業務上又は営利目的での使用は禁止されている(許諾を要する)場合があるので、注意が必要である。

(3) 著作権法以外の知的財産法

本稿最後に、産業財産権法の特徴について触れておく。
これらの法律は、著作権法と同じく知的財産法であるが、文化の発展に寄与する著作権とは異なり、**「産業の発達に寄与すること」**を目的としており、いずれも**「登録」**を権利発生要件としている。

なお、ある創作物について、各知的財産法が規定する要件を満たしたものは、複数の法律による保護を受ける場合がある。例えば、主に鑑賞用の人形など「美術工芸品」は著作権法のほか意匠法による保護対象となりうるほか、「コンピュータプログラム」については、当該プログラムにより実行される処理方法(アイデア・機能)については特許法の、当該プログラム作成のための指令の組合せとして表現されたもの(ソースコード)は著作権法の保護対象となりえる。

また、「実験データ」や「顧客名簿」など、それのみでは特許法や著作権法の保護対象とはならない情報であっても「営業秘密」として管理されたものは、不正競争防止法による保護対象となりえる(登録その他の手続は不要)。

要点⑩⑦

特許法	発明の保護及び利用を図ることにより、発明を奨励し、産業の発達に寄与することを目的とする法律である。この「発明」とは、「自然法則を利用した技術的思想の創作のうち高度なもの」をいい、産業上利用可能性、新規性及び進歩性が要求される。特許権は設定登録により発生し、同一発明については、先に出願した者のみが権利を受ける(先願主義)。保護期間は特許登録の「出願日から20年」である。
実用新案法	物品の形状、構造又は組合せにかかる考案(「高度」である必要はない。)の保護及び利用を図ることにより、その考案を奨励し、産業の発達に寄与することを目的とする法律である。実用新案権は設定登録により発生し、保護期間は「出願日から10年」である。
意匠法	物品等のデザイン(視覚を通じて美感を起こさせるもの)である意匠の保護及び利用を図ることにより、意匠の創作を奨励し、産業の発達に寄与することを目的とする法律である。意匠権は設定登録により発生し、保護期間は「出願日から25年」である。
商標法	トレードマークやサービスマークといった商標(標章・標識等)を保護することにより、商標使用者の業務上の信用の維持を図り、産業の発達に寄与し、あわせて需要者の利益を保護することを目的とする法律である。商標権は設定登録により発生し、保護期間は「設定登録日から10年」であるが、この期間は10年ごとに更新することができる。

なお、令和２年施行の改正意匠法により、物品(動産)のデザインのみならず、**建築物の外観や内装デザイン、一定の画像**(物品に表示され又は物品から照射されるもの。ただし、コンテンツとして表示等されるものを除く。)も、意匠登録の対象とされた。

確認テスト

各設問について、正しければ○を、誤っていれば×をつけなさい。(解答・解説は次ページ)

□ 問1　▶ベルヌ条約では、加盟国に「内国民待遇」を求めているが、「内国民待遇」とは、加盟国が他の国の国民に与える利益、特典、特権又は免除は、他のすべての加盟国の国民に対し即時かつ無条件に与えられるという意味である。

□ 問2　▶無方式主義のベルヌ条約に加盟する国と、当時のアメリカなど方式主義を採用する国との調整等を目的として成立した万国著作権条約は、双方に加盟している国においては、ベルヌ条約に優先する。

□ 問3　▶万国著作権条約によると、方式主義の国においては、著作物に©マークを付けることにより、登録をせずとも、無方式主義の国の著作物(著作権)が保護される。

□ 問4　▶著作権等管理事業者とは、管理委託契約に基づき著作物等の利用の許諾その他の著作権等の管理を業として行う者であって、文化庁長官の許可を受けた者をいう。

□ 問5　▶著作権等管理事業者は、その管理を委託された著作権者等からの個別の許諾がなければ、取り扱っている著作物等の利用の許諾をすることができない。

□ 問6　▶顧客吸引力のある有名人の肖像とは異なり、一般人には、肖像権は認められない。

□ 問7　▶公開されている他人のホームページのトップページへのリンクであれば、その許諾を得ずに自己のホームページからリンクを張っても、著作権法上の問題とはならない。

□ 問8　▶「自由利用可」とされているインターネットで公開されたフリー素材であれば、原則として自由に加工・修正して利用することができる。

解答・解説

□ 問１×　▶本問は、「最恵国待遇」の説明である。「内国民待遇」とは、外国人の著作物に対しても、自国民に与えている保護と同等以上の保護を与えることをいう。

□ 問２×　▶万国著作権条約の説明については正しいが、、双方に加盟している国においては、重複事項は「ベルヌ条約」が優先する。

□ 問３○　▶設問記述のとおり。

□ 問４×　▶著作権等管理事業者とは、管理委託契約に基づき著作物等の利用の許諾その他の著作権等の管理を業として行う者であって、文化庁長官の「許可」ではなく「登録」を受けた者をいう。

□ 問５×　▶著作権等管理事業者は、その管理を委託された著作権者等からの個別の許諾を得ることなく、取り扱っている著作物等の利用の許諾をすることができる。

□ 問６×　▶一般人には、人格権である肖像権が認められる。なお、有名人の肖像権行使は制限されるが、代わりに一般人にはない「パブリシティ権」が認められる。

□ 問７○　▶設問記述のとおり。

□ 問８×　▶フリー素材であっても、その利用に当たり同一性保持権を侵害することはできない。

分野別

過去問題

「初級」分野別 過去問題

問(30問)について、ア～エの中から1つずつ正答を選び
。
、試験問題の用語は、特に記述がない限り、著作権法の定
よる。(解答は全問題の後で掲載)

出題分野「民法知識」

問題 1

カメラマンAは、出版社Bから、カメラマンAが撮影した写真Xを雑誌の表紙に使わせてほしいという打診を受けた。

次の記述のうち、カメラマンAと出版社Bとの間に、写真Xの利用に関する契約が成立したと考えられる時点として、最も適切なものはどれか。

ア　写真Xの利用について、両者が合意した時
イ　出版社Bが契約書を作成した時
ウ　両者の合意成立後に、契約書に両者が署名・捺印をした時
エ　写真Xを出版社Bが発行する雑誌に掲載した時

問題 2

著作権と所有権に関する次の記述のうち、最も適切なものはどれか。

ア　所有権は、たとえ共有にしなくとも、複数の者に譲渡することができる権利である。
イ　著作権を有していても、著作物の原作品を自由に処分できない場合がある。
ウ　所有権が譲渡された場合は、著作物の原作品についての著作権も付随して譲渡される。
エ　著作物を創作すると、著作者人格権は発生するが著作権は発生しない。

❷ 出題分野「著作権法の目的」、「著作物」

問題3 **次の記述のうち、著作権法上の著作物に該当するものはどれか。**

ア　スーパーマーケットの入り口で自動撮影している防犯カメラの映像

イ　学園祭で即興演奏した音楽のメロディ

ウ　頭の中にふと浮かんだだけのメロディ

エ　歯医者で撮影したレントゲン写真

問題4 **次の文章の空欄にあてはまる語句の組み合わせとして、正しいものはどれか。**

著作権法は、(Ａ)の発展に寄与することを目的とし、その目的は特許法、実用新案法、意匠法、商標法と(Ｂ)。また、公表権、氏名表示権、同一性保持権といった(Ｃ)を規定している。

	A	B	C
ア	産業	共通する	著作者人格権
イ	文化	共通する	著作権
ウ	文化	異なる	著作者人格権
エ	産業	異なる	著作権

問題 5　**次の文章の空欄にあてはまる語句の組み合わせとして、正しいものはどれか。**

二次的著作物とは、他の著作物をベースにこれを翻訳、編曲等することにより創作した新たな著作物をいう。例えば、漫画をもとに制作した映画が該当する。すなわち、漫画をもとに映画を制作することは（Ａ）に該当する。二次的著作物は、原著作物と（Ｂ）の著作物として保護されるが、二次的著作物を利用する場合には、二次的著作物の著作権者の他に原著作物の著作権者の許諾（Ｃ）。

	A	B	C
ア	翻案	別個	が必要である
イ	変形	同一	が必要である
ウ	翻案	同一	は必要ない
エ	変形	別個	は必要ない

問題 6　**著作物に関する次の記述のうち、正しいものの組み合わせはどれか。**

1　著作物とされるためには、新規的なものであることが必要であるため、既に似たようなものがある場合は、著作権法で保護されることはない。

2　著作物とされるためには、創作的に表現されたものであることが必要であるため、幼稚園児が描いた似顔絵は、著作権法で保護されることはない。

3　著作物というためには、思想または感情を表現したものであることが必要であるため、50音順に並んだクラス名簿は、著作権法で保護されることはない。

4　著作物とされるためには、必ずしも文芸、学術、美術または音楽のいずれかに属する必要はない。

ア　1と2
イ　1と4
ウ　2と3
エ　3と4

問題 7　**高校の美術部に所属する4人は、現在人気の美術展に来ている。この美術展には、多数の絵画や彫刻が展示されている。**

この事例に関する次の記述のうち、発言内容が誤っている者の組み合わせはどれか。

Aさん「この作品は風景を描いた絵画だけど、著作物になりうるよね。」
Bさん「この作品は実用品としても利用することができるものだけど、著作物となる場合があるよね。」
Cさん「この美術展を紹介するポスターが駅に貼られていたけど、このポスターは著作物になることはないよね。」
Dさん「この作品は漢字1文字を表しただけの書だから、著作物になることはないよね。」

ア　AさんとBさん
イ　AさんとDさん
ウ　BさんとCさん
エ　CさんとDさん

問題 8 **次の記述のうち、わが国の著作権法で保護されないと考えられるものの組み合わせはどれか。**

1 各都道府県が作成する環境白書
2 著作物の保護に関するベルヌ条約
3 法務省が英語に翻訳した最高裁判所判決
4 他人の名誉を毀損(きそん)する文章

ア 1と3
イ 1と4
ウ 2と3
エ 2と4

問題 9 **次の記述のうち、プログラムの著作物に該当しないものはいくつあるか。**

1 オペレーティング・システム(OS)
2 システム設計書
3 プログラム言語
4 文書作成ソフトウェア

ア 1つ
イ 2つ
ウ 3つ
エ 4つ

3 出題分野**「著作者」**

問題 10 **A高校の1年B組では、文化祭の記念作品として、B組の生徒全員で1つの絵画Xを描くことを企画している。この絵画Xは、B組に所属する生徒全員が参加して制作されるものであり、完成後はA高校の体育館に飾られる予定である。この事例に関する次の記述のうち、最も適切なものはどれか。**

ア　制作された絵画Xは、共同著作物に該当しない。
イ　色彩についてアドバイスを与えただけのB組の担任教師も、絵画の著作者となる。
ウ　B組に所属する生徒全員がこの絵画Xの著作者となるためには、文化庁に著作者の登録手続をすることが必要である。
エ　絵画XのキャンバスにB組の生徒全員の名前が記載されている場合、B組の生徒全員がその絵画の著作者と推定される。

問題 11

食品会社Aに勤務する社員Bは、食品会社Aが今度発売するお菓子のパッケージイラストXを考えるよう指示された。

この事例に関する次の記述のうち、パッケージイラストXが法人著作(職務著作)として成立するために必要となる条件の組み合わせはどれか。

1　パッケージイラストXが、食品会社Aの名義で公表されること
2　パッケージイラストXの著作者名を、食品会社Aとして登録すること
3　食品会社Aと社員Bの間の勤務規則等に、別段の定めがないこと
4　食品会社Aから社員Bに報酬が支払われること

ア　1と2
イ　1と3
ウ　2と4
エ　3と4

4 出題分野「著作者人格権」

問題12 **次の文章の空欄にあてはまる語句の組み合わせとして、正しいものはどれか。**

氏名表示権とは、著作物の（Ａ）に、またはその著作物を公衆に提供もしくは提示する際に、著作者の実名や変名を著作者名として（Ｂ）権利である。著作物を利用する者は、著作物の利用の目的および態様に照らし、著作者が創作者であることを主張する利益を害するおそれがないと認められるときは、（Ｃ）限り、その著作者名の表示を省略することができる。

	A	B	C
ア	複製物	表示する、または表示しない	業としての利用ではない場合に
イ	原作品	表示する、または表示しない	公正な慣行に反しない
ウ	複製物	表示する	公正な慣行に反しない
エ	原作品	表示する	業としての利用ではない場合に

問題13 **次の記述のうち、同一性保持権の侵害となる行為の組み合わせはどれか。**

1　小説に登場する主人公の性格の記述を編集者が勝手に変更すること
2　小説の販売時期を出版社が勝手に決定すること
3　小説の題号を編集者が勝手に変更すること
4　小説の著者名を編集者が勝手に変更すること

ア　1と2
イ　2と4
ウ　1と3
エ　3と4

5 出題分野 **「著作権」、「著作権の制限（自由利用）」**

問題 14　**会社員Aは海外旅行を趣味としており、これまで旅行した国で風景などをデジタル一眼レフカメラで撮影した。これらの写真画像を見た会社員Aの友人Bは、その中から気に入ったものを選び、写真集Xを作った。そして、友人Bは、会社員Aの許諾を得ずに、インターネット上で、その写真集Xをアップロードした。また、この写真集Xを見た出版社Cは、写真集Xを出版したいと考えている。**

この事例に関する次の記述のうち、誤っているものはどれか。なお、著作権の譲渡は行なわれていないものとする。

ア　会社員Aは、写真集Xに掲載されている個々の写真について著作権を有する。
イ　友人Bは、写真集Xに掲載されている個々の写真について著作権を有しない。
ウ　出版社Cは、友人Bの許諾を得て写真集Xを出版すれば、違法にならない。
エ　会社員Aの許諾を得ずに作成されたものであっても、写真集Xは編集著作物として保護されうる。

問題 15　次の権利のうち、映画の著作物について著作権法に定められていない権利はどれか。

ア　複製権
イ　公衆送信権
ウ　譲渡権
エ　翻訳権

問題 16　ピアニストAは、来月の演奏会でクラシックの曲Xを演奏しようと毎日練習している。そして、ピアニストAはこの演奏会を録音しておき、後日知り合いの勤めるホテルのロビーで流してもらうことを考えている。また、ピアニストAは、曲Xをジャズ風にアレンジした曲Yも演奏しようと考えている。

この事例に関する次の記述のうち、正しいものはどれか。なお、曲Xは著作権の存続期間内のものとする。

ア　ピアニストAが誰かに聞かせる目的ではなく曲Xを練習することは、曲Xの演奏権を侵害しない。
イ　ピアニストAが曲Xを演奏することは、曲Xの口述権を侵害する。
ウ　ピアニストAが演奏した曲Xを録音したものを、ホテルがロビーで流すことは、曲Xの演奏権を侵害しない。
エ　ピアニストAが曲Xを曲Yにアレンジすることは、曲Xの編曲権を侵害しない。

問題 17 次の記述のうち、小説の著作物を自由に複製することができない場合はどれか。

ア　小説の著作物の複製権を放棄した場合
イ　小説について特定の者に出版権を設定した場合
ウ　小説の著作物の著作権の存続期間が終了した場合
エ　小説の著作物の複製権を有する者が死亡し、相続人がいない場合

問題 18 電機メーカー Aに勤務する社員Bは、電機メーカー Aが発売した新製品Xの開発から完成に至るまでの苦労などについて、テレビ局Cからインタビューを受けた。後日、そのインタビューの模様がテレビ放送され、また、雑誌にそのインタビュー記事が掲載された。社員Bは、このテレビ放送やインタビュー記事を、自分の勤務先の電機メーカー Aの社員たちや取引先、家族に紹介したいと考えている。

この事例に関する次の行為のうち、社員Bが著作権者の許諾を得ずに行なっても、著作権法上、違法とならないものはどれか。

ア　社内放送するために、インタビューの模様が放送されたテレビ番組を録画すること
イ　会社の宣伝として取引先に見せるために、インタビューの模様が放送されたテレビ番組を録画すること
ウ　社内会議の資料とするために、インタビュー記事をコピーすること
エ　家族に見せるために、インタビュー記事をコピーすること

問題 19 **次の文章の空欄にあてはまる語句の組み合わせとして、正しいものはどれか。**

他人の著作物を無許諾で公衆送信すると、公衆送信権の侵害となる。自動公衆送信の場合、無許諾でその送信をいつでも行なえる状態にすることは、公衆送信権の（Ａ）。なお、「公衆送信」とは、公衆によって（Ｂ）受信されることを目的として（Ｃ）の送信を行なうこととされている。

	A	B	C
ア	侵害となる	直接または間接的に	無線通信
イ	侵害とはならない	直接	無線通信
ウ	侵害とはならない	直接または間接的に	無線通信または有線電気通信
エ	侵害となる	直接	無線通信または有線電気通信

問題 20 **次の記述のうち、誤っているものの組み合わせはどれか。**

1 展示権とは、美術の著作物の複製物についても認められる権利である。
2 貸与権とは、著作物の複製物を貸与することに関する権利である。
3 複製権とは、著作物の一部を複製する場合には認められない権利である。
4 譲渡権とは、いったん、著作物の複製物が適法に譲渡されると、以後は、その複製物について消尽する権利である。

ア　1と3
イ　1と4
ウ　2と3
エ　2と4

問題 21　**著作物を無断で利用することができる例外規定に関する次の記述のうち、誤っているものの組み合わせはどれか。**

1　機器の保守または修理のために、その機器に記録されている著作物を、必要と認められる限度において、保守または修理の後に保存しないことを条件として、一時的に複製することができる。
2　未公表の著作物であっても、公正な慣行に合致するものであり、かつ、報道、批評、研究その他の引用の目的上正当な範囲内で行なわれるものであれば、引用することができる。
3　調査研究の用に供するためであれば、図書館等の利用者の求めに応じ、公表された著作物の一部分の複製物を何部でも複製することができる。
4　裁判手続のために必要と認められる場合には、必要と認められる限度において、著作物を複製することができる。

ア　1と3
イ　2と3
ウ　1と4
エ　2と4

❻ 出題分野「保護期間」、「著作権の譲渡等」

問題22　**著作物の保護期間に関する次の記述のうち、正しいものはどれか。※法改正により一部修正。**

ア　連載小説の著作物の保護期間は、その小説の最初の部分が公表された時から70年である。

イ　3年前に公表された映画の著作物の保護期間は、その映画の著作物の創作後70年である。

ウ　共同著作物の保護期間は、最初に死亡した著作者の死後70年である。

エ　毎日発行される新聞の記事の保護期間は、各号の発行後70年である。

問題23　**権利の変動に関する次の記述のうち、正しいものの組み合わせはどれか。**

1　著作権は、一部であっても、移転することができる。

2　著作権を譲渡する契約をしても、翻訳権が移転しない場合がある。

3　共同著作物についての著作権を譲渡する場合、自己の持ち分を譲渡するのであれば、他の共有者の許諾は不要である。

4　著作者人格権を譲渡することはできないが、実演家人格権を譲渡することはできる。

ア　1と2
イ　1と4
ウ　2と3
エ　3と4

7 出題分野「著作隣接権」

問題 24

次の記述のうち、映画に出演した俳優の同意を得ずに行なうと、俳優の権利に関して、著作権法上、違法となるおそれのあるものはどれか。

ア　出演した映画の中での俳優の歌の音程を変えること
イ　出演した映画の題名を変更すること
ウ　出演した映画のDVDの発売時期を決定すること
エ　出演した映画のパンフレットの表紙を、いかがわしいチラシに掲載すること

問題 25

次の記述のうち、誤っているものはどれか。

ア　レコード製作者は、貸与権を有する。
イ　放送事業者は、送信可能化権を有する。
ウ　有線放送事業者は、複製権を有する。
エ　実演家は、公表権を有する。

8 出題分野「著作権等の侵害」、「侵害に対する措置」

問題 26

著作権侵害に対する著作権者の法的措置に関する次の記述のうち、誤っているものはどれか。

ア　不当利得返還請求をするには、侵害行為によって侵害者に利益が存在していることが必要である。
イ　損害賠償を請求するには、侵害者に故意または過失があることが必要である。
ウ　差止請求は、実際に侵害行為が行なわれていなければ行なうことができない。
エ　侵害者には、懲役刑と罰金刑が同時に科される場合がある。

問題 27 **次の文章の空欄にあてはまる語句の組み合わせとして、正しいものはどれか。**

大学生AがB卒業旅行でB国に行ったところ、現在日本で公開されている映画Xが録画されたDVDが販売されていた。とても安く販売されていたので、大学生Aはそれを何枚か購入して日本に持ち帰り、友達に配ろうと考えている。この大学生Aの行為は、(A)においてこのDVDを(B)で作成したとしたならば、著作者人格権、著作権等の侵害となるべき行為によって作成された物を輸入する行為であるとして、著作権の侵害と(C)。

	A	B	C
ア	日本に輸入したとき	国内	みなされる
イ	日本に輸入したとき	国外	推定される
ウ	B国から輸出したとき	国内	推定される
エ	B国から輸出したとき	国外	みなされる

問題 28 **次の記述のうち、著作権の侵害とみなされる行為はいくつあるか。**

1 著作権を侵害する行為によって作成された物を、販売の目的をもって所持する行為
2 著作権を侵害する行為によって作成された物を、業としての輸出目的をもって所持する行為
3 コンピュータプログラムの海賊版を、海賊版と知りつつ購入し、業務上電子計算機で使用する行為
4 CDに組み込まれている権利管理情報を故意に除去または改変する行為

※権利管理情報…著作物等の利用を許諾する場合の利用方法等に関する情報であって、電子透かし等の電磁的方法により記録媒体に記録等されているもの

ア　1つ
イ　2つ
ウ　3つ
エ　4つ

9 出題分野「著作権法の周辺知識」

問題29　**電子メールやホームページの利用等に関する次の行為のうち、著作権者の許諾を得ずに行なうと、著作権法上、違法となるおそれのあるものはどれか。**

ア　母親へのメールに、妹から受信したメールを添付すること
イ　購入した市販のホームページ作成ソフトを使って、ホームページを作成すること
ウ　自分のホームページ内に、公開されている他人のホームページ内のコンテンツを掲載すること
エ　自分のホームページから他人のホームページのトップページへリンクを張ること

問題 30 **次の文章の空欄にあてはまる語句の組み合わせとして、正しいものはどれか。**

知的財産法には、著作権法と同様、知的成果物について、創作という観点を保護していく考え方と、その標識そのものを保護していくという考え方がある。このうち、例えば、創作を保護するものとして、特許法と（Ａ）がある。（Ａ）は、特許よりも（Ｂ）な発明を保護するものである。標識を保護するものとしては、商標法があり、また、不正競争防止法が一部その考え方に立っているが、不正競争防止法は（Ｃ）することを主たる目的としている。

	A	B	C
ア	意匠法	低度	産業の発達に寄与
イ	実用新案法	高度	産業の発達に寄与
ウ	実用新案法	低度	事業者間の公正な競争を確保
エ	意匠法	高度	事業者間の公正な競争を確保

「初級」 分野別 過去問題　解答・解説

問題 1　〈正解〉ア

解説 利用許諾契約など、著作権に関する契約は、民法の原則どおり、合意のみによって成立する「諾成・不要式」の契約であり、双方の合意が成立した時に、契約も成立する。

問題 2　〈正解〉イ

解説 ア→不適切。所有権など、物の支配に関する権利(物権)は、「一物一権主義」であり、1個の物に複数の所有権は成立し得ないため、所有権を複数の者に譲渡することはできない。

イ→適切。所有権と著作権は異なる権利であり、著作権を留保しながら著作物(原作品)を他人に譲渡(売却)した場合には、著作権者であっても、以後は原作品を自由に処分できない。

ウ→不適切。イ肢解説の通り、所有権と著作権は別個の権利であり、著作権は留保・残したまま、著作物のみを譲渡することができる。

エ→不適切。著作物を創作した時に、著作者人格権と著作権の双方が同時に発生する。

問題 3　〈正解〉イ

解説 ア→該当しない。人が関与していない防犯カメラの映像には、「思想や感情」がないため、著作物には該当しない(2条1項1号)。

イ→該当する。即興演奏によるメロディも、「音」で表現された創作物であるから、音楽の著作物である(法10条1項2号)。

ウ→該当しない。「表現」を伴わないため、頭に浮かんだだけのメロディやアイデアは、著作物ではない(法2条1項1号)。

エ→該当しない。レントゲン写真は文化的所産ではなく、また、創作性もないため、著作物ではない。

問題 4　〈正解〉ウ

解説　※以下、設問の空欄を埋めて記載する。

著作権法は、(A)「文化」の発展に寄与することを目的とし、その目的は特許法、実用新案法、意匠法、商標法と(B)「異なる」。また、公表権、氏名表示権、同一性保持権といった(C)「著作者人格権」を規定している(法1条、18条〜20条)。

以上のことから、AからCの空欄にあてはまる語句の組み合わせとして、ウが正解となる。

問題 5　〈正解〉ア

解説　※以下、設問の空欄を埋めて記載する。

二次的著作物とは、他の著作物をベースにこれを翻訳、編曲等することにより創作した新たな著作物をいう(法2条1項11号)。例えば、漫画をもとに制作した映画が該当する。すなわち、漫画をもとに映画を制作することは(A)「翻案」に該当する。二次的著作物は、原著作物と(B)「別個」の著作物として保護されるが、二次的著作物を利用する場合には、二次的著作物の著作権者の他に原著作物の著作権者の許諾(C)「が必要である」。

以上のことから、AからCの空欄にあてはまる語句の組み合わせとして、アが正解となる。

問題 6　〈正解〉エ

解説　1→誤り。著作物とされる上で、「新規性」は要件とならない。既に似たようなものがあっても、それに依拠して作成されたのでなければ、別個独立した著作物として著作権法で保護される。

2→誤り。幼稚園児が描いた似顔絵であっても、人の手によるものであり創作性が認められ、著作物として著作権法で保護される。

3→正しい。50音順に並んだクラス名簿は、ありふれた配列であって思想又は感情の創作的な表現が認められないため、著作物ではなく著作権法で保護されない。

4→正しい。著作物とされるには、産業財産権の対象と区別された文化的所産であれば、必ずしも文芸、学術、美術または音楽のいずれかに属する必要はない。

以上のことから、正しいものは3と4であり、エが正解となる。

問題 7 〈正解〉エ

解説 Aさん→正しい。風景画は、著作物である(法10条1項4号)。

Bさん→正しい。美術工芸品など、実用品として利用可能であっても、鑑賞用とも認められるものは、著作物となりうる(法2条2項)。

Cさん→誤り。ポスターも、一般に美術の著作物である。

Dさん→誤り。文字は著作物ではないが､「書」など、筆勢などにより芸術性が評価されるものは、美術の著作物である。

以上のことから、発言内容が誤っている者はCさんとDさんであり、エが正解となる。

問題 8 〈正解〉ウ

解説 1→保護される。国民に広く周知すべき権利・義務に関する文書ではない｢白書｣は、通常の著作物として、著作権法で保護される。

2→保護されない。条約は、法令に準じて国民に広く知らせるものとして、著作権法で保護されない(自由に利用できる)。

3→保護されない。裁判所の判決及び国の機関によるその翻訳物は、著作権法で保護されない(法13条3号、4号)。

4→保護される。文章の内容を問わず、人の感情を創作的に表現した文書は著作物であり、著作権法で保護される。

以上のことから、わが国の著作権法で保護されないものは2と3であり、ウが正解となる。

問題 9 〈正解〉イ

解説 1→該当する。オペレーティング・システム(OS)は、プログラムの著作物に該当する(法10条1項9号)。

2→該当しない。システム設計書は､「図面・図形等の著作物」となりうるが(法10条1項6号)、プログラムの著作物ではない。

3→該当しない。プログラム言語は、プログラムを作成する上での共通言語にすぎず、 プログラムの著作物ではない。

4→該当する。「文書作成ソフトウェア」は、プログラムの著作物に該当する (法10条1項9号)。

以上のことから、プログラムの著作物に該当しないものは2と3の2つであり、イが正解となる。

問題 10 〈正解〉エ

解説 ア→不適切。2人以上の者が共同して創作した著作物であって、その各人の寄与を分離して個別的に利用できないものは「共同著作物」であり(法2条1項12号)、本問の絵画Xは、これに該当する。

イ→不適切。単にアイデアを提供したにすぎない者は、著作者とはならない。

ウ→不適切。著作者となる上で、登録など特別な方式は一切必要ない(法17条2項)。

エ→適切。著作物の原作品に、又は著作物の公衆への提供若しくは提示の際に、その氏名若しくは名称(実名)又はその雅号、筆名、略称その他実名に代えて用いられるものとして周知のもの(周知の変名)が著作者名として通常の方法により表示されている者は、その著作物の著作者と推定される(法14条)。したがって、本肢のように著作者全員の氏名(実名)が通常の方法により(キャンバス上)に表示されていれば、その絵画の著作者であるとの「推定」を受ける。

問題 11 〈正解〉イ

解説 1→必要である。プログラムの著作物を除き、「会社名義での公表」は、法人著作として成立するために必要な条件である(法15条1項)。

2→必要ではない。会社名義での登録は、法人著作として成立するための必要条件ではない。

3→必要である。「(著作者について)勤務規則に別段の定めがないこと」は、法人著作として成立するために必要な条件である(法15条1項)。

4→必要ではない。報酬支払(作成の対価)の有無は、法人著作として成立するための必要条件ではない。

以上のことから、法人著作として成立するために必要な条件は1と3であり、イが正解となる。

問題 12 〈正解〉イ

解説 ※以下、設問の空欄を埋めて記載する。

氏名表示権とは、著作物の(A)「原作品」に、またはその著作物を公衆に提供もしくは提示する際に、著作者の実名や変名を著作者名として(B)「表示する、または表示しない」権利である。著作物を利用する者は、著作物の利用の目的および態様に照らし、著作者が創作者であることを主張する利益を害するおそれがないと認められるときは、(C)「公正な慣行に反しない」限り、その著作者名の表示を省略することができる(法19条1項、3項)。

以上のことから、AからCの空欄にあてはまる語句の組み合わせとして、イが正解となる。

問題 13 〈正解〉ウ

解説 1→侵害となる。小説内の記述を変更する行為は、その小説家が有する同一性保持権の侵害となる(法20条1項)。

2→侵害とはならない。販売時期の決定は、「公表権の侵害」とはなりうるが、同一性保持権の侵害とはならない(法18条1項)。

3→侵害となる。題号の変更は、その小説家が有する同一性保持権の侵害となる(法20条1項)。

4→侵害とはならない。著者名の変更は、「氏名表示権の侵害」とはなりうるが、同一性保持権の侵害とはならない(法19条1項)。

以上のことから、同一性保持権の侵害となる行為は1と3であり、ウが正解となる。

問題 14 〈正解〉ウ

解説 ア→正しい。Aは、撮影者(著作者)であるから、個々の写真について著作権を有する。

イ→正しい。ア肢解説のとおり、個々の写真の著作者かつ著作権者は

Aであり、Bではない。ただし、Aの許諾の有無に関わらず、Bは写真集(編集著作物)の著作者かつ著作権者である。

ウ→誤り。編集著作物(写真集)を使用するには、当該編集著作物の著作権者(B)に加え、そこに収録･掲載されている個々の著作物(写真)の著作権者(A)の許諾も必要である(法12条2項)。

エ→正しい。イ肢解説のとおり、Aの許諾の有無に関わらず、Bが作った写真集は編集著作物である(法12条1項)。

問題 15 〈正解〉ウ

解説　「映画の著作物」については、通常の著作物における「譲渡権」と「貸与権」に相当する権利として、「頒布権」が規定されている(法26条)。以上のことから、ウが正解となる。

問題 16 〈正解〉ア

解説　ア→正しい。「直接」に「公衆」に聞かせる目的がなければ、その楽曲の演奏権の侵害とはならない(法22条)。

イ→誤り。口述権は、本や講演など「言語の著作物」について発生する権利であり(法24条)、音楽の著作物については口述権は発生せず、「演奏権」が発生する。

ウ→誤り。他人の楽曲を用いた演奏を収録し、後で無断で公に再生する行為も、その楽曲に対する演奏権の侵害となる(法2条7項)。

エ→誤り。他人の楽曲を無断でアレンジすることは、その楽曲に対する編曲権を侵害する(法27条)。

問題 17 〈正解〉イ

解説　ア→できる。複製権など、著作権(財産権)は著作権者が自由に放棄することができ、小説の複製権が放棄された場合には、誰でも自由に小説を複製することができる。

イ→できない。小説の複製権について出版権が設定された場合には、著作権者を含め、他の者は当該小説を複製(出版)することはできない(法80条1項1号)。

ウ→できる。小説の著作権が存続期間の満了により消滅した場合には、誰でも自由に小説を複製することができる。
エ→できる。小説の複製権者が死亡し、その相続人がいない場合には、誰でも自由に小説を複製することができる(法62条1項1号)。

問題 18 〈正解〉エ

解説 ア→違法となる。社内放送での利用は私的使用にはあたらず、社内放送のためテレビ番組を無断で録画する行為は、放送事業者が有する複製権を侵害する(法98条、102条1項、30条1項)。
イ→違法となる。会社の宣伝として利用するため、テレビ番組を無断で録画する行為は、営利目的利用であり、ア肢と同様に、放送事業者が有する複製権を侵害する。
ウ→違法となる。社内会議での利用は私的使用にはあたらず、社内会議の資料とするためインタビュー記事をコピーする行為は、雑誌社が有する記事に対する複製権を侵害する(法21条、30条1項)。
エ→違法とならない。個人的又は家庭内での利用であれば、「私的使用のための複製」として、自由にインタビュー記事をコピーすることができる(法30条1項)。

問題 19 〈正解〉エ

解説 ※以下、設問の空欄を埋めて記載する。
他人の著作物を無許諾で公衆送信すると、公衆送信権の侵害となる。自動公衆送信の場合、無許諾でその送信をいつでも行える状態にすることは、公衆送信権の(A)「侵害となる」。なお、「公衆送信」とは、公衆によって(B)「直接」受信されることを目的として(C)「無線通信または有線電気通信」の送信を行うこととされている(法23条1項、2条1項7号の2)。
以上のことから、AからCの空欄にあてはまる語句の組み合わせとして、エが正解となる。

問題 20 〈正解〉ア

解説 1→誤り。「展示権」は、美術の著作物又は未発行の写真の著作物の「原作品」に対してのみ認められる(法25条)。

2→正しい。貸与権とは、映画を除く著作物の「複製物」の貸与に関する権利である(法26条の3)。

3→誤り。著作物の一部の複製であっても、複製権の問題となる(法21条)。

4→正しい。映画以外の著作物(原作品又は複製物)に認められる「譲渡権」は、最初の譲渡によって消尽し、後の譲渡(中古品の売買等)には権利が及ばない(法26条の2第2項1号)。

以上のことから、誤っているものは1と3であり、アが正解となる。

問題 21 〈正解〉イ

解説 1→正しい。パソコンなど記録媒体内蔵複製機器の保守又は修理を行う場合には、その機器に記録されている著作物を、一時的に他の記録媒体に複製することができる(法47条の4)。

2→誤り。未公表の著作物を引用することはできない(法32条1項)。

3→誤り。調査研究目的であれば、図書館の蔵書の一部分を複製することができるが、この場合、利用者1人につき1部に限られる(法31条1項1号)。

4→正しい。裁判手続のため必要と認められる場合には、必要な限度で、著作物を複製することができる(法42条)。

以上のことから、誤っているものは2と3であり、イが正解となる。

問題 22 〈正解〉エ

解説 ア→誤り。連載小説など、「逐次刊行物」の著作権の保護期間(「公表時」が起算点とされるもの)は、「最終部分(最終回)」の公表時から70年である(法56条1項)。

イ→誤り。公表された映画の著作権の保護期間は、「公表後70年」である(法54条1項)。

ウ→誤り。共同著作物の著作権の保護期間(実名で公表されたもの)は、「最終に死亡した者」の死後、70年である(法51条2項)。

エ→正しい。新聞は毎号が独立した著作物であり、その著作権の保護期間(団体名義のもの)は、各号の発行後70年である(法56条1項)。

問題 23 〈正解〉ア

解説 1→正しい。著作権の一部(複製権のみ等)を他人に譲渡し、移転することができる(法61条1項)。

2→正しい。著作権の全部を譲渡・移転する旨を約しても、さらに特掲(特約)がない限り、二次的著作物の創作に関する翻訳権・翻案権等は移転しない(法61条2項)。

3→誤り。共有著作権は、たとえ自己の持分のみであっても、その譲渡には他の共有者全員の同意を要する(法65条1項)。

4→誤り。著作者人格権と同様、実演家人格権も、一身専属権であり、他人に譲渡することはできない(法101条の2)。

以上のことから、正しいものは1と2であり、アが正解となる。

問題 24 〈正解〉ア

解説 ア→違法となる。歌手や俳優など実演家には、その実演を改変されないという「同一性保持権」があり、その同意を得ずに実演を改変することは、著作権法上違法となる(法90条の3第1項)。

イ→違法とならない。映画の題名を変更することは、「映画監督等」の著作者が有する同一性保持権の侵害となるが(法20条1項)、「俳優の同意」は問題とならない。

ウ→違法とならない。俳優は、映画については著作者人格権を持っておらず、映画DVDの発売時期について「俳優の同意」は問題とならない。

エ→違法とならない。俳優は、映画パンフレットの著作者ではなく、映画パンフレットの悪用に対して人格権を行使することはできない。

問題 25 〈正解〉エ

解説 ア→正しい。レコード製作者は、著作隣接権として、レンタル等を行う「貸与権」を有する(法97条の3)。

イ→正しい。放送事業者は、著作隣接権として、その放送を同時にインターネット配信するための「送信可能化権」を有する(法99条の2)。

ウ→正しい。有線放送事業者は、著作隣接権として、その放送を録画等するための「複製権」を有する(法100条の2)。

エ→誤り。実演家は、その人格権として「氏名表示権」と「同一性保持権」を有するが(法90条の2、90条の3)、「公表権」は有しない。

問題 26 〈正解〉ウ

解説 ア→正しい。不当利得の返還請求をするには、正規の権利者の損失の下で、無権利者に利益が生じていることを要する(民法703条、704条)。

イ→正しい。(不法行為に基づく)損害賠償を請求するには、侵害者側に「故意又は過失」があることを要する(民法709条)。

ウ→誤り。(侵害行為の)差止請求権は、実際に侵害行為をする者、又は「侵害するおそれのある者」に対し、行使することができる(法112条1項)。

エ→正しい。侵害者には、刑事罰として「懲役刑」と「罰金刑」が併科されることがある(法119条等)。

問題 27 〈正解〉ア

解説 ※以下、設問の空欄を埋めて記載する。

大学生Aが卒業旅行でB国に行ったところ、現在日本で公開されている映画Xが録画されたDVD（海賊版)が販売されていた。とても安く販売されていたので、大学生Aはそれを何枚か購入して日本に持ち帰り、友達に配ろうと考えている。この大学生Aの行為は、(A)「日本に輸入したとき」においてこのDVDを(B)「国内」で作成したとしたならば、著作者人格権、著作権等の侵害となるべき行為によって作成された物を輸入する行為であるとして、著作権の侵害と「みなされる」(法113条1項1号)。

以上のことから、AからCの空欄にあてはまる語句の組み合わせとして、アが正解となる。

問題 28 〈正解〉エ

解説 1→侵害とみなされる。海賊版など著作権を侵害する行為によって作成された物を、販売の目的をもって所持する行為は、著作権の侵害とみなされる(法113条1項2号)。

2→侵害とみなされる。海賊版を、「業としての輸出目的」をもって所持する行為は、著作権の侵害とみなされる(法113条1項2号)。
3→侵害とみなされる。コンピュータプログラムの海賊版を、「それと知りつつ」購入し、「業務上」パソコンで使用する行為は、著作権の侵害とみなされる(法113条5項)。
4→侵害とみなされる。権利管理情報を故意に除去又は改変する行為は、著作権の侵害とみなされる(法113条8項2号)。

以上のことから、著作権の侵害とみなされる行為は4つであり、エが正解となる。

問題 29 〈正解〉ウ

解説 ア→違法とならない。個人的なメールを複製して特定人に添付送信しても、著作権法上、違法とはならない。
イ→違法とならない。市販された正規のホームページ作成ソフトを使用してホームページを作成しても、違法とはならない。
ウ→違法となる。自分のホームページ内に、他人のホームページ内のコンテンツを掲載することは、複製権や氏名表示権の侵害など、著作権法上、違法となる。
エ→違法とならない。他人のホームページの「トップページ」へのリンクであれば、著作権法上、違法とはならない。

問題 30 〈正解〉ウ

解説 ※以下、設問の空欄を埋めて記載する。

知的財産法には、著作権法と同様、知的成果物について、創作という観点を保護していく考え方と、その標識そのものを保護していくという考え方がある。このうち、例えば、創作を保護するものとして、特許法と(A)「実用新案法」がある。(A)「実用新案法」は、特許よりも(B)「低度」な発明を保護するものである。標識を保護するものとしては、商標法があり、また、不正競争防止法が一部その考え方に立っているが、不正競争防止法は(C)「事業者間の公正な競争を確保」することを主たる目的としている。

以上のことから、AからCの空欄にあてはまる語句の組み合わせとして、ウが正解となる。

「上級」分野別 過去問題

各設問(40問)について、ア〜エの中から1つずつ正答を選びなさい。

なお、試験問題の用語は、特に記述がない限り、著作権法の定義による。(解答は全問題の後で掲載)

1 出題分野「民法知識」

問題 1　**所有権と著作権に関する次の記述のうち、正しいものはどれか。**

ア　有名な画家から購入した絵画の作品を美術館に寄贈する場合には、その画家の許諾を得ないと著作権侵害になる可能性がある。

イ　友人が撮影した写真を捨てる場合には、その友人の許諾を得ないと著作権侵害になる可能性がある。

ウ　人間国宝の陶芸家から譲ってもらった皿を借金の担保にする場合には、その陶芸家の許諾を得ないと著作権侵害になる可能性がある。

エ　イラストをコピー機で複製する場合には、その著作権者の許諾を得ないと著作権侵害になる可能性がある。

問題 2　**契約に関する次の記述のうち、誤っているものはどれか。**

ア　Bが著作権者Aから著作物の複製の許諾を受けるに際し、その契約書中に「AはB以外の者に本件著作物の複製を許諾しないことを確約する」と明記されていたにもかかわらず、AがこれをCに対してその著作物の複製を許諾した場合、Cに対する許諾は無効である。

イ　Bが著作権者Aから著作物の複製の許諾を口頭で受け、後にAB間で著作物の複製を許諾する契約書を作成締結しなかったとしても、その許諾は有効である。

ウ　Bが著作権者Aから著作物の複製の許諾を受けるに際し、その契約書中に、「許諾の対価は別途協議する」とだけ定めてあり、具体的な金額が全く記載されていなかったとしても、その許諾は有効である。

エ　Bが著作者Aから著作者人格権を譲り受ける契約を締結したとしても、著作者人格権は譲渡できない権利であるので、その譲渡契約は無効である。

2 出題分野**「著作物」**

問題 3　**二次的著作物に関する次の記述のうち、正しいものはどれか。**

ア　設計図に基づいて建築された美術館は、二次的著作物に該当する。

イ　英語で書かれた歌詞を日本語に翻訳したものは、二次的著作物に該当しない。

ウ　街頭ライブで聴いた音楽のメロディを紙面に書き留めた楽譜は、二次的著作物に該当する。

エ　有名な漫画Xを真似して描いた漫画Yに何ら新たな創作性が見出されない場合には、漫画Yは漫画Xの二次的著作物に該当しない。

問題 4　**データベースの著作物に関する次の記述のうち、誤っているものはどれか。**

ア　データベースの著作物の利用に際して、データベースを構成する個々の情報が著作物である場合は、その個々の情報の著作物の著作権者の許諾を得る必要がある。

イ　データベースを構成する個々の情報が無造作に選択されたものであっても、体系的な構成を有していれば、データベースの著作物が成立する場合がある。
ウ　データベースを構成する個々の情報が著作物性を有さない場合、データベースに含まれる情報のみを取り出して複製することは、複製権の侵害になる。
エ　データベースを構成する個々の情報が著作物性を有する場合、データベースに含まれる情報のみを個別に複製するには、データベースの著作物の著作権者の許諾を得る必要はない。

問題 5　**次の記述のうち、言語の著作物に該当するものの組み合わせはどれか。**

1　ボイスレコーダなどに記録されていない座談会での会話
2　テレビのCMで流れた、ごく短いキャッチフレーズ
3　「吾輩は猫である」という小説の題号(タイトル)
4　その日に感じたことを日記のようにまとめて公開しているブログの記述

ア　1と2
イ　3と4
ウ　1と4
エ　2と3

問題 6　**保護を受ける著作物に関する次の記述のうち、正しいものはいくつあるか。**

1　中国の観光ガイドブックを共同して作った3人の著作者のうち1人でも日本人が含まれていれば、そのガイドブックは日本で保護される。
2　インドにおいて日本人プログラマーが作成したプログラムは、未公表であっても日本で保護される。

3　最初に外国で発行され、その20日後に日本において発売された音楽CDの楽曲は、日本で保護されない。

4　米国の会社が米国で制作した映画は、日本で発売されない限り保護されない。

ア　1つ
イ　2つ
ウ　3つ
エ　4つ

問題 7　**次の記述のうち、著作権法上の権利の目的とならない著作物の組み合わせはどれか。**

1　米国の最高法規である米国の憲法
2　わが国の文教施策が記された教育白書
3　簡易裁判所の判決
4　民間企業が作成した日本国著作権法の英語翻訳文

ア　1と3
イ　2と4
ウ　1と4
エ　2と3

3 出題分野「著作者」

問題 8　**法人著作（職務著作）に関する次の記述のうち、正しいものはどれか。**

ア　法人格を有さない俳句の同好会が句集を同好会の名前で出版する際に、その同好会に代表者がいる場合であっても、その同好会がその句集の著作者となることはない。

イ　アパレルメーカーの社長の友人であるデザイナーがその社長

に個人的に頼まれて会社のパンフレットを作成した場合であっても、そのデザイナーがパンフレットの著作者となることはない。

ウ　コンサルティング会社の従業員が社内向けのイントラネットの検索スピードを格段に速くすることができる検索エンジンプログラムを作成した場合には、そのプログラムを社外に公開しなくても、そのコンサルティング会社がそのプログラムの著作者となることがある。

エ　勤務規則に「従業員が著作物を作成した場合には、その著作物の著作者はその従業員となる。」とする特約がある場合でも、会社の従業員が作成した報告書の著作者はその会社となる。

問題 9　**映画の著作物に関する次の記述のうち、正しいものはどれか。**

ア　自然界の厳しさをありのままに伝えるドキュメンタリー映画のナレーションは、その映画のイメージに大きく影響するので、その映画のナレーターはその映画の著作者である。

イ　大ヒットした恋愛映画のもとになった歌詞は、その映画のストーリーを端的に表現しているので、その歌詞の作詞者はその恋愛映画の著作者である。

ウ　ゲーム制作会社社員として、新作のパズルゲームの制作責任者となった者は、そのゲームの制作の全般に対して責任を有するので、常にそのゲームの著作者である。

エ　コメディドラマを撮影するメインカメラマンになりたいと自ら進んで申し出た学生が、その撮影について全体を通して主導的役割を担った場合、その学生はコメディドラマの著作者である。

問題 10　**ゲーム開発会社Aは、今夏発売する予定の最新ゲームの攻略本Xをそのゲームの発売と同時に出版しようと企画している。この攻略本Xの文章はゲーム開発会社Aの**

従業員Bが書くことになっているが、文章を書くためには実際にゲームを行ない、攻略法が有効かどうかを検証する人が複数必要となる。そこで、人材派遣会社Cからゲーム開発会社Aに派遣社員DおよびEを派遣してもらうことになった。また、派遣社員Dは攻略本Xのコラムの文章も書くことになっている。さらに、その攻略本Xには、ゲームの雰囲気に合ったイラストを載せる必要があるため、ゲームに登場するモンスターのデザインを担当した社外のイラストレーターFにイラストの制作を委託している。

この事例に関する次の記述のうち、攻略本Xについて、ゲーム開発会社Aの法人著作(職務著作)が成立するための障害となっていることはどれか。

ア　ゲーム開発会社Aの従業員Bが攻略本Xの文章を書くこと

イ　人材派遣会社Cから派遣された派遣社員DおよびEがゲームを行なうこと

ウ　人材派遣会社Cから派遣された派遣社員Dが攻略本Xのコラムの文章を書くこと

エ　イラストレーターFに攻略本Xのイラスト制作を委託すること

問題 11

最近人気の俳優Aを紹介するために、芸能プロダクションがホームページにプロフィールを作成しようとしている。そのホームページで、俳優Aの中学生時代に書いた卒業文集の卒業文Xのページを掲載する予定である。その卒業文集には多数の卒業文が掲載されており、その掲載順序は学年主任の先生Bによって、卒業文の主題ごとに分類して並べられたものであった。そして、その俳優Aが書いた卒業文Xが掲載されたページには、担任の先生Cが描いたイラストが掲載されていた。この事例に関する次の記述のうち、俳優Aが書いた卒業文集の卒業文Xのページを芸能プロダクションがホームページに掲載するために許諾を得る必要がある人物の組み合わせはどれか。

1　俳優A

2　学年主任の先生B

3　担任の先生C

4　俳優Aの中学校を代表する理事長D

ア　1と2
イ　3と4
ウ　1と3
エ　2と4

4 出題分野「著作者人格権」

問題12　**次の記述のうち、同一性保持権を侵害しない行為はどれか。**

ア　シミュレーションゲームのメモリーカードに、通常のプレイヤーの操作では達成しえない高い数値のパラメータを設定し、これを用いてストーリーを改変する行為
イ　新たなオペレーティング・システム(OS)に対応させるために、メールソフトを改良する行為
ウ　出版社に持ち込まれた小説のタイトル(題号)をより洗練されたものに変える行為
エ　その時代の雰囲気を出すためにわざわざ旧漢字で書かれた文章を、読みやすくする目的で常用漢字に変換する行為

問題13　**公表権および氏名表示権に関する次の記述のうち、誤っているものはどれか。**

ア　著作者から同意を得ることなく、未公表の劇場用映画を上映しても、著作者の公表権を侵害しないことがある。
イ　地方自治体が、情報公開条例により、自治体のイメージキャラクター決定資料として候補作品を市民に提供または提示する場合、候補作品の著作者から、作品を応募した時に表示していた変名ではなく実名を表示して公開してほしいとの申し入れがあれば、その申し入れに従って実名を著作者として表示しなければならない。
ウ　芸能人が撮影し、自分のホームページにおいて芸名で公表し

ている写真を、写真誌に掲載するに際し、出版社は、掲載の際は芸名ではなく本名を表示してほしいとの要望を受けたが、芸名を表示して写真誌に掲載した。この出版社の行為は、その芸能人の氏名表示権を侵害する。

エ　まだ一般に公表されていないプログラムの著作者から、そのプログラムを世間に公表する場合は著作者の同意を得ることを条件に著作権を譲り受けた者が、同意を得ないでそのプログラムを公表したときは、そのプログラムの著作者の公表権を侵害することがある。

問題14　**公表権に関する次の記述のうち、誤っているものの組み合わせはどれか。**

1　未公表の脚本をもとに制作された映画を公開するためには、その脚本家の許諾を得る必要がある。

2　雑誌に掲載して販売する前に、雑誌社が誤ってホームページ上で公開してしまったイラスト（当時未公表）を、改めて雑誌に掲載して販売するには、そのイラストを描いたイラストレーターの許諾を得る必要がある。

3　知人の画家からまだ公表されていない人物画をその著作権とともに譲り受けた場合であっても、その人物画をインターネット上で公開し、ネットオークションに出品するには常にその画家の許諾を得なければならない。

4　出版に先立って宣伝のために小説のタイトル（題号）を公表している場合には、作家に許諾を得なくても、その小説を販売することができる。

ア　1と2
イ　3と4
ウ　1と4
エ　2と3

5 出題分野 **「著作権」、「著作権の制限（自由利用）」**

問題 15

著作物の複製に関する次の記述のうち、正しいものはどれか。

ア　著作物にあたる建築物の設計図をコピー機で複写することは、建築の著作物の複製にあたる。

イ　薬学の論文の記述に従って製薬することは、言語の著作物である薬学の論文の複製にあたる。

ウ　テレビで放映している演劇をデジタルレコーダーでその音のみ録音することは、その演劇の脚本の複製にあたる。

エ　小説をデジタルスキャナで読み込み、文字情報のみデータ化してパソコンに保存することは、小説の複製にあたらない。

問題 16

「引用」「転載」に関する次の記述のうち、誤っているものはどれか。※法改正により一部修正。

ア　ホームページで公開している1万件以上のデータで構成されているデータベース内に、他人の著作物を格納することは、引用にはあたらない。

イ　戦争報道の歴史をまとめた本に、有名な写真を1枚そのままその著作権者の許諾を得ることなく掲載することができる場合がある。

ウ　CMのキャッチコピーに最近活躍中の俳人の俳句を使うことは、出所を明示すれば、その著作権者の許諾を得なくてよい。

エ　教育白書は一般に周知されることを目的とするものであるが、その著作権者の許諾を得ることなく刊行物に転載することができない場合がある。

問題 17 **次の行為のうち、著作権者の許諾を得ずに行なっても、著作権法上、違法とならないものはどれか。**

ア　アマチュア劇団に交通費のみを支払って、小学校で生徒向けに演劇を演じてもらう行為
イ　音楽CDの宣伝を兼ねて無料コンサートを行なう行為
ウ　家庭内で見るために録画しておいたテレビドラマを、非営利・無料で老人ホームで上映する行為
エ　会費を支払って会員になることを前提に、無料で映画DVDを貸し出す行為

問題 18 **次の文章の空欄にあてはまる語句の組み合わせとして、正しいものはどれか。**

美術の著作物または（Ａ）の著作物の原作品により、（Ｂ）を害することなく、これらの著作物を公に展示する者は、（Ｃ）のためにこれらの著作物の解説または紹介をすることを目的とする（Ｄ）にこれらの著作物を掲載することができる。

	A	B	C	D
ア	写真	展示権	観覧者	小冊子
イ	写真	複製権	観覧者	編集物
ウ	彫刻	複製権	利用者	小冊子
エ	彫刻	肖像権	利用者	編集物

問題 19 **著作権の制限に関する次の記述のうち、正しいものの組み合わせはどれか。**

1 歴代の総理大臣が行なった経済政策の評価が記載された新聞記事は、その著作権者の許諾なく、週刊誌に転載することができる。
2 県知事選挙中に知事候補(現知事)が行なった様々な演説は、現知事の許諾なく、その現知事のもののみを編集して演説集として出版することができる。
3 高校野球の開会式で演奏される曲を、開会式の中継で放送することは、著作物の時事の事件の報道のための利用には該当しない。
4 新薬に含まれる成分の副作用が記述された論文は、厚生労働省に提出するために、その著作権者の許諾なく、事業法に基づく新薬の審査に役立つ資料として複製することができる。

ア 1と3
イ 2と4
ウ 1と2
エ 3と4

問題 20 **次の行為のうち、著作権者の許諾を得ずに行なっても、著作権法上、違法とならないものの組み合わせはどれか。**

1 高校の社会科の教科書に掲載するために、フランス語で書かれた哲学者の言葉を日本語に翻訳する行為
2 中学校の入試問題として小説を子供向けに書き換える行為
3 ロック音楽をオーケストラ向けに編曲して入社式で演奏する行為
4 自分の英語学習のために、英字新聞の記事を要約した日本語訳を作成する行為

ア　1と2
イ　3と4
ウ　1と4
エ　2と3

6 出題分野 **「保護期間」「著作権の譲渡等」**

問題 21　**著作物の保護期間に関する次の記述のうち、正しいものはどれか。なお、それぞれの国はベルヌ条約の加盟国とする。※法改正により一部修正。**

ア　A国において、写真(著作物)の保護期間が創作後50年である場合には、その写真はわが国で著作者の死後70年間保護される。
イ　B国において、著作権の存続期間が著作者の死後25年である場合には、その著作物はわが国で著作者の死後25年間保護される。
ウ　C国において、著作権の存続期間が著作者の死後80年である場合には、その著作物はわが国で著作者の死後80年間保護される。
エ　D国において、映画(著作物)の保護期間が創作年の1月1日から25年である場合でも、その映画はわが国で著作者の死後50年間保護される。

問題 22　**次の記述のうち、関係する著作権が明確に移転しているとは言いがたいものはどれか。**

ア　複製権・譲渡権を友人の出版社に贈与する行為
イ　音楽の著作物に係る著作権について、CMとして放送する権利のみを譲渡する行為
ウ　アニメ映画の北米大陸での上映権をアメリカの映画配給会社に譲渡する行為

エ　契約書で、「すべての著作物を譲渡する。」と明記して、譲渡契約を結ぶ行為

問題 23　**ベンチャー企業であるX社は、事業資金を調達するために、自社が著作権を有するコンピュータゲームに質権を設定した。以下は、X社の法務担当者が、その著作権について述べたものである。正しい発言をしている者は誰か？なお、質権の設定行為には別段の定めはないものとする。**

Aさん　「質権者と共同でなければ、当社は著作権に基づく差止請求権を行使できないね。」
Bさん　「このコンピュータゲームをベースにしたアニメを製作するには、質権者の了解が必要だよね。」
Cさん　「著作権の許諾料を質権者に差し押さえられることは絶対にあり得ないね。」
Dさん　「このコンピュータゲームのアメリカにおける複製権・譲渡権の許諾を与えるのに、質権者に了解を取る必要はないね。」

ア　Aさん
イ　Bさん
ウ　Cさん
エ　Dさん

問題 24　**次の文章の空欄にあてはまる語句の組み合わせとして、正しいものはどれか。※法改正により一部修正。**

著作権は、著作物の（ A ）の時に始まる。著作者が明確なとき、原則として、著作権は、著作者の死後〈（ B ）にあっては、（ C ）に死亡した著作者の死後〉（ D ）年を経過するまでの間、存続する。

	A	B	C	D
ア	公表	共同著作物	最初	50
イ	創作	編集著作物	最終	70
ウ	公表	編集著作物	最初	50
エ	創作	共同著作物	最終	70

問題 25 **次の文章の空欄にあてはまる語句の組み合わせとして、正しいものはどれか。※法改正により一部修正。**

一般に、著作権の存続期間のことを考えると、写真の著作者名として（ A ）を表示した方がよい。（ A ）を表示した方が、（ B ）とするよりも長期間〈（ C ） 70年間〉著作権で保護されるからである。

ただし、著作者として、（ B ）でその写真を掲載した写真集を出版したとしても、著作権の存続期間中に、変名がその写真家のものとして周知となった場合や、（ D ）の登録を行なった場合、またはその写真集に（ D ）を表示して出版したときは、同様に長期間〈（ C ） 70年間〉、著作権の保護を受ける。

	A	B	C	D
ア	実名	無名や変名	著作者の死後	実名
イ	実名	無名や変名	公表後	変名
ウ	無名や変名	実名	著作者の死後	変名
エ	無名や変名	実名	公表後	実名

問題 26 **来年公演する予定の演劇について、共同でその脚本を書き下ろすことになっている4人の脚本家が、脚本が完成した際の著作権の取り扱いについて話し合っている。この事例に関する次の記述のうち、正しい発言をしている者の組み合わせはどれか。**

Aさん 「4人で共同して作成した脚本であっても、私はその脚本の著作者なのだから、私が単独でその演劇の脚本の公表日を決定できるはずだよね。」

Bさん 「その脚本の著作権の私の持ち分は、皆さんの同意があれば私の子供に譲渡できるよね。」

Cさん 「その脚本が他の劇団に無断で利用されていることを発見した場合には、急を要するから、皆さんの同意を得ないでも単独で差止訴訟を提起することができるはずだよね。」

Dさん 「脚本の著作権の持ち分は等しいのだから、特に取り決めがなくても単独でその脚本の利用許諾契約を結ぶことができるようにすることはできるよね。」

ア AさんとBさん
イ CさんとDさん
ウ AさんとDさん
エ BさんとCさん

7 出題分野「著作隣接権」

問題 27 **実演家が有する権利に関する次の記述のうち、正しいものはどれか。**

ア 実演家は、その実演を受信装置を用いて公に伝達する権利を専有する。
イ 実演家は、その実演を放送し、または有線放送する権利を専有する。
ウ 実演家は、その実演を公衆送信する権利を専有する。

エ　実演家は、その実演をそれが録音されているレコードの貸与により公衆に提供する権利を専有する。

問題 28　**レコード製作者に関する次の記述のうち、正しいものの組み合わせはどれか。**

1　単に冬の日本海の荒波の音をMDに録音しただけの高校生は、レコード製作者ではない。
2　音楽CDのレコード製作者は、市販の音楽CDのパッケージに自分の氏名を表示するか否かを決定することができる。
3　テレビ局は、テレビ番組で市販の音楽CDに収録されている楽曲を使用した場合、その音楽CDのレコード製作者に使用料を支払わなければならない。
4　映画の中で音楽CDに記録された曲を再生しているシーンを撮影(録音・録画)するためには、その音楽CDのレコード製作者の許諾を得る必要がある。

ア　1と2
イ　3と4
ウ　1と3
エ　2と4

問題 29　**4人の大学生が著作権法上の放送事業者と有線放送事業者の著作隣接権について話し合っている。**
この事例に関する次の記述のうち、正しい発言をしている者は何人いるか。

Aさん　「放送事業者って、例えばテレビ局のことで、有線放送事業者って、例えばケーブルテレビ局のことだよね。」
Bさん　「放送されているテレビドラマをDVDに録画して、インターネット上で動画配信するためには、そのドラマを放送するテレビ局の許諾が必要だよね。」

Cさん　「ケーブルテレビで有線放送されている映画をそのままビルの壁面に備えられた大型ディスプレイに映して通行人に見せる行為は、そのケーブルテレビ局の許諾を得る必要はないよね。」

Dさん　「テレビ局で放送されたドキュメンタリー番組が収録された中古DVDを販売するには、そのテレビ局の許諾を得なければならないよね。」

ア　1人

イ　2人

ウ　3人

エ　4人

8 出題分野 「著作権等の侵害」、「侵害に対する措置」

問題 30　**複製権に関する次の記述のうち、正しいものはどれか。**

ア　ミュージシャンが即興で作り上げた曲をその場で真似して弾いても、楽譜を作成しているわけではないので、その即興曲の複製権を侵害することにはならない。

イ　有名な大学教授の最後の講義の内容を原稿に起こしても、言葉を文字にしているだけなので、その講義の複製権を侵害することにはならない。

ウ　外交官が作成した暗号化された機密文書を解読して通常の文書にすることは、表現形式を変更するだけなので、その機密文書の複製には該当しない。

エ　まだ建築されていないビルの設計図を見て、実際にそのビルを建築することは、今まで実際にそのビルが存在していなかったので、複製権を侵害することにはならない。

問題 31　**次の記述のうち、上演権・演奏権・上映権のいずれも侵害しない行為はどれか。**

ア　新作落語のCDを飛行機の中で流す行為
イ　スーパーマーケットで有機野菜の販売を促進するために、音楽CDに録音されている野菜をテーマにした歌を再生する行為
ウ　高校生が自分のホームページに雑誌に載っていたアイドルの写真を掲載する行為
エ　他人のプレゼンテーション資料(プロジェクタを用いて拡大投影させるもの)を無断で借りて営業用のプレゼンテーションをする行為

問題 32　**次の行為のうち、著作権者の許諾を得ずに行なうと、著作権法上、違法となるおそれがあるものはどれか。**

ア　図書館から借り出した本の半分以上を自分の勉強のために、コンビニエンスストアのコピー機でコピーする行為
イ　外国に単身赴任している父親のために、日本のドラマを録画する行為
ウ　論文を書くために、多数の論文が収録された本を業者に依頼して複製する行為
エ　自分の携帯音楽プレイヤーに音楽CDに収録された音楽データを入れる行為

問題 33 **著作権侵害とみなされる行為に関する次の記述のうち、誤っているものはどれか。**

ア　路上販売するために、海賊版のオペレーティング・システム(OS)が記録されたDVDを輸入することは、そのオペレーティング・システム(OS)の著作権を侵害するものとみなされる。

イ　海外で業として販売するために、著名なイラストレーターが描いたイラストのデータを無許諾で収録したCD-ROMを情を知って輸出することは、そのイラストの著作権を侵害するものとみなされる。

ウ　友人から譲ってもらったワープロソフトウェアを、海賊版とは知らずに会社のパソコンにインストールして会社の報告書を作成する際に使用することは、そのソフトウェアの著作権を侵害するものとみなされる。

エ　自分の技術力の高さを友人に自慢するために、市販されている音楽データの権利管理情報に含まれる権利者情報を自分の名前に書き換えることは、その音楽データの著作権を侵害するものとみなされる。

問題 34 **会社員Aはエッセイ X を執筆し、自分のブログで公開していた。ある日、作家Bから、次のような連絡を受けた。**

「Aさんが先月ブログに掲載したエッセイ X は、私が昨年執筆し、発行された書籍に収録されているエッセイ Y にそっくりである。私の著作権を侵害しているに違いないので、すぐにブログから削除してください。」

この事例に関する次の記述のうち、作家Bの主張に対する会社員Aの反論内容として、最も不適切なものはどれか。

ア　エッセイXをブログに載せたのは先月であるが、創作したのは2年前である。

イ　表現において、確かに表現上の本質的な特徴こそ同一性があるかもしれないが、具体的な表現においては同一でも類似でもない。

ウ　会社員Aは海外在住のため、エッセイYの存在を知らなかったし、読んだこともなかった。

エ　似ているのは、エッセイXのうち、創作性のない誰が書いても同じになるような一般的な記述の部分のみである。

問題 35　**次の文章の空欄にあてはまる語句の組み合わせとして、正しいものはどれか。**

著作者人格権、著作権、(A)、実演家人格権または著作隣接権を侵害する行為によって作成された物を、(B)、頒布し、もしくは頒布の目的をもって所持し、または業として(C)し、もしくは業としての輸出の目的をもって所持する行為は、著作者人格権、著作権、(A)、実演家人格権または著作隣接権を侵害する行為と(D)。

	A	B	C	D
ア	専用利用権	情を知って	使用	推定する
イ	専用利用権	不正の目的で	輸出	推定する
ウ	出版権	不正の目的で	使用	みなす
エ	出版権	情を知って	輸出	みなす

問題 36 **次の記述のうち、正しいものの組み合わせはどれか。**

1 スキャナを使って取り込んだ写真のデータをサーバにアップロードする行為は、その写真の送信可能化権を侵害する。
2 FAXを用いて親しい友人1人だけに近所のスーパーマーケットの特売チラシを送信して特売について知らせる行為は、公衆送信権を侵害する。
3 テレビ局のアナウンサーが朗読した最新流行の小説の一節が記録されたCDを販売する際に、集客のために路上でそのCDを再生する行為は、その小説の口述権を侵害する。
4 名画のレプリカを複数購入し、来客を楽しませるためにオフィスに飾り付ける行為は、その名画の展示権を侵害する。

ア 1と3
イ 2と4
ウ 1と4
エ 2と3

問題 37 **複製権・翻案権の侵害に関する次の記述のうち、誤っているものの組み合わせはどれか。**

1 伝説の剣を偶然に手にしたことにより最終的に世界を救うことになるというゲームAの基本的なコンセプトが、先に販売されたゲームBと同じであれば、ゲームAは先に販売されたゲームBの複製権または翻案権を侵害する。
2 米国で配布された鮮やかな色彩のポスターCの特徴的な一部分を切り出し、色彩だけを変更して新たにイラストDを作り出すことは、ポスターCの複製権または翻案権を侵害する。
3 写真集が出版された後、その写真集に掲載された写真Eとほぼ同じ未公表の写真Fが10年以上も前に既に他人によって撮影されていたことが判明したときであっても、写真Eが掲載された写真集を増刷することは、写真Fの複製権または翻案権を侵害しない。

4　あるベストセラー小説Gに影響を受け、小説Gをもとにして書き始めたが、完成した際に小説Gの影響のかけらも認識できない小説Hを書き上げることは、小説Gの複製権または翻案権を侵害する。

ア　1と3
イ　2と4
ウ　1と4
エ　2と3

問題 38　**地方で無農薬野菜を生産している人が、自慢の野菜を日本中の人に知ってもらいたいと考え、ホームページを作成して野菜を販売している。そのホームページにアクセスすると、市販の音楽CDに収録されている曲が自動的に流れるようになっている。そして、そのホームページには、野菜に関する新聞記事が掲載されている新聞社のホームページに簡単に行けるようにリンクが張られている。さらに、そのホームページには、他のホームページに掲載されていた野菜の写真Aと、自分が生産し、撮影した野菜の写真Bとを並べて配置し、比較検討する文章が掲載されている。なお、そのホームページは市販されているホームページ作成ソフトウェアを使用して作成されたものである。**

この事例に関する次の記述のうち、著作権法上、侵害行為となるものの組み合わせはどれか。

1　市販されている音楽CDに収録されている曲が自動的に流れるようになっていること
2　野菜の記事が掲載されている新聞社のホームページに簡単に行けるようにリンクが張られていること
3　他のホームページに掲載されていた野菜の写真Aと、自分が生産し、撮影した野菜Bの写真とを並べて配置していること
4　そのホームページが市販されているホームページ作成ソフトウェアを使用して作成されたものであること

ア　1と4
イ　2と3
ウ　2と4
エ　1と3

9 出題分野「著作権法の周辺知識」

問題39　**知的財産権に関する次の記述のうち、正しいものはどれか。**

ア　家計簿を作成するためのプログラムが特許権で保護されている場合には、そのプログラムに著作権の保護は及ばない。
イ　博多人形のように、鑑賞対象となりうる美的創作性を有するものであっても、量産品である場合には、意匠権とともに著作権の保護は及ばない。
ウ　新たにデザインしたキャラクターのイラストを商標登録した場合には、著作者の許諾なく、キャラクターのイラストを利用することができる。
エ　自ら創作したマークを自社の商品の包装に印刷して使用していたとしても、不正競争防止法違反として訴えられることがある。

問題 40　**著作権の国際ルールに関する次の記述のうち、正しいものの組み合わせはどれか。**

1　ベルヌ条約とは、著作権を国際的に保護し合うためにヨーロッパ諸国を中心として、1886年にスイスのベルヌで策定された条約である。

2　万国著作権条約とは、無方式主義のベルヌ同盟諸国と方式主義を採っている国との間を埋めるために、1952年にユネスコが中心となり策定した条約である。

3　TRIPS協定とは、国連加盟国間の知的財産権に関するミニマムスタンダードを定めたもので、1994年にモロッコのマラケシュで策定した協定である。

4　WIPO著作権条約とは、ベルヌ条約とはまったく異なる側面から著作物に保護を与えることを目的として策定された条約である。

ア　1と2
イ　3と4
ウ　1と3
エ　2と4

「上級」 分野別 過去問題 解答・解説

問題 1 〈正解〉エ

解説 ア→誤り。著作物(映画を除く。)の原作品又は複製物の所有権の移転、即ち「譲渡権」は、最初の譲渡(売買)によって消尽しており、以後の譲渡(再販売)には権利が及ばない。したがって、絵画の現所有者は、自由に著作物を贈与・転売することができる(法26条の2第2項1号)。

イ→誤り。著作権者ではない者が、著作物を利用する場合には著作権者の許諾が必要であるが、著作物を廃棄する行為は、著作権侵害の問題とはならず、器物損壊(刑法)や不法行為(民法)の問題となる。

ウ→誤り。著作物の譲受人(所有者)が、その「著作物(=動産)」自体に質権を設定することは、著作権の問題とはならない(民法上の動産質)。

エ→正しい。イラストのコピーは複製であるから、著作権者に無断でコピーした場合には、著作権(複製権)の侵害となる(法21条)。

問題 2 〈正解〉ア

解説 ア→誤り。このような独占的利用許諾契約であっても、契約は「契約当事者のみ」を拘束するにすぎず(債権的効力)、AB間の契約の効力は、第三者Cには及ばない。したがって、AからCへの許諾は有効である。なお、AはBに対する関係では契約違反となるから、民法上の債務不履行責任(損害賠償責任等)を負うことになる。

イ→正しい。著作権譲渡契約や著作物の利用許諾契約は、必ずしも書面による必要はなく、口頭での合意のみで有効に成立する(諾成・不要式の契約)。

ウ→正しい。金額など契約条件の一部が未確定であっても、その他の重要部分で合意がなされれば、契約は有効に成立する。

エ→正しい。著作者人格権は、著作者の一身専属権であり、譲渡することができない(法59条)。これは強行規定であり、これに反する契約は無効である。

問題 3　〈正解〉エ

解説　ア→誤り。二次的著作物とは、「(原)著作物を翻訳し、編曲し、若しくは変形し、又は脚色し、映画化し、その他翻案したことにより(新たに)創作した著作物」をいう(法２条１項11号)。芸術的な建物は「建築の著作物」になりうるが(法10条１項５号)、設計図を変形等するものではなく、二次的著作物ではない。

イ→誤り。英語で書かれた歌詞の日本語訳(翻訳による著作物)は、二次的著作物である(法２条１項11号)。

ウ→誤り。音で聴いた音楽のメロディを、そのまま書き留めた楽譜は、「音楽の著作物の複製」であって、その音楽を編曲等した訳ではないため、二次的著作物ではない。

エ→正しい。二次的著作物となるには、原作品に新たな創作性を加えたものでなければならない(法２条１項11号)。なお、創作性が発揮されない(単に真似をした)ものは「複製物」である。

問題 4　〈正解〉ウ

解説　ア→正しい。データベースの著作物の利用に際して、データベースを構成する個々の情報も著作物であるときは、その個々の著作物の著作権者の許諾も得る必要がある(法12条の2第2項)。

イ→正しい。データベースを構成する個々の「情報の選択」に創作性がなくとも、検索方法や条件設定のための「体系的な構成」を有していれば、データベースの著作物となりうる(法12条の2第1項)。

ウ→誤り。数値のみの情報など、データベースを構成する個々の情報に著作物性がなければ、その情報のみを取り出して複製しても、著作権法上の問題(複製権の侵害)とはならない。

エ→正しい。データベースの著作物自体を複製利用するのでなければ、「データベースの著作物」の著作権者の許諾を得る必要はない。

問題 5　〈正解〉ウ

解説　1→該当する。座談会での会話は、言語の著作物(かつ共同著作物)であり、記録(録音)の有無は要件ではない(法10条1項1号)。

2→該当しない。短いキャッチフレーズは、創作性を発揮できる範囲が狭く、一般に著作物とは認められない。
3→該当しない。本の見出しやタイトルも、短文であって創作性を発揮できる範囲が狭く、一般に著作物とは認められない。
4→該当する。日記やブログは、言語の著作物である(法10条1項1号)。
以上のことから、言語の著作物に該当するものは1と4であり、ウが正解となる。

問題 6 〈正解〉イ

解説 1→正しい。共同著作物の著作者のうち、1人でも日本人であれば、日本で(日本の著作権法により)保護される(法6条1号)。
2→正しい。日本人による著作物は、作成場所を問わず、たとえ未公表であっても、日本で保護される(法6条1号)。
3→誤り。最初に外国で発行された(外国人による)著作物であっても、その後30日以内に日本で発行されたものは、日本で保護される(法6条2号)。なお、日本人による著作物であれば、日本での発行の有無を問わず、日本で保護される(法6条1号)。
4→誤り。著作権に関する条約により保護義務を負う著作物は、外国人(法人を含む。)によって創作され外国でのみ発行されたものでも、日本で侵害行為があった場合など、日本の著作権法により保護される(法6条3号)。米国は、ベルヌ条約など日本と同じ条約に加盟しており、米国人の著作物は、わが国でも保護される。
以上のことから、正しいものは1と2の2つであり、イが正解となる。

問題 7 〈正解〉ア

解説 1→目的とならない。外国法令も、わが国の法令と同様に、著作権法上の権利の目的とならない(法13条1号)。
2→目的となる。白書は、法令・通達類とは異なり、国民の権利・義務に関わる文書とはいえず、一般の著作物と同様に、著作権法上の権利の目的となる。
3→目的とならない。判決は、裁判所の審級(種別)を問わず、著作権法上の権利の目的とならない(法13条3号)。

4→目的となる。国など公の機関が作成した「法令の翻訳物や編集物」は、著作権法上の権利の目的とならない(法13条4号)。しかし、民間企業が作成した翻訳物や編集物は、一般の著作物と同様に、著作権法上の権利の目的となる。

以上のことから、著作権法上の権利の目的とならない著作物は1と3であり、アが正解となる。

問題 8　〈正解〉ウ

解説 ア→誤り。著作権法上の「法人」には、会社や大学など法人格を有する団体に限らず、代表者又は管理人の定めがあれば、あらゆる団体が含まれる(法2条6項)。そして、著作者として団体名を表示すれば、その団体が著作者として推定される(法14条)。

イ→誤り。当該社長の友人であるデザイナーは「会社の従業員」ではないため、法人著作とはならず、依頼人たる社長が経営する会社のパンフレット(編集著作物)の著作者は、これを作成した当該デザイナーである(法15条1項)。

ウ→正しい。「プログラムの著作物」については、社内のみで使用されることも多い点に鑑み、「会社名義での公表・公開」を要件とせずに、原則として法人著作として会社が著作者となる(法15条2項)。

エ→誤り。従業員により業務上作成された著作物であっても、著作者について勤務規則その他に別段の定めがあるときは、法人著作は成立しない(法15条1項)。

問題 9　〈正解〉エ

解説 ア→誤り。映画(映像)の全体的形成に創作的に寄与しない限り、映画の著作者とはなれない(法16条本文)。

イ→誤り。ア肢解説のとおり、原作者や映画音楽(歌詞を含む。)の著作者にすぎない者は、映画の著作者ではない。

ウ→誤り。動画を伴うゲームソフトも映画(かつプログラムの著作物)であるが、映画制作においても法人著作の規定が適用され、ゲーム制作会社の従業員が制作したゲームの著作者は、原則として当該ゲーム制作会社である(法16条ただし書)。

エ→正しい。プロかアマチュアかを問わず、撮影監督や美術監督も、映画の全体的形成に創作的に寄与するため、その映画の著作者である(法16本文)。

問題 10 〈正解〉エ

解説 ア→障害とはならない。Bは、A社の従業員であるから、A社の法人著作となる(法15条1項)。

イ→障害とはならない。攻略本を検証するためゲームを行っても、その攻略本の著作者となることはない。

ウ→障害とはならない。派遣社員Dは、A社の指揮命令下で業務に従事する者であるから、Dが業務上書いたコラムについては、A社の法人著作となる(法15条1項)。

エ→障害となる。社外のイラストレーターFは、A社の従業員ではないため、Fが制作するイラストについては、A社の法人著作は成立しない。

問題 11 〈正解〉ウ

解説 1→必要である。俳優Aは、卒業文Xの著作者かつ著作権者であるから、Aの許諾を得る必要がある。

2→必要はない。卒業文集全体ではなく、俳優Aの卒業文(ページ)のみを使用し、また、卒業文集(編集著作物)は中学校の法人著作と考えられるため、先生Bの許諾を得る必要はない。

3→必要である。俳優Aの卒業文Xが掲載されたページには、担任の先生Cによるイラストも掲載されているため、その文章だけでなく「掲載ページ」を使用(複製等)するには、Aに加えてCの許諾も必要である。なお、先生Cが描いたイラストのみが学校名義で公表されることは考えにくく、当該イラストに法人著作は成立しない。

4→必要はない。先生Bが編集した卒業文集が中学校の法人著作となる場合でも、2肢解説のとおり、俳優Aの卒業文のみ使用するのであれば、その中学校(理事長D)の許諾を得る必要はない。

以上のことから、許諾を得る必要がある人物はAとCであり、ウが正解となる。

問題 12 〈正解〉イ

解説 ア→侵害する。意図的なストーリーの改変は、その方法を問わず、著作者に無断で行えば同一性保持権の侵害となる。

イ→侵害しない。新たなOSに対応させるためにメールソフトを改良しても、同一性保持権の侵害とはならない(法20条2項3号)。

ウ→侵害する。タイトル(題号)は、それのみでは著作物ではないが、小説等の著作物に付されたタイトルは同一性保持権の対象となり、その改変は同一性保持権の侵害となる(法20条1項)。

エ→侵害する。あえて意図して旧漢字や旧仮名遣いとしているのに、それを常用漢字や現代仮名遣いに変換する行為も、同一性保持権の侵害となる。

問題 13 〈正解〉イ

解説 ア→正しい。映画会社など映画製作者の依頼により外部の者(個人の映画監督等)が映画を制作した場合、その「著作権」は映画の完成と同時に「映画製作者」に帰属する(法29条)。また、映画監督等(著作者)には著作者人格権が残るが、上記により著作権が帰属した映画製作者による映画の公表については、これに同意したものと推定される(法18条2項3号)。

イ→誤り。国や地方公共団体など行政機関が、情報公開法や情報公開条例の規定により、その保有する市民の著作物を公開するときは、氏名表示権の規定は適用されず、その著作物にすでに表示されている著作者名を表示すれば足りるほか、氏名表示を省略することもできる(法19条4項)。

ウ→正しい。公表時に氏名表示(実名・変名を問わない。)がされている著作物の利用に際しては、「著作者が別段の意思表示をしない限り」、利用者は、その表示されている著作者名を表示すれば足りる(改めて確認する必要はない。法19条2項)。したがって、写真の著作者が、すでに表示している芸名ではなく本名を表示して欲しいと意思表示をしている場合には、その意思に反して芸名を表示すれば、氏名表示権の侵害となる。

エ→正しい。未公表の著作物の「著作権」を譲渡した場合、その著作者は、譲受人(新著作権者)による当該著作物の公表に同意したものと推定される(法18条2項1号)。これは「推定規定」であるから、著作権譲渡に際し「公表については著作者の同意を要する」旨の特約(条件)は可能かつ有効であり、この特約に反して譲受人が公表した場合には、公表権の侵害となる。

問題 14 〈正解〉イ

解説 1→正しい。未公表の原著作物にもとづく二次的著作物については、原著作物の著作者(原著作者)にも公表権が認められる(法18条1項)。したがって、未公表の脚本をもとに制作された映画を公開するには、その脚本家の許諾を得る必要がある。

2→正しい。公表権は、その同意なく(第三者の故意又は過失により)著作物が公表された後であっても失われない(法18条1項括弧書)。したがって、雑誌社が誤って公開してしまった未公表のイラストを、改めて公表するには、その著作者の許諾を得る必要がある。

3→誤り。未公表の著作物の「著作権」を他人に譲渡した場合には、著作者は、その譲受人による著作物の公表につき同意したものと推定される(法18条2項1号)。したがって、未公表とする特約がない限り、著作権の譲受人は、その著作物の公表について改めて著作者の許諾を得る必要はない。

4→誤り。タイトルは著作物ではないため、タイトルのみ公表されていたとしても、その内容たる小説を公表・販売するには、その著作者の許諾を得る(又は出版権設定契約をする)必要がある。

以上のことから、誤っているものは3と4であり、イが正解となる。

問題 15 〈正解〉ウ

解説 ア→誤り。設計図をコピー機で複写することは、「その設計図の複製」にすぎず、その図面を基にした建築の著作物の複製にはあたらない。なお、建築に関する図面に従って(他人が無断で)「同一の建築物を完成すること」は、建築の著作物の複製となる(法2条1項15号ロ)。

イ→誤り。論文の記述(内容)に従って他人が製造・製薬をしても、論文の記述(表現)そのものの有形的な再製にはあたらず、論文の複製とはならない(法2条1項15号)。

ウ→正しい。脚本に基づく演劇(上演、放送又は有線放送)を「録音又は録画」することは、演劇(実演)の録音・録画になると同時に、「脚本の複製」にもあたる(法91条、2条1項15号イ)。

エ→誤り。小説をデジタルスキャナでデータ化してパソコンに保存(記録)することは、ハードディスクにおける「有形的な再製」であり複製にあたる。

問題 16 〈正解〉ウ

解説 ア→正しい。他人の著作物を公開されているデータベース内に複製・格納する行為は、引用利用にはあたらず、原則通り、当該著作物の著作権者の許諾を要する(法21条、32条1項)。

イ→正しい。自己の著作物の従たる範囲であれば、他人の著作物を引用して利用することができ、その範囲内であれば、1枚の写真をそのまま利用することもできる(法32条1項)。

ウ→誤り。キャッチコピーとして他人の俳句を使うことは、「自己の著作物の従たる範囲」での利用ではなく、「引用」にはあたらない。

エ→正しい。国など公の機関が一般に周知させることを目的として作成し、その著作の下に公表する白書などの報告書等は、新聞紙や雑誌その他の刊行物に転載することができるが、これを禁止する表示がある場合は、この限りでない(法32条2項)。

問題 17 〈正解〉ア

解説 ア→違法とならない。営利を目的とせず、かつ、聴衆又は観衆から料金を受けない場合には、他人の著作物(台本等)を自由に利用して、公に演劇を演じることができる(法38条1項)。本肢の場合も、演劇の上演については非営利・無報酬であるから、自由利用が認められる。

イ→違法となる。企業・商品のPRは、営利活動の一環であり、たとえ無料のコンサートであっても、企業がPRとして行う場合には、そこで演奏する楽曲につき、その著作権者の許諾を得る必要がある。

ウ→違法となる。私的使用のためであれば、テレビドラマ(映画の著作物)を自由に複製することができるが、その複製物を公に上映することはできない(法49条1項1号)。

エ→違法となる。会費を伴う会員となることを前提に映画DVDを貸し出す行為は、たとえ貸出し自体が無料であっても、イ肢における商品PRと同様、営利活動の一環であり著作権者の許諾を得る必要がある。

問題 18 〈正解〉ア

解説 ※以下、設問の空欄を埋めて記載する。

美術の著作物または(A)「写真」の著作物の原作品により、(B)「展示権」を害することなく、これらの著作物を公に展示する者は、(C)「観覧者」のためにこれらの著作物の解説または紹介をすることを目的とする(D)「小冊子」にこれらの著作物を掲載することができる(法47条1項)。

以上のことから、空欄にあてはまる語句の組み合わせとして、アが正解となる。

問題 19 〈正解〉エ

解説 1→誤り。新聞紙又は雑誌に掲載された政治上、経済上又は社会上の「時事問題に関する論説(新聞社による社説等。ただし、学術的なものを除く。)は、転載禁止の表示等がない限り、他の新聞紙又は雑誌に自由に転載することができるが(法39条1項)、「歴代総理大臣が行った経済政策の評価」は、時事問題に関する新聞社の論説に該当せず、自由利用はできない。

2→誤り。公開して行われた政治家の演説は、広く公衆に伝達すべきものであり、自由に利用することができる。しかし、特定の政治家の「演説集」を編集して出版する場合は、この限りでなく、その政治家の許諾を得る必要がある(法40条1項)。

3→正しい。時事の事件の報道(ニュース)の中で利用する場合には、報道の目的上正当な範囲内で著作物の自由利用が認められるが(法41条)、スポーツ中継など通常の放送は、時事の事件の報道にはあたらない(ただし、「付随対象著作物の利用」に該当。法30条の２)。

4→正しい。行政庁が行う薬事に関する審査、調査もしくは行政庁に対する報告のため必要な場合には、その必要と認められる限度において、他人の著作物を複製することができる(法42条2項4号)。

以上のことから、正しいものは3と4であり、エが正解となる。

問題 20 〈正解〉ウ

解説 1→違法とならない。高校の教科書に掲載する目的であれば、公表された他人の著作物の自由利用が認められ、この場合、翻訳して掲載することもできる(法33条1項、47条の6第1項1号)。

2→違法となる。入試問題として使用する場合、公表された他人の著作物の自由利用が認められるが(翻訳利用も可)、表現形式を変えるなど「翻案」して利用することはできない(法36条1項、47条の6第1項2号)。

3→違法となる。会社内での利用は「営利目的利用」となり、他人の音楽を編曲して入社式で演奏することはできない(法38条1項)。

4→違法とならない。私的使用のため複製するに際して、翻訳及び翻案して複製することもできる(法47条の6第1項1号、30条1項)。

以上のことから、著作権法上、違法とならないものは1と4であり、ウが正解となる。

問題 21 〈正解〉イ

解説 ア→誤り。ベルヌ条約は、著作権の保護期間について「相互主義」を採用しており、その著作者の本国法による保護期間が、わが国の保護期間より「短い場合」には、わが国においても、その本国法による保護期間(短い期間)が適用される。したがって、本肢の場合には、わが国においても「創作後50年」というA国法の保護期間を適用すれば足りる(法58条)。

イ→正しい。ア肢解説のとおり、わが国においても、「著作者の死後25年」というB国法の保護期間が適用される。

ウ→誤り。保護期間の相互主義は、本国法の保護期間が「短い場合」にのみ採用される。したがって、C国法の保護期間がわが国の保護期間より長い場合(著作者の死後80年)でも、わが国の保護期間の範囲(著作者の死後70年)でのみ保護すれば足りる。

エ→誤り。ア肢解説のとおり、D国法の保護期間が適用される。なお、わが国における映画の著作物の著作権の保護期間は、「公表後70年」が原則である(法54条1項)。

問題 22 〈正解〉エ

解説 ア→移転する。著作権は、その複製権・譲渡権といった支分権のみを譲渡することができ、この「譲渡」には、売買のほか、対価を伴わない贈与も含まれる(法61条1項)。

イ→移転する。ア肢解説のとおり、著作物を放送等する権利である「公衆送信権のみ」を譲渡することもできる。

ウ→移転する。ア肢解説のとおり、著作物を公に上映する権利である「上映権のみ」を「地域を限定」して譲渡することもできる。

エ→移転しない。所有権と著作権は別個の権利であり、「すべての著作物を譲渡する。」と契約書に記載して契約を締結しても、それらの「著作権も移転する。」旨の合意や記載がなければ、著作権は移転しない。

問題 23 〈正解〉エ

解説 Aさん→誤り。X社が有するコンピュータゲームの著作権に他人のため質権が設定されても、依然として著作権者はX社であり、かつ、著作権を行使できるのもX社のみであるため、コンピュータゲームの著作権を侵害する者に対する差止請求権もX社のみで行使することができる(法66条1項、112条1項)。

Bさん→誤り。ア肢解説のとおり、コンピュータゲームの著作権者はX社であるから、X社は、自由に当該コンピュータゲームをベースにしたアニメ(二次的著作物)を製作することができ、質権者の了解は必要ない。

Cさん→誤り。質権は、銀行等の債権者が、X社に対する貸金債権等の担保のために設定するものであり、もしX社に債務不履行があるときは、「質権者」は、X社が第三者から受けるべき当該コンピュータゲームの利用に係る許諾料等を差し押さえて、自らの債権回収に充てることができる(法66条2項)。

Dさん→正しい。ア肢解説のとおり、著作権者はX社であるから、X社は、単独で第三者に当該コンピュータゲームの複製・譲渡(販売)について許諾を与えることができ、質権者の了解を取る必要はない。

以上のことから、正しい発言をしている者はDさんであり、エが正解となる。

問題 24 〈正解〉エ

解説 ※以下、設問の空欄を埋めて記載する。

著作権は、著作物の(A)「創作」の時に始まる。著作者が明確なとき、原則として、著作権は、著作者の死後〈(B)「共同著作物」にあっては、(C)「最終」に死亡した著作者の死後〉(D)「70」年を経過するまでの間、存続する(法51条)。

以上のことから、空欄にあてはまる語句の組み合わせとして、エが正解となる。

問題 25 〈正解〉ア

解説 ※以下、設問の空欄を埋めて記載する。

一般に、著作権の存続期間のことを考えると、写真の著作者名として(A)「実名」を表示した方がよい。(A)「実名」を表示した方が、(B)「無名や変名」とするよりも長期間〈(C)「著作者の死後」70年間〉著作権で保護されるからである。

ただし、著作者として、(B)「無名や変名」でその写真を掲載した写真集を出版したとしても、著作権の存続期間中に、変名がその写真家のものとして周知となった場合や、(D)「実名」の登録を行った場合、またはその写真集に(D)「実名」を表示して出版したときは、同様に長期間〈(C)「著作者の死後」70年間〉、著作権の保護を受ける(法51条2項、52条)。

以上のことから、空欄にあてはまる語句の組み合わせとして、アが正解となる。

問題 26 〈正解〉エ

解説 Aさん→誤り。共同著作物について、その著作者人格権は、著作者全員の合意により行使しなければならない(法64条1項)。

Bさん→正しい。共同著作物について、各共有者は、他の共有者(全員)の同意を得れば、その著作権持分を他人に譲渡することができる(法65条1項)。

Cさん→正しい。共同著作物に対する侵害行為があったときは、その共同著作者の1人からでも、侵害行為の差止請求(訴訟)をすることができる(法117条)。

Dさん→誤り。共同著作物に関する共有著作権は、その共有者全員の合意によらなければ行使することができず、各共有者単独では他人に利用許諾をすることはできない(法65条2項)。

以上のことから、正しい発言をしている者はBさんとCさんであり、エが正解となる。

問題 27 〈正解〉イ

解説 ア→誤り。実演家は、自らの実演を放送又は有線放送するための「放送権及び有線放送権」を有するが、著作権者とは異なり、その放送を受信装置(テレビ等)を用いて公に伝達できるという「公衆伝達権」は有しない(法92条1項、23条2項)。

イ→正しい。ア肢解説のとおり、実演家は、自らの実演を放送又は有線放送するための「放送権及び有線放送権」を有する(法92条1項)。

ウ→誤り。実演家には、著作権者に認められる「公衆送信権」といった包括的な権利は認められず、代わりに上記「放送権及び有線放送権」と「送信可能化権」が認められる(法92条1項、92条の2第1項)。

エ→誤り。実演家は、その実演をそれが録音されている「商業用レコード」の貸与により公衆に提供する権利を専有する(法95条の3第1項)。このように、貸与権が生じるのは、市販する目的をもって(多数)製作された「商業用レコード」のみであり、単なる「レコード(録音物)」には、貸与権は生じない(法2条1項7号)。

問題 28 〈正解〉イ

解説 1→誤り。音楽に限らず、「音」の原盤・マスター製作者が「レコード製作者」である(法2条1項6号)。したがって、「荒波の音」を録音した高校生も、レコード製作者である。

2→誤り。レコード製作者には、氏名表示権その他の人格権は認められない。

3→正しい。テレビ局など放送事業者は、市販の音楽CD (商業用レコード)を用いて音楽を放送するに際し、そのレコード(CD)製作者の許諾を得る必要はないが、使用料(二次使用料)を支払わなければならない(法97条1項)。

4→正しい。レコード製作者には複製権があるため、映画の中で当該レコード製作者の発行に係る音楽CDを用いて収録をするには、レコード製作者の許諾を得る必要がある(法96条)。

以上のことから、正しいものは3と4であり、イが正解となる。

問題 29 〈正解〉イ

解説 Aさん→正しい。「放送事業者」とは、無線通信の送信を行うテレビ局やラジオ局であり、「有線放送事業者」とは、有線電気通信の送信を行うケーブルテレビ局等である。

Bさん→正しい。放送事業者は、著作隣接権として、その放送番組について「複製権」を専有する(法98条)。

Cさん→誤り。放送事業者や有線放送事業者は、著作隣接権として、その放送番組について「(有線)テレビジョン放送の伝達権」を専有する(法100条、100条の5)。したがって、有線放送されている映画をそのままビルの壁面に備えられた大型ディスプレイに映して通行人に見せるには、ケーブルテレビ局の許諾を得る必要がある。

Dさん→誤り。放送事業者の著作隣接権として、「頒布権」や「譲渡権」に相当する権利(収録物を販売する権利)はない。なお、放送事業者が、放送番組の「著作権者」として、そのDVDに「頒布権」を有する場合でも、この権利は家庭用のDVDについては最初の販売時に消尽するため、中古品の販売時には権利が及ばない(法26条、判例)。

以上のことから、正しい発言をしている者はAさんとBさんの2人であり、イが正解となる。

問題 30 〈正解〉ア

解説 ア→正しい。複製とは、印刷、写真、複写、録音、録画その他の方法により「有形的に再製」する行為を指す(法2条1項15号)。したがって、楽曲を暗記・記憶して演奏したり、その場で真似て演奏をしても、有形的な再製には当たらず、複製ではない。

イ→誤り。講義内容を原稿に書き起こす行為は、「有形的な再製」に当たり複製であり、無断で行えば複製権の侵害となる(法21条)。

ウ→誤り。暗号化された機密文書を解読して通常の文書にする行為も、複製である。なお、表現形式を変えても、内容に変更を加えていなければ複製である。

エ→誤り。建築の著作物を建築するための設計図に基づき、他に(許諾を得ず)同一の建築物を建築する行為は、その建築の先後にかかわらず「建築の著作物の複製」となる(法2条1項15号ロ)。

問題 31 〈正解〉ウ

解説 ア→上演権を侵害する。落語は口演台本の「上演」にあたり、その複製物(CD)を無断で公に再生する行為も、上演権の侵害となる(法22条、2条1項16号、2条7項)。

イ→演奏権を侵害する。店舗内で音楽CDを無断で再生する行為は、その楽曲(歌詞を含む。)の演奏権を侵害する(法22条、2条1項16号、2条7項)。

ウ→いずれも侵害しない。アイドルの写真を無断でホームページに掲載することは、その写真の複製権や公衆送信権の侵害とはなるが、上演権・演奏権・上映権の侵害とはならない(法21条、23条1項)。

エ→上映権を侵害する。他人の著作物を無断でプロジェクタで公に投影する行為は、上映権を侵害する(法22条の2、2条1項17号)。

問題 32 〈正解〉ウ

解説 ア→違法とならない。「私的使用のための複製」であれば、自由に本(半分以上)の複製をすることができる(法30条1項)。なお、図書館内で複製する「図書館等における複製」と混同しないこと。

イ→違法とならない。家庭内で使用するため(家族のため)の複製も、「私的使用のための複製」にあたり、著作権者の許諾を得ず行うことができる。

ウ→違法となる。「私的使用のための複製」として自由利用が認められるのは、「使用者本人が複製する場合」に限られると解されている。したがって、業者に依頼して著作物を複製させる場合には、原則どおり著作権者の許諾を得なければならない。

エ→違法とならない。本肢の複製も、私的使用のための複製であり、著作権者の許諾を得ず行うことができる。

問題 33 〈正解〉ウ

解説 ア→正しい。著作物の海賊版(違法複製物)を、その販売など頒布目的で輸入する行為は、著作権を侵害するものとみなされる(法113条1項1号)。

イ→正しい。違法複製物を、業として輸出する行為は、著作権を侵害するものとみなされる(法113条1項2号)。

ウ→誤り。パソコンソフトなど「プログラムの著作物」の違法複製物を、「その事情を知りつつ」取得して業務上使用する行為は、著作権を侵害するものとみなされるが(法113条5項)、事情を知らずに使用した場合には、この限りでない。

エ→正しい。著作物に組み込まれた権利管理情報を改変する行為は、著作権を侵害するものとみなされる(法113条8項2号)。

問題 34 〈正解〉イ

解説 ア→適切。著作物を模倣(もほう＝マネ)した旨の指摘に対し、「自分の創作の方が先である」との反論は、適切である。

イ→不適切。著作物を模倣した旨の指摘に対し、「表現上の本質的な特徴は同一」と認めることは、コピーや改変(複製権や翻案権等の侵害)を認めることとなり、反論としては不適切である。

ウ→適切。著作物を模倣した旨の指摘に対し、「その(他人の)著作物の存在は知らなかった(偶然である)」との反論は、適切である。

エ→適切。著作物を模倣した旨の指摘に対し、「その(他人の)表現には創作性がなく、誰が書いても同じになる」との反論は、適切である。

問題 35 〈正解〉エ

解説 ※以下、設問の空欄を埋めて記載する。

著作者人格権、著作権、(A)「出版権」、実演家人格権または著作隣接権を侵害する行為によって作成された物を、(B)「情を知って」、頒布し、もしくは頒布の目的をもって所持し、または業として(C)「輸出」し、もしくは業として輸出の目的をもって所持する行為は、著作者人格権、著作権、(A)「出版権」、実演家人格権または著作隣接権を侵害する行為と(D)「みなす」(法113条1項2号)。

以上のことから、空欄にあてはまる語句の組み合わせとして、エが正解となる。

問題 36 〈正解〉ア

解説 1→正しい。他人の写真を複製し、その画像データをサーバにアップロードする行為は、その写真の送信可能化権（公衆送信権）の侵害となる（法23条1項）。

2→誤り。特定少数の相手に他人の著作物をFAX送信しても、公衆送信権の侵害とはならない。

3→正しい。小説など、言語の著作物の朗読は「口述」となり、その口述又は口述の録音物を公衆に対して聞かせる行為は、「小説」の著作権者が持つ口述権を侵害する（法24条、2条7項）

4→誤り。展示権は、美術の著作物又は未発行の写真の著作物の「原作品」についてのみ認められる権利である（法25条）。

以上のことから、正しいものは1と3であり、アが正解となる。

問題 37 〈正解〉ウ

解説 1→誤り。コンセプトやアイデアは、著作物の表現部分ではないため著作権法による保護対象ではなく、それらを参考に新たな著作物を作成しても、複製権や翻案権の侵害とはならない。

2→正しい。他の著作物の特徴的な一部分を利用して別個の著作物を作成する行為は、当該他の著作物の複製権又は翻案権を侵害する。

3→正しい。他人の著作物と類似していても、他人の著作物に依拠したものでなく、偶然類似したものであれば、著作権の侵害とはならず、いずれも独自の著作物と認められる。

4→誤り。1肢解説の通り、アイデアは、著作物の表現部分ではないため著作権法による保護対象ではなく、完成した小説において参考とした原作品の表現が認識できない場合には、原作品の著作権の侵害とはならない。

以上のことから、誤っているものは1と4であり、ウが正解となる。

問題 38 〈正解〉エ

解説 1→侵害行為となる。ホームページで他人の音楽を流すことは、複製権や公衆送信権の侵害となる。

2→侵害行為とならない。ホームページに他人のホームページ(トップページ)をリンクさせる行為は、著作権の侵害とならない。

3→侵害行為となる。ホームページに他人が撮影した写真を掲載する行為は、 複製権や公衆送信権の侵害となる。

4→侵害行為とならない。市販されている(正規品の)ホームページ作成ソフトウェアを使用してホームページを作成しても、当該ソフトウェアの著作権の侵害とならない。

以上のことから、侵害行為となるものは1と3であり、エが正解となる。

問題 39 〈正解〉エ

解説 ア→誤り。すでに特許権で保護されているコンピュータプログラムであっても、別途、著作権の保護が及ぶ(法10条1項9号)。

イ→誤り。博多人形のように、美術工芸品であっても、鑑賞用と認められるものには、意匠権とともに、「美術の著作物」として著作権の保護が及ぶ(法2条2項、10条1項4号)。

ウ→誤り。商標登録されたキャラクターのイラスト(絵)であっても、別途、美術の著作物として著作権の保護が及ぶ(法10条1項4号)。

エ→正しい。自ら創作したトレードマークであっても、他社の著名なマーク(未登録でも可)に類似するものである場合には、不正競争防止法違反として訴えられる可能性がある(不正競争防止法2条1項2号)。

問題 40 〈正解〉ア

解説 1→正しい。ベルヌ条約に関する記述として正しい。

2→正しい。万国著作権条約に関する記述として正しい。

3→誤り。TRIPs協定には、知的財産権全般の国際的保護基準に関する多くの事項が盛り込まれており、「ミニマムスタンダード」ではない。なお、1994年にモロッコのマラケシュで策定された協定である点は正しい。

4→誤り。WIPO（世界知的所有権機関）著作権条約は、ベルヌ条約を前提として、これを強化するための条約である。

以上のことから、正しいものは1と2であり、アが正解となる。

著作権法条文

著作権法

令和二年法律第四十八号による改正
施行日：令和三年一月一日

第一章　総則

第一節　通則

［目的］

第一条　この法律は、著作物並びに実演、レコード、放送及び有線放送に関し著作者の権利及びこれに隣接する権利を定め、これらの文化的所産の公正な利用に留意しつつ、著作者等の権利の保護を図り、もつて文化の発展に寄与することを目的とする。

［定義］

第二条　この法律において、次の各号に掲げる用語の意義は、当該各号に定めるところによる。

一　著作物　思想又は感情を創作的に表現したものであつて、文芸、学術、美術又は音楽の範囲に属するものをいう。

二　著作者　著作物を創作する者をいう。

三　実演　著作物を、演劇的に演じ、舞い、演奏し、歌い、口演し、朗詠し、又はその他の方法により演ずること（これらに類する行為で、著作物を演じないが芸能的な性質を有するものを含む。）をいう。

四　実演家　俳優、舞踊家、演奏家、歌手その他実演を行う者及び実演を指揮し、又は演出する者をいう。

五　レコード　蓄音機用音盤、録音テープその他の物に音を固定したもの（音を専ら影像とともに再生することを目的とするものを除く。）をいう。

六　レコード製作者　レコードに固定されている音を最初に固定した者をいう。

七　商業用レコード　市販の目的をもつて製作されるレコードの複製物をいう。

七の二　公衆送信　公衆によつて直接受信されることを目的として無線通信又は有線電気通信の送信（電気通信設備で、その一の部分の設置の場所が他の部分の設置の場所と同一の構内（その構内が二以上の者の占有に属している場合には、同一の者の占有に属する区域内）にあるものによる送信（プログラムの著作物の送信を除く。）を除く。）を行うことをいう。

八　放送　公衆送信のうち、公衆によつて同一の内容の送信が同時に受信されることを目的として行う無線通信の送信をいう。

九　放送事業者　放送を業として行う者をいう。

九の二　有線放送　公衆送信のうち、公衆によつて同一の内容の送信が同時に受信されることを目的として行う有線電気通信の送信をいう。

九の三　有線放送事業者　有線放送を業として行う者をいう。

九の四　自動公衆送信　公衆送信のうち、公衆からの求めに応じ自動的に行うもの（放送又は有線放送に該当するものを除く。）をいう。

九の五　送信可能化　次のいずれかに掲げる行為により自動公衆送信し得るようにすることをいう。

イ　公衆の用に供されている電気通信回線に接続している自動公衆送信装置（公衆の用に供する電気通信回線に接続することにより、その記録媒体のうち自動公衆送信の用に供する部分（以下この号において「公衆送信用記録媒体」という。）に記録され、又は当該装置に入力される情報を自動公衆送信する機能を有する装置をいう。以下同じ。）の公衆送信用記録媒体に情報を記録し、情報が記録された記録媒体を当該自動公衆送信装置の公衆送信用記録媒体として加え、若しくは情報が記録された記録媒体を当該自動公衆送信装置の公衆送信用記録媒体に変換し、又は当該自動公衆送信装置に情報を入力すること。

ロ　その公衆送信用記録媒体に情報が記録され、又は当該自動公衆送信装置に情報が入力されている自動公衆送信装置について、公衆の用に供されている電気通信回線への接続（配線、自動公衆送信装置の始動、送受信用プログラムの起動その他の一連の行為により行われる場合には、当該一連の行為のうち最後のものをいう。）を行うこと。

十　映画製作者　映画の著作物の製作に発意と責任を有する者をいう。

十の二　プログラム　電子計算機を機能させて一の結果を得ることができるようにこれに対する指令を組み合わせたものとして表現したものをいう。

十の三　データベース　論文、数値、図形その他の情報の集合物であつて、それらの情報を電子計算機を用いて検索することができるように体系的に構成したものをいう。

十一　二次的著作物　著作物を翻訳し、編曲し、若しくは変形し、又は脚色し、映画化し、その他翻案することにより創作した著作物をいう。

十二　共同著作物　二人以上の者が共同して創作した著作物であつて、その各人の寄与を分離して個別的に利用することができないものをいう。

十三　録音　音を物に固定し、又はその固定物を増製することをいう。

十四　録画　影像を連続して物に固定し、又はその固定物を増製することをいう。

十五　複製　印刷、写真、複写、録音、録画その他の方法により有形的に再製することをいい、次に掲げるものについては、それぞれ次に掲げる行為を含むものとする。

イ　脚本その他これに類する演劇用の著作物　当該著作物の上演、放送又は有線放送を録音し、又は録画すること。

ロ　建築の著作物　建築に関する図面に従つて建築物を完成すること。

十六　上演　演奏(歌唱を含む。以下同じ。)以外の方法により著作物を演ずることをいう。

十七　上映　著作物(公衆送信されるものを除く。)を映写幕その他の物に映写することをいい、これに伴つて映画の著作物において固定されている音を再生することを含むものとする。

十八　口述　朗読その他の方法により著作物を口頭で伝達すること(実演に該当するものを除く。)をいう。

十九　頒布　有償であるか又は無償であるかを問わず、複製物を公衆に譲渡し、又は貸与することをいい、映画の著作物又は映画の著作物において複製されている著作物にあつては、これらの著作物を公衆に提示することを目的として当該映画の著作物の複製物を譲渡し、又は貸与することを含むものとする。

二十　技術的保護手段　電子的方法、磁気的方法その他の人の知覚によつて認識することができない方法(次号及び第二十二号において「電磁的方法」という。)により、第十七条第一項に規定する著作者人格権若しくは著作権、出版権又は第八十九条第一項に規定する実演家人格権若しくは同条第六項に規定する著作隣接権(以下この号、第三十条第一項第二号、第百十三条第七項並びに第百二十条の二第一号及び第四号において「著作権等」という。)を侵害する行為の防止又は抑止(著作権等を侵害する行為の結果に著しい障害を生じさせることによる当該行為の抑止をいう。第三十条第一項第二号において同じ。)をする手段(著作権等を有する者の意思に基づくことなく用いられているものを除く。)であつて、著作物、実演、レコード、放送又は有線放送(以下「著作物等」という。)の利用(著作者又は実演家の同意を得ないで行つたとしたならば著作者人格権又は実演家人格権の侵害となるべき行為を含む。)に際し、これに用いられる機器が特定の反応をする信号を記録媒体に記録し、若しくは送信する方式又は当該機器が特定の変換を必要とするよう著作物、実演、レコード若しくは放送若しくは有線放送に係る音若しくは影像を変換して記録媒体に記録し、若しくは送信する方式によるものをいう。

二十一　技術的利用制限手段　電磁的方法により、著作物等の視聴(プログラムの著作物にあつては、当該著作物を電子計算機において実行する行為を含む。

以下この号及び第百十三条第六項において同じ。)を制限する手段(著作権者、出版権者又は著作隣接権者(以下「著作権者等」という。)の意思に基づくことなく用いられているものを除く。)であつて、著作物等の視聴に際し、これに用いられる機器が特定の反応をする信号を記録媒体に記録し、若しくは送信する方式又は当該機器が特定の変換を必要とするよう著作物、実演、レコード若しくは放送若しくは有線放送に係る音若しくは影像を変換して記録媒体に記録し、若しくは送信する方式によるものをいう。

二十二　権利管理情報　第十七条第一項に規定する著作者人格権若しくは著作権、出版権又は第八十九条第一項から第四項までの権利(以下この号において「著作権等」という。)に関する情報であつて、イからハまでのいずれかに該当するもののうち、電磁的方法により著作物、実演、レコード又は放送若しくは有線放送に係る音若しくは影像とともに記録媒体に記録され、又は送信されるもの(著作物等の利用状況の把握、著作物等の利用の許諾に係る事務処理その他の著作権等の管理(電子計算機によるものに限る。)に用いられていないものを除く。)をいう。

イ　著作物等、著作権等を有する者その他政令で定める事項を特定する情報

ロ　著作物等の利用を許諾する場合の利用方法及び条件に関する情報

ハ　他の情報と照合することによりイ又はロに掲げる事項を特定することができることとなる情報

二十三　国内　この法律の施行地をいう。

二十四　国外　この法律の施行地外の地域をいう。

2　この法律にいう「美術の著作物」には、美術工芸品を含むものとする。

3　この法律にいう「映画の著作物」には、映画の効果に類似する視覚的又は視聴覚的効果を生じさせる方法で表現され、かつ、物に固定されている著作物を含むものとする。

4　この法律にいう「写真の著作物」には、写真の製作方法に類似する方法を用いて表現される著作物を含むものとする。

5　この法律にいう「公衆」には、特定かつ多数の者を含むものとする。

6　この法律にいう「法人」には、法人格を有しない社団又は財団で代表者又は管理人の定めがあるものを含むものとする。

7　この法律において、「上演」、「演奏」又は「口述」には、著作物の上演、演奏又は口述で録音され、又は録画されたものを再生すること(公衆送信又は上映に該当するものを除く。)及び著作物の上演、演奏又は口述を電気通信設備を用いて伝達すること(公衆送信に該当するものを除く。)を含むものとする。

8　この法律にいう「貸与」には、いずれの名義又は方法をもつてするかを問わず、これと同様の使用の権原

を取得させる行為を含むものとする。

9　この法律において、第一項第七号の二、第八号、第九号の二、第九号の四、第九号の五若しくは第十三号から第十九号まで又は前二項に掲げる用語については、それぞれこれらを動詞の語幹として用いる場合を含むものとする。

[著作物の発行]

第三条　著作物は、その性質に応じ公衆の要求を満たすことができる相当程度の部数の複製物が、第二十一条に規定する権利を有する者又はその許諾(第六十三条第一項の規定による利用の許諾をいう。以下この項、次条第一項、第四条の二及び第六十三条を除き、以下この章及び次章において同じ。)を得た者若しくは第七十九条の出版権の設定を受けた者若しくはその複製許諾(第八十条第三項の規定による複製の許諾をいう。第三十七条第三項ただし書及び第三十七条の二ただし書において同じ。)を得た者によつて作成され、頒布された場合(第二十六条、第二十六条の二第一項又は第二十六条の三に規定する権利を有する者の権利を害しない場合に限る。)において、発行されたものとする。

2　二次的著作物である翻訳物の前項に規定する部数の複製物が第二十八条の規定により第二十一条に規定する権利と同一の権利を有する者又はその許諾を得た者によつて作成され、頒布された場合(第二十八条の規定により第二十六条、第二十六条の二第一項又は第二十六条の三に規定する権利と同一の権利を有する者の権利を害しない場合に限る。)には、その原著作物は、発行されたものとみなす。

3　著作物がこの法律による保護を受けるとしたならば前二項の権利を有すべき者又はその者からその著作物の利用の承諾を得た者は、それぞれ前二項の権利を有する者又はその許諾を得た者とみなして、前二項の規定を適用する。

[著作物の公表]

第四条　著作物は、発行され、又は第二十二条から第二十五条までに規定する権利を有する者若しくはその許諾(第六十三条第一項の規定による利用の許諾をいう。)を得た者若しくは第七十九条の出版権の設定を受けた者若しくはその公衆送信許諾(第八十条第三項の規定による公衆送信の許諾をいう。次項、第三十七条第三項ただし書及び第三十七条の二ただし書において同じ。)を得た者によつて上演、演奏、上映、公衆送信、口述若しくは展示の方法で公衆に提示された場合(建築の著作物にあつては、第二十一条に規定する権利を有する者又はその許諾(第六十三条第一項の規定による利用の許諾をいう。)を得た者によつて建設された場合を含む。)において、公表されたものとする。

2　著作物は、第二十三条第一項に規定する権利を有する者又はその許諾を得た者若しくは第七十九条の出版権の設定を受けた者若しくはその公衆送信許諾を得た者によつて送信可能化された場合には、公表されたものとみなす。
3　二次的著作物である翻訳物が、第二十八条の規定により第二十二条から第二十四条までに規定する権利と同一の権利を有する者若しくはその許諾を得た者によつて上演、演奏、上映、公衆送信若しくは口述の方法で公衆に提示され、又は第二十八条の規定により第二十三条第一項に規定する権利と同一の権利を有する者若しくはその許諾を得た者によつて送信可能化された場合には、その原著作物は、公表されたものとみなす。
4　美術の著作物又は写真の著作物は、第四十五条第一項に規定する者によつて同項の展示が行われた場合には、公表されたものとみなす。
5　著作物がこの法律による保護を受けるとしたならば第一項から第三項までの権利を有すべき者又はその者からその著作物の利用の承諾を得た者は、それぞれ第一項から第三項までの権利を有する者又はその許諾を得た者とみなして、これらの規定を適用する。

[レコードの発行]
第四条の二　レコードは、その性質に応じ公衆の要求を満たすことができる相当程度の部数の複製物が、第九十六条に規定する権利を有する者又はその許諾(第百三条において準用する第六十三条第一項の規定による利用の許諾をいう。第四章第二節及び第三節において同じ。)を得た者によつて作成され、頒布された場合(第九十七条の二第一項又は第九十七条の三第一項に規定する権利を有する者の権利を害しない場合に限る。)において、発行されたものとする。

[条約の効力]
第五条　著作者の権利及びこれに隣接する権利に関し条約に別段の定めがあるときは、その規定による。

第二節 適用範囲

[保護を受ける著作物]
第六条　著作物は、次の各号のいずれかに該当するものに限り、この法律による保護を受ける。
一　日本国民(わが国の法令に基づいて設立された法人及び国内に主たる事務所を有する法人を含む。以下同じ。)の著作物
二　最初に国内において発行された著作物(最初に国外において発行されたが、その発行の日から三十日以内に国内において発行されたものを含む。)
三　前二号に掲げるもののほか、条約によりわが国が保護の義務を負う著作物

[保護を受ける実演]
第七条　実演は、次の各号のいずれかに該当するものに限り、この法律による保護を受ける。
一　国内において行われる実演
二　次条第一号又は第二号に掲げるレコードに固定された実演
三　第九条第一号又は第二号に掲げる放送において送信される実演(実演家の承諾を得て送信前に録音され、又は録画されているものを除く。)
四　第九条の二各号に掲げる有

線放送において送信される実演(実演家の承諾を得て送信前に録音され、又は録画されているものを除く。)
五　前各号に掲げるもののほか、次のいずれかに掲げる実演
イ　実演家、レコード製作者及び放送機関の保護に関する国際条約(以下「実演家等保護条約」という。)の締約国において行われる実演
ロ　次条第三号に掲げるレコードに固定された実演
ハ　第九条第三号に掲げる放送において送信される実演(実演家の承諾を得て送信前に録音され、又は録画されているものを除く。)
六　前各号に掲げるもののほか、次のいずれかに掲げる実演
イ　実演及びレコードに関する世界知的所有権機関条約(以下「実演・レコード条約」という。)の締約国において行われる実演
ロ　次条第四号に掲げるレコードに固定された実演
七　前各号に掲げるもののほか、次のいずれかに掲げる実演
イ　世界貿易機関の加盟国において行われる実演
ロ　次条第五号に掲げるレコードに固定された実演
ハ　第九条第四号に掲げる放送において送信される実演(実演家の承諾を得て送信前に録音され、又は録画されているものを除く。)
八　前各号に掲げるもののほか、視聴覚的実演に関する北京条約の締約国の国民又は当該締約国に常居所を有する者である実演家に係る実演

[保護を受けるレコード]

第八条　レコードは、次の各号のいずれかに該当するものに限り、この法律による保護を受ける。
一　日本国民をレコード製作者とするレコード
二　レコードでこれに固定されている音が最初に国内において固定されたもの
三　前二号に掲げるもののほか、次のいずれかに掲げるレコード
イ　実演家等保護条約の締約国の国民(当該締約国の法令に基づいて設立された法人及び当該締約国に主たる事務所を有する法人を含む。以下同じ。)をレコード製作者とするレコード
ロ　レコードでこれに固定されている音が最初に実演家等保護条約の締約国において固定されたもの
四　前三号に掲げるもののほか、次のいずれかに掲げるレコード
イ　実演・レコード条約の締約国の国民(当該締約国の法令に基づいて設立された法人及び当該締約国に主たる事務所を有する法人を含む。以下同じ。)をレコード製作者とするレコード
ロ　レコードでこれに固定されている音が最初に実演・レコード条約の締約国において

固定されたもの
五　前各号に掲げるもののほか、次のいずれかに掲げるレコード
イ　世界貿易機関の加盟国の国民(当該加盟国の法令に基づいて設立された法人及び当該加盟国に主たる事務所を有する法人を含む。以下同じ。)をレコード製作者とするレコード
ロ　レコードでこれに固定されている音が最初に世界貿易機関の加盟国において固定されたもの
六　前各号に掲げるもののほか、許諾を得ないレコードの複製からのレコード製作者の保護に関する条約(第百二十一条の二第二号において「レコード保護条約」という。)により我が国が保護の義務を負うレコード

[保護を受ける放送]
第九条　放送は、次の各号のいずれかに該当するものに限り、この法律による保護を受ける。
一　日本国民である放送事業者の放送
二　国内にある放送設備から行なわれる放送
三　前二号に掲げるもののほか、次のいずれかに掲げる放送
イ　実演家等保護条約の締約国の国民である放送事業者の放送
ロ　実演家等保護条約の締約国にある放送設備から行われる放送
四　前三号に掲げるもののほか、次のいずれかに掲げる放送
イ　世界貿易機関の加盟国の国民である放送事業者の放送
ロ　世界貿易機関の加盟国にある放送設備から行われる放送

[保護を受ける有線放送]
第九条の二　有線放送は、次の各号のいずれかに該当するものに限り、この法律による保護を受ける。
一　日本国民である有線放送事業者の有線放送(放送を受信して行うものを除く。次号において同じ。)
二　国内にある有線放送設備から行われる有線放送

第二章 著作者の権利

第一節 著作物

[著作物の例示]
第十条　この法律にいう著作物を例示すると、おおむね次のとおりである。
一　小説、脚本、論文、講演その他の言語の著作物
二　音楽の著作物
三　舞踊又は無言劇の著作物
四　絵画、版画、彫刻その他の美術の著作物
五　建築の著作物
六　地図又は学術的な性質を有する図面、図表、模型その他の図形の著作物
七　映画の著作物

八　写真の著作物
九　プログラムの著作物

2　事実の伝達にすぎない雑報及び時事の報道は、前項第一号に掲げる著作物に該当しない。

3　第一項第九号に掲げる著作物に対するこの法律による保護は、その著作物を作成するために用いるプログラム言語、規約及び解法に及ばない。この場合において、これらの用語の意義は、次の各号に定めるところによる。

一　プログラム言語　プログラムを表現する手段としての文字その他の記号及びその体系をいう。
二　規約　特定のプログラムにおける前号のプログラム言語の用法についての特別の約束をいう。
三　解法　プログラムにおける電子計算機に対する指令の組合せの方法をいう。

[二次的著作物]

第十一条　二次的著作物に対するこの法律による保護は、その原著作物の著作者の権利に影響を及ぼさない。

[編集著作物]

第十二条　編集物(データベースに該当するものを除く。以下同じ。)でその素材の選択又は配列によつて創作性を有するものは、著作物として保護する。

2　前項の規定は、同項の編集物の部分を構成する著作物の著作者の権利に影響を及ぼさない。

[データベースの著作物]

第十二条の二　データベースでその情報の選択又は体系的な構成によつて創作性を有するものは、著作物として保護する。

2　前項の規定は、同項のデータベースの部分を構成する著作物の著作者の権利に影響を及ぼさない。

[権利の目的とならない著作物]

第十三条　次の各号のいずれかに該当する著作物は、この章の規定による権利の目的となることができない。

一　憲法その他の法令
二　国若しくは地方公共団体の機関、独立行政法人(独立行政法人通則法(平成十一年法律第百三号)第二条第一項に規定する独立行政法人をいう。以下同じ。)又は地方独立行政法人(地方独立行政法人法(平成十五年法律第百十八号)第二条第一項に規定する地方独立行政法人をいう。以下同じ。)が発する告示、訓令、通達その他これらに類するもの
三　裁判所の判決、決定、命令及び審判並びに行政庁の裁決及び決定で裁判に準ずる手続により行われるもの
四　前三号に掲げるものの翻訳物及び編集物で、国若しくは地方公共団体の機関、独立行政法人又は地方独立行政法人が作成するもの

第二節 著作者

[著作者の推定]

第十四条　著作物の原作品に、又は著作物の公衆への提供若しくは提示の際に、その氏名若しくは名称(以

下「実名」という。）又はその雅号、筆名、略称その他実名に代えて用いられるもの（以下「変名」という。）として周知のものが著作者名として通常の方法により表示されている者は、その著作物の著作者と推定する。

［職務上作成する著作物の著作者］

第十五条　法人その他使用者（以下この条において「法人等」という。）の発意に基づきその法人等の業務に従事する者が職務上作成する著作物（プログラムの著作物を除く。）で、その法人等が自己の著作の名義の下に公表するものの著作者は、その作成の時における契約、勤務規則その他に別段の定めがない限り、その法人等とする。

２　法人等の発意に基づきその法人等の業務に従事する者が職務上作成するプログラムの著作物の著作者は、その作成の時における契約、勤務規則その他に別段の定めがない限り、その法人等とする。

［映画の著作物の著作者］

第十六条　映画の著作物の著作者は、その映画の著作物において翻案され、又は複製された小説、脚本、音楽その他の著作物の著作者を除き、制作、監督、演出、撮影、美術等を担当してその映画の著作物の全体的形成に創作的に寄与した者とする。ただし、前条の規定の適用がある場合は、この限りでない。

第三節 権利の内容

第一款　総則

［著作者の権利］

第十七条　著作者は、次条第一項、第十九条第一項及び第二十条第一項に規定する権利（以下「著作者人格権」という。）並びに第二十一条から第二十八条までに規定する権利（以下「著作権」という。）を享有する。

２　著作者人格権及び著作権の享有には、いかなる方式の履行をも要しない。

第二款　著作者人格権

（公表権）

第十八条　著作者は、その著作物でまだ公表されていないもの（その同意を得ないで公表された著作物を含む。以下この条において同じ。）を公衆に提供し、又は提示する権利を有する。当該著作物を原著作物とする二次的著作物についても、同様とする。

２　著作者は、次の各号に掲げる場合には、当該各号に掲げる行為について同意したものと推定する。

一　その著作物でまだ公表されていないものの著作権を譲渡した場合　当該著作物をその著作権の行使により公衆に提供し、又は提示すること。

二　その美術の著作物又は写真の著作物でまだ公表されていないものの原作品を譲渡した場合　これらの著作物をその原作品による展示の方法で公衆に提示すること。

三　第二十九条の規定によりその映画の著作物の著作権が映画製作者に帰属した場合　当該著作物をその著作権の行使により公衆に提供し、又は提示すること。

3　著作者は、次の各号に掲げる場合には、当該各号に掲げる行為について同意したものとみなす。

一　その著作物でまだ公表されていないものを行政機関(行政機関の保有する情報の公開に関する法律(平成十一年法律第四十二号。以下「行政機関情報公開法」という。)第二条第一項に規定する行政機関をいう。以下同じ。)に提供した場合(行政機関情報公開法第九条第一項の規定による開示する旨の決定の時までに別段の意思表示をした場合を除く。)　行政機関情報公開法の規定により行政機関の長が当該著作物を公衆に提供し、又は提示すること(当該著作物に係る歴史公文書等(公文書等の管理に関する法律(平成二十一年法律第六十六号。以下「公文書管理法」という。)第二条第六項に規定する歴史公文書等をいう。以下同じ。)が行政機関の長から公文書管理法第八条第一項の規定により国立公文書館等(公文書管理法第二条第三項に規定する国立公文書館等をいう。以下同じ。)に移管された場合(公文書管理法第十六条第一項の規定による利用をさせる旨の決定の時までに当該著作物の著作者が別段の意思表示をした場合を除く。)にあつては、公文書管理法第十六条第一項の規定により国立公文書館等の長(公文書管理法第十五条第一項に規定する国立公文書館等の長をいう。以下同じ。)が当該著作物を公衆に提供し、又は提示することを含む。)。

二　その著作物でまだ公表されていないものを独立行政法人等(独立行政法人等の保有する情報の公開に関する法律(平成十三年法律第百四十号。以下「独立行政法人等情報公開法」という。)第二条第一項に規定する独立行政法人等をいう。以下同じ。)に提供した場合(独立行政法人等情報公開法第九条第一項の規定による開示する旨の決定の時までに別段の意思表示をした場合を除く。)　独立行政法人等情報公開法の規定により当該独立行政法人等が当該著作物を公衆に提供し、又は提示すること(当該著作物に係る歴史公文書等が当該独立行政法人等から公文書管理法第十一条第四項の規定により国立公文書館等に移管された場合(公文書管理法第十六条第一項の規定による利用をさせる旨の決定の時までに当該著作物の著作者が別段の意思表示をした場合を除く。)にあつては、公文書管理法第十六条第一項の規定により国立公文書館等の長が当該著作物を公衆に提供し、又は提示することを含む。)。

三　その著作物でまだ公表されていないものを地方公共団体又は地方独立行政法人に提供した場合(開示する旨の決定の時までに別段の意思表示をした場合を除く。)　情報公開条例(地方公共団体又は地方独立行政法人の保有する情報の公開を請求する住民等の権利について定める当該地方公共団体の条例をいう。以下同じ。)の規定により当該地方公共団体の機関又は地方独立行政法人が当該著作物を公衆に提供し、又は提示すること(当該著作物に係る歴史公文書等が当該地方公共団体又は地方独立行政法人から公文書管理条例(地方公共団体又は地方独立行政法人の保有する歴史公文書等の適切な保存及び利用について定める当該地方公共団体の条例をいう。以下同じ。)に基づき地方公文書館等(歴史公文書等の適切な保存及び利用を図る施設として公文書管理条例が定める施設をいう。以下同じ。)に移管された場合(公文書管理条例の規定(公文書管理法第十六条第一項の規定に相当する規定に限る。以下この条において同じ。)による利用をさせる旨の決定の時までに当該著作物の著作者が別段の意思表示をした場合を除く。)にあつては、公文書管理条例の規定により地方公文書館等の長(地方公文書館等が地方公共団体の施設である場合にあつてはその属する地方公共団体の長をいい、地方公文書館等が地方独立行政法人の施設である場合にあつてはその施設を設置した地方独立行政法人をいう。以下同じ。)が当該著作物を公衆に提供し、又は提示することを含む。)。

四　その著作物でまだ公表されていないものを国立公文書館等に提供した場合(公文書管理法第十六条第一項の規定による利用をさせる旨の決定の時までに別段の意思表示をした場合を除く。)　同項の規定により国立公文書館等の長が当該著作物を公衆に提供し、又は提示すること。

五　その著作物でまだ公表されていないものを地方公文書館等に提供した場合(公文書管理条例の規定による利用をさせる旨の決定の時までに別段の意思表示をした場合を除く。)　公文書管理条例の規定により地方公文書館等の長が当該著作物を公衆に提供し、又は提示すること。

4　第一項の規定は、次の各号のいずれかに該当するときは、適用しない。

一　行政機関情報公開法第五条の規定により行政機関の長が同条第一号ロ若しくはハ若しくは同条第二号ただし書に規定する情報が記録されている著作物でまだ公表されていないものを公衆に提供し、若しくは提示するとき、又は行政機関情報公開法第七条の規定により行政機関の長が著作物でまだ公表されていないものを公衆に提供し、若しくは提示するとき。

二　独立行政法人等情報公開法第五条の規定により独立行政法人等が同条第一号ロ若しくはハ若しくは同条第二号ただし書に規定する情報が記録されている著作物でまだ公表されていないものを公衆に提供し、若しくは提示するとき、又は独立行政法人等情報公開法第七条の規定により独立行政法人等が著作物でまだ公表されていないものを公衆に提供し、若しくは提示するとき。

三　情報公開条例(行政機関情報公開法第十三条第二項及び第三項の規定に相当する規定を設けているものに限る。第五号において同じ。)の規定により地方公共団体の機関又は地方独立行政法人が著作物でまだ公表されていないもの（行政機関情報公開法第五条第一号ロ又は同条第二号ただし書に規定する情報に相当する情報が記録されているものに限る。）を公衆に提供し、又は提示するとき。

四　情報公開条例の規定により地方公共団体の機関又は地方独立行政法人が著作物でまだ公表されていないもの（行政機関情報公開法第五条第一号ハに規定する情報に相当する情報が記録されているものに限る。）を公衆に提供し、又は提示するとき。

五　情報公開条例の規定で行政機関情報公開法第七条の規定に相当するものにより地方公共団体の機関又は地方独立行政法人が著作物でまだ公表されていないものを公衆に提供し、又は提示するとき。

六　公文書管理法第十六条第一項の規定により国立公文書館等の長が行政機関情報公開法第五条第一号ロ若しくはハ若しくは同条第二号ただし書に規定する情報又は独立行政法人等情報公開法第五条第一号ロ若しくはハ若しくは同条第二号ただし書に規定する情報が記録されている著作物でまだ公表されていないものを公衆に提供し、又は提示するとき。

七　公文書管理条例（公文書管理法第十八条第二項及び第四項の規定に相当する規定を設けているものに限る。）の規定により地方公文書館等の長が著作物でまだ公表されていないもの（行政機関情報公開法第五条第一号ロ又は同条第二号ただし書に規定する情報に相当する情報が記録されているものに限る。）を公衆に提供し、又は提示するとき。

八　公文書管理条例の規定により地方公文書館等の長が著作物でまだ公表されていないもの（行政機関情報公開法第五条第一号ハに規定する情報に相当する情報が記録されているものに限る。）を公衆に提供し、又は提示するとき。

［氏名表示権］

第十九条　著作者は、その著作物の原作品に、又はその著作物の公衆への提供若しくは提示に際し、その実名若しくは変名を著作者名として表示し、又は著作者名を表示しないこととする権利を有する。その著作物を原著作物とする二次的著作物の公衆への提供又は提示に際しての原著作物の著作者名の表示についても、同様とする。

2　著作物を利用する者は、その著作者の別段の意思表示がない限り、その著作物につきすでに著作者が表示しているところに従つて著作者名を表示することができる。

3　著作者名の表示は、著作物の利用の目的及び態様に照らし著作者が創作者であることを主張する利益を害するおそれがないと認められるときは、公正な慣行に反しない限り、省略することができる。

4　第一項の規定は、次の各号のいずれかに該当するときは、適用しない。

一　行政機関情報公開法、独立行政法人等情報公開法又は情報

公開条例の規定により行政機関の長、独立行政法人等又は地方公共団体の機関若しくは地方独立行政法人が著作物を公衆に提供し、又は提示する場合において、当該著作物につき既にその著作者が表示しているところに従つて著作者名を表示するとき。

二　行政機関情報公開法第六条第二項の規定、独立行政法人等情報公開法第六条第二項の規定又は情報公開条例の規定で行政機関情報公開法第六条第二項の規定に相当するものにより行政機関の長、独立行政法人等又は地方公共団体の機関若しくは地方独立行政法人が著作物を公衆に提供し、又は提示する場合において、当該著作物の著作者名の表示を省略することとなるとき。

三　公文書管理法第十六条第一項の規定又は公文書管理条例の規定(同項の規定に相当する規定に限る。)により国立公文書館等の長又は地方公文書館等の長が著作物を公衆に提供し、又は提示する場合において、当該著作物につき既にその著作者が表示しているところに従つて著作者名を表示するとき。

[同一性保持権]

第二十条　著作者は、その著作物及びその題号の同一性を保持する権利を有し、その意に反してこれらの変更、切除その他の改変を受けないものとする。

2　前項の規定は、次の各号のいずれかに該当する改変については、適用しない。

一　第三十三条第一項(同条第四項において準用する場合を含む。)、第三十三条の二第一項、第三十三条の三第一項又は第三十四条第一項の規定により著作物を利用する場合における用字又は用語の変更その他の改変で、学校教育の目的上やむを得ないと認められるもの

二　建築物の増築、改築、修繕又は模様替えによる改変

三　特定の電子計算機においては実行し得ないプログラムの著作物を当該電子計算機において実行し得るようにするため、又はプログラムの著作物を電子計算機においてより効果的に実行し得るようにするために必要な改変

四　前三号に掲げるもののほか、著作物の性質並びにその利用の目的及び態様に照らしやむを得ないと認められる改変

第三款　著作権に含まれる権利の種類

[複製権]

第二十一条　著作者は、その著作物を複製する権利を専有する。

[上演権及び演奏権]

第二十二条　著作者は、その著作物を、公衆に直接見せ又は聞かせることを目的として(以下「公に」という。)上演し、又は演奏する権利を専有する。

[上映権]

第二十二条の二　著作者は、その著

著作権法

作物を公に上映する権利を専有する。

[公衆送信権等]

第二十三条　著作者は、その著作物について、公衆送信(自動公衆送信の場合にあつては、送信可能化を含む。)を行う権利を専有する。

２　著作者は、公衆送信されるその著作物を受信装置を用いて公に伝達する権利を専有する。

[口述権]

第二十四条　著作者は、その言語の著作物を公に口述する権利を専有する。

[展示権]

第二十五条　著作者は、その美術の著作物又はまだ発行されていない写真の著作物をこれらの原作品により公に展示する権利を専有する。

[頒布権]

第二十六条　著作者は、その映画の著作物をその複製物により頒布する権利を専有する。

２　著作者は、映画の著作物において複製されているその著作物を当該映画の著作物の複製物により頒布する権利を専有する。

[譲渡権]

第二十六条の二　著作者は、その著作物(映画の著作物を除く。以下この条において同じ。)をその原作品又は複製物(映画の著作物において複製されている著作物にあつては、当該映画の著作物の複製物を除く。以下この条において同じ。)の譲渡により公衆に提供する権利を専有する。

２　前項の規定は、著作物の原作品又は複製物で次の各号のいずれかに該当するものの譲渡による場合には、適用しない。

一　前項に規定する権利を有する者又はその許諾を得た者により公衆に譲渡された著作物の原作品又は複製物

二　第六十七条第一項若しくは第六十九条の規定による裁定又は万国著作権条約の実施に伴う著作権法の特例に関する法律(昭和三十一年法律第八十六号)第五条第一項の規定による許可を受けて公衆に譲渡された著作物の複製物

三　第六十七条の二第一項の規定の適用を受けて公衆に譲渡された著作物の複製物

四　前項に規定する権利を有する者又はその承諾を得た者により特定かつ少数の者に譲渡された著作物の原作品又は複製物

五　国外において、前項に規定する権利に相当する権利を害することなく、又は同項に規定する権利に相当する権利を有する者若しくはその承諾を得た者により譲渡された著作物の原作品又は複製物

[貸与権]

第二十六条の三　著作者は、その著作物(映画の著作物を除く。)をその複製物(映画の著作物において複製されている著作物にあつては、当該映画の著作物の複製物を除く。)の貸

与により公衆に提供する権利を専有する。

[翻訳権、翻案権等]

第二十七条　著作者は、その著作物を翻訳し、編曲し、若しくは変形し、又は脚色し、映画化し、その他翻案する権利を専有する。

[二次的著作物の利用に関する原著作者の権利]

第二十八条　二次的著作物の原著作物の著作者は、当該二次的著作物の利用に関し、この款に規定する権利で当該二次的著作物の著作者が有するものと同一の種類の権利を専有する。

第四款　映画の著作物の著作権の帰属

第二十九条　映画の著作物(第十五条第一項、次項又は第三項の規定の適用を受けるものを除く。)の著作権は、その著作者が映画製作者に対し当該映画の著作物の製作に参加することを約束しているときは、当該映画製作者に帰属する。

２　専ら放送事業者が放送のための技術的手段として製作する映画の著作物(第十五条第一項の規定の適用を受けるものを除く。)の著作権のうち次に掲げる権利は、映画製作者としての当該放送事業者に帰属する。

一　その著作物を放送する権利及び放送されるその著作物について、有線放送し、自動公衆送信(送信可能化のうち、公衆の用に供されている電気通信回線に接続している自動公衆送信装置に情報を入力することによるものを含む。)を行い、又は受信装置を用いて公に伝達する権利

二　その著作物を複製し、又はその複製物により放送事業者に頒布する権利

３　専ら有線放送事業者が有線放送のための技術的手段として製作する映画の著作物(第十五条第一項の規定の適用を受けるものを除く。)の著作権のうち次に掲げる権利は、映画製作者としての当該有線放送事業者に帰属する。

一　その著作物を有線放送する権利及び有線放送されるその著作物を受信装置を用いて公に伝達する権利

二　その著作物を複製し、又はその複製物により有線放送事業者に頒布する権利

第五款　著作権の制限

[私的使用のための複製]

第三十条　著作権の目的となつている著作物(以下この款において単に「著作物」という。)は、個人的に又は家庭内その他これに準ずる限られた範囲内において使用すること(以下「私的使用」という。)を目的とするときは、次に掲げる場合を除き、その使用する者が複製することができる。

一　公衆の使用に供することを目的として設置されている自動複製機器(複製の機能を有し、これに関する装置の全部又は主要な部分が自動化されている機器をいう。)を用いて複製する場合

二　技術的保護手段の回避(第二条第一項第二十号に規定する信号の除去若しくは改変その他の

当該信号の効果を妨げる行為(記録又は送信の方式の変換に伴う技術的な制約によるものを除く。)を行うこと又は同号に規定する特定の変換を必要とするよう変換された著作物、実演、レコード若しくは放送若しくは有線放送に係る音若しくは影像の復元を行うことにより、当該技術的保護手段によつて防止される行為を可能とし、又は当該技術的保護手段によつて抑止される行為の結果に障害を生じないようにすること(著作権等を有する者の意思に基づいて行われるものを除く。)をいう。第百十三条第七項並びに第百二十条の二第一号及び第二号において同じ。)により可能となり、又はその結果に障害が生じないようになつた複製を、その事実を知りながら行う場合

三　著作権を侵害する自動公衆送信(国外で行われる自動公衆送信であつて、国内で行われたとしたならば著作権の侵害となるべきものを含む。)を受信して行うデジタル方式の録音又は録画(以下この号及び次項において「特定侵害録音録画」という。)を、特定侵害録音録画であることを知りながら行う場合

四　著作権(第二十八条に規定する権利(翻訳以外の方法により創作された二次的著作物に係るものに限る。)を除く。以下この号において同じ。)を侵害する自動公衆送信(国外で行われる自動公衆送信であつて、国内で行われたとしたならば著作権の侵害となるべきものを含む。)を受信して行うデジタル方式の複製(録音及び録画を除く。以下この号において同じ。)(当該著作権に係る著作物のうち当該複製がされる部分の占める割合、当該部分が自動公衆送信される際の表示の精度その他の要素に照らし軽微なものを除く。以下この号及び次項において「特定侵害複製」という。)を、特定侵害複製であることを知りながら行う場合(当該著作物の種類及び用途並びに当該特定侵害複製の態様に照らし著作権者の利益を不当に害しないと認められる特別な事情がある場合を除く。)

2　前項第三号及び第四号の規定は、特定侵害録音録画又は特定侵害複製であることを重大な過失により知らないで行う場合を含むものと解釈してはならない。

3　私的使用を目的として、デジタル方式の録音又は録画の機能を有する機器(放送の業務のための特別の性能その他の私的使用に通常供されない特別の性能を有するもの及び録音機能付きの電話機その他の本来の機能に附属する機能として録音又は録画の機能を有するものを除く。)であつて政令で定めるものにより、当該機器によるデジタル方式の録音又は録画の用に供される記録媒体であつて政令で定めるものに録音又は録画を行う者は、相当な額の補償金を著作権者に支払わなければならない。

[付随対象著作物の利用]

第三十条の二　写真の撮影、録音、録画、放送その他これらと同様に事物の影像又は音を複製し、又は複製を伴うことなく伝達する行為(以下この項において「複製伝達行為」という。)を行うに当たつて、その対象とする事物又は音(以下この項において「複製伝達対象事物等」という。)に付随して対象となる事物又は音(複製伝達対象事物等の一部を構成するものとして対象となる事物又は音を含む。以下この項において「付随対象事物等」という。)に係る著作物(当該複製伝達行為により作成され、又は伝達されるもの(以下この条において「作成伝達物」という。)のうち当該著作物の占める割合、当該作成伝達物における当該著作物の再製の精度その他の要素に照らし当該作成伝達物において当該著作物が軽微な構成部分となる場合における当該著作物に限る。以下この条において「付随対象著作物」という。)は、当該付随対象著作物の利用により利益を得る目的の有無、当該付随対象事物等の当該複製伝達対象事物等からの分離の困難性の程度、当該作成伝達物において当該付随対象著作物が果たす役割その他の要素に照らし正当な範囲内において、当該複製伝達行為に伴つて、いずれの方法によるかを問わず、利用することができる。ただし、当該付随対象著作物の種類及び用途並びに当該利用の態様に照らし著作権者の利益を不当に害することとなる場合は、この限りでない。

2　前項の規定により利用された付随対象著作物は、当該付随対象著作物に係る作成伝達物の利用に伴つて、いずれの方法によるかを問わず、利用することができる。ただし、当該付随対象著作物の種類及び用途並びに当該利用の態様に照らし著作権者の利益を不当に害することとなる場合は、この限りでない。

[検討の過程における利用]

第三十条の三　著作権者の許諾を得て、又は第六十七条第一項、第六十八条第一項若しくは第六十九条の規定による裁定を受けて著作物を利用しようとする者は、これらの利用についての検討の過程(当該許諾を得、又は当該裁定を受ける過程を含む。)における利用に供することを目的とする場合には、その必要と認められる限度において、いずれの方法によるかを問わず、当該著作物を利用することができる。ただし、当該著作物の種類及び用途並びに当該利用の態様に照らし著作権者の利益を不当に害することとなる場合は、この限りでない。

[著作物に表現された思想又は感情の享受を目的としない利用]

第三十条の四　著作物は、次に掲げる場合その他の当該著作物に表現された思想又は感情を自ら享受し又は他人に享受させることを目的としない場合には、その必要と認められる限度において、いずれの方法によるかを問わず、利用することができる。ただし、当該著作物の種類及び用途並びに当該利用の態様に照らし著作権者の利益を不当に害することとなる場合は、この限りでない。

一　著作物の録音、録画その他の利用に係る技術の開発又は実用化のための試験の用に供する場合

二　情報解析(多数の著作物その他の大量の情報から、当該情報を構成する言語、音、影像その他の要素に係る情報を抽出し、比較、分類その他の解析を行うことをいう。第四十七条の五第一項第二号において同じ。)の用に供する場合

三　前二号に掲げる場合のほか、著作物の表現についての人の知覚による認識を伴うことなく当該著作物を電子計算機による情報処理の過程における利用その他の利用(プログラムの著作物にあつては、当該著作物の電子計算機における実行を除く。)に供する場合

[図書館等における複製等]

第三十一条　国立国会図書館及び図書、記録その他の資料を公衆の利用に供することを目的とする図書館その他の施設で政令で定めるもの(以下この項及び第三項において「図書館等」という。)においては、次に掲げる場合には、その営利を目的としない事業として、図書館等の図書、記録その他の資料(以下この条において「図書館資料」という。)を用いて著作物を複製することができる。

一　図書館等の利用者の求めに応じ、その調査研究の用に供するために、公表された著作物の一部分(発行後相当期間を経過した定期刊行物に掲載された個々の著作物にあつては、その全部。第三項において同じ。)の複製物を一人につき一部提供する場合

二　図書館資料の保存のため必要がある場合

三　他の図書館等の求めに応じ、絶版その他これに準ずる理由により一般に入手することが困難な図書館資料(以下この条において「絶版等資料」という。)の複製物を提供する場合

2　前項各号に掲げる場合のほか、国立国会図書館においては、図書館資料の原本を公衆の利用に供することによるその滅失、損傷若しくは汚損を避けるために当該原本に代えて公衆の利用に供するため、又は絶版等資料に係る著作物を次項の規定により自動公衆送信(送信可能化を含む。同項において同じ。)に用いるため、電磁的記録(電子的方式、磁気的方式その他人の知覚によつては認識することができない方式で作られる記録であつて、電子計算機による情報処理の用に供されるものをいう。以下同じ。)を作成する場合には、必要と認められる限度において、当該図書館資料に係る著作物を記録媒体に記録することができる。

3　国立国会図書館は、絶版等資料に係る著作物について、図書館等又はこれに類する外国の施設で政令で定めるものにおいて公衆に提示することを目的とする場合には、前項の規定により記録媒体に記録された当該著作物の複製物を用いて自動公衆送信を行うことができる。この場合において、当該図書館等においては、その営利を目的としない事業とし

て、当該図書館等の利用者の求めに応じ、その調査研究の用に供するために、自動公衆送信される当該著作物の一部分の複製物を作成し、当該複製物を一人につき一部提供することができる。

[引用]

第三十二条　公表された著作物は、引用して利用することができる。この場合において、その引用は、公正な慣行に合致するものであり、かつ、報道、批評、研究その他の引用の目的上正当な範囲内で行なわれるものでなければならない。

2　国若しくは地方公共団体の機関、独立行政法人又は地方独立行政法人が一般に周知させることを目的として作成し、その著作の名義の下に公表する広報資料、調査統計資料、報告書その他これらに類する著作物は、説明の材料として新聞紙、雑誌その他の刊行物に転載することができる。ただし、これを禁止する旨の表示がある場合は、この限りでない。

[教科用図書等への掲載]

第三十三条　公表された著作物は、学校教育の目的上必要と認められる限度において、教科用図書(学校教育法(昭和二十二年法律第二十六号)第三十四条第一項(同法第四十九条、第四十九条の八、第六十二条、第七十条第一項及び第八十二条において準用する場合を含む。)に規定する教科用図書をいう。以下同じ。)に掲載することができる。

2　前項の規定により著作物を教科用図書に掲載する者は、その旨を著作者に通知するとともに、同項の規定の趣旨、著作物の種類及び用途、通常の使用料の額その他の事情を考慮して文化庁長官が定める算出方法により算出した額の補償金を著作権者に支払わなければならない。

3　文化庁長官は、前項の算出方法を定めたときは、これをインターネットの利用その他の適切な方法により公表するものとする。

4　前三項の規定は、高等学校(中等教育学校の後期課程を含む。)の通信教育用学習図書及び教科用図書に係る教師用指導書(当該教科用図書を発行する者の発行に係るものに限る。)への著作物の掲載について準用する。

[教科用図書代替教材への掲載等]

第三十三条の二　教科用図書に掲載された著作物は、学校教育の目的上必要と認められる限度において、教科用図書代替教材(学校教育法第三十四条第二項又は第三項(これらの規定を同法第四十九条、第四十九条の八、第六十二条、第七十条第一項及び第八十二条において準用する場合を含む。以下この項において同じ。)の規定により教科用図書に代えて使用することができる同法第三十四条第二項に規定する教材をいう。以下この項及び次項において同じ。)に掲載し、及び教科用図書代替教材の当該使用に伴つていずれの方法によるかを問わず利用することができる。

2　前項の規定により教科用図書に掲載された著作物を教科用図書代替教材に掲載しようとする者は、あらかじめ当該教科用図書を発行する者にその旨を通知するとともに、同項の規定の趣旨、同項の規定による著作物の利用の態様及び利用状況、前条第二項に規定する補償金の額その他の事情を考慮して文化庁長官が定める算出方法により算出した額の補償金を著作権者に支払わなければならない。
3　文化庁長官は、前項の算出方法を定めたときは、これをインターネットの利用その他の適切な方法により公表するものとする。

[教科用拡大図書等の作成のための複製等]

第三十三条の三　教科用図書に掲載された著作物は、視覚障害、発達障害その他の障害により教科用図書に掲載された著作物を使用することが困難な児童又は生徒の学習の用に供するため、当該教科用図書に用いられている文字、図形等の拡大その他の当該児童又は生徒が当該著作物を使用するために必要な方式により複製することができる。
2　前項の規定により複製する教科用の図書その他の複製物(点字により複製するものを除き、当該教科用図書に掲載された著作物の全部又は相当部分を複製するものに限る。以下この項において「教科用拡大図書等」という。)を作成しようとする者は、あらかじめ当該教科用図書を発行する者にその旨を通知するとともに、営利を目的として当該教科用拡大図書等を頒布する場合にあつては、第三十三条第二項に規定する補償金の額に準じて文化庁長官が定める算出方法により算出した額の補償金を当該著作物の著作権者に支払わなければならない。
3　文化庁長官は、前項の算出方法を定めたときは、これをインターネットの利用その他の適切な方法により公表するものとする。
4　障害のある児童及び生徒のための教科用特定図書等の普及の促進等に関する法律(平成二十年法律第八十一号)第五条第一項又は第二項の規定により教科用図書に掲載された著作物に係る電磁的記録の提供を行う者は、その提供のために必要と認められる限度において、当該著作物を利用することができる。

[学校教育番組の放送等]

第三十四条　公表された著作物は、学校教育の目的上必要と認められる限度において、学校教育に関する法令の定める教育課程の基準に準拠した学校向けの放送番組又は有線放送番組において放送し、若しくは有線放送し、又は当該放送を受信して同時に専ら当該放送に係る放送対象地域(放送法(昭和二十五年法律第百三十二号)第九十一条第二項第二号に規定する放送対象地域をいい、これが定められていない放送にあつては、電波法(昭和二十五年法律第百三十一号)第十四条第三項第二号に規定する放送区域をいう。以下同じ。)において受信されることを目的として自動公衆送信(送信可能化のうち、公衆の用に供されている電気通信回線に接続している自動公衆送信装置に情報を入力することによるものを含む。)を行い、及び当該放送番組用又は有線放送番組用の教材に掲載することができる。

2　前項の規定により著作物を利用する者は、その旨を著作者に通知するとともに、相当な額の補償金を著作権者に支払わなければならない。

[学校その他の教育機関における複製等]

第三十五条　学校その他の教育機関(営利を目的として設置されているものを除く。)において教育を担任する者及び授業を受ける者は、その授業の過程における利用に供することを目的とする場合には、その必要と認められる限度において、公表された著作物を複製し、若しくは公衆送信(自動公衆送信の場合にあつては、送信可能化を含む。以下この条において同じ。)を行い、又は公表された著作物であつて公衆送信されるものを受信装置を用いて公に伝達することができる。ただし、当該著作物の種類及び用途並びに当該複製の部数及び当該複製、公衆送信又は伝達の態様に照らし著作権者の利益を不当に害することとなる場合は、この限りでない。

2　前項の規定により公衆送信を行う場合には、同項の教育機関を設置する者は、相当な額の補償金を著作権者に支払わなければならない。

3　前項の規定は、公表された著作物について、第一項の教育機関における授業の過程において、当該授業を直接受ける者に対して当該著作物をその原作品若しくは複製物を提供し、若しくは提示して利用する場合又は当該著作物を第三十八条第一項の規定により上演し、演奏し、上映し、若しくは口述して利用する場合において、当該授業が行われる場所以外の場所において当該授業を同時に受ける者に対して公衆送信を行うときには、適用しない。

[試験問題としての複製等]

第三十六条　公表された著作物については、入学試験その他人の学識技能に関する試験又は検定の目的上必要と認められる限度において、当該試験又は検定の問題として複製し、又は公衆送信(放送又は有線放送を除き、自動公衆送信の場合にあつては送信可能化を含む。次項において同じ。)を行うことができる。ただし、当該著作物の種類及び用途並びに当該公衆送信の態様に照らし著作権者の利益を不当に害することとなる場合は、この限りでない。

2　営利を目的として前項の複製又は公衆送信を行う者は、通常の使用料の額に相当する額の補償金を著作権者に支払わなければならない。

[視覚障害者等のための複製等]

第三十七条　公表された著作物は、点字により複製することができる。

2　公表された著作物については、電子計算機を用いて点字を処理する方式により、記録媒体に記録し、又は公衆送信(放送又は有線放送を除き、自動公衆送信の場合にあつては送信可能化を含む。次項において同じ。)を行うことができる。

3　視覚障害その他の障害により視覚による表現の認識が困難な者(以下この項及び第百二条第四項におい

て「視覚障害者等」という。）の福祉に関する事業を行う者で政令で定めるものは、公表された著作物であつて、視覚によりその表現が認識される方式（視覚及び他の知覚により認識される方式を含む。）により公衆に提供され、又は提示されているもの（当該著作物以外の著作物で、当該著作物において複製されているものその他当該著作物と一体として公衆に提供され、又は提示されているものを含む。以下この項及び同条第四項において「視覚著作物」という。）について、専ら視覚障害者等で当該方式によつては当該視覚著作物を利用することが困難な者の用に供するために必要と認められる限度において、当該視覚著作物に係る文字を音声にすることその他当該視覚障害者等が利用するために必要な方式により、複製し、又は公衆送信を行うことができる。ただし、当該視覚著作物について、著作権者又はその許諾を得た者若しくは第七十九条の出版権の設定を受けた者若しくはその複製許諾若しくは公衆送信許諾を得た者により、当該方式による公衆への提供又は提示が行われている場合は、この限りでない。

[聴覚障害者等のための複製等]

第三十七条の二　聴覚障害者その他聴覚による表現の認識に障害のある者（以下この条及び次条第五項において「聴覚障害者等」という。）の福祉に関する事業を行う者で次の各号に掲げる利用の区分に応じて政令で定めるものは、公表された著作物であつて、聴覚によりその表現が認識される方式（聴覚及び他の知覚により認識される方式を含む。）により公衆に提供され、又は提示されているもの（当該著作物以外の著作物で、当該著作物において複製されているものその他当該著作物と一体として公衆に提供され、又は提示されているものを含む。以下この条において「聴覚著作物」という。）について、専ら聴覚障害者等で当該方式によつては当該聴覚著作物を利用することが困難な者の用に供するために必要と認められる限度において、それぞれ当該各号に掲げる利用を行うことができる。ただし、当該聴覚著作物について、著作権者又はその許諾を得た者若しくは第七十九条の出版権の設定を受けた者若しくはその複製許諾若しくは公衆送信許諾を得た者により、当該聴覚障害者等が利用するために必要な方式による公衆への提供又は提示が行われている場合は、この限りでない。

一　当該聴覚著作物に係る音声について、これを文字にすることその他当該聴覚障害者等が利用するために必要な方式により、複製し、又は自動公衆送信（送信可能化を含む。）を行うこと。

二　専ら当該聴覚障害者等向けの貸出しの用に供するため、複製すること（当該聴覚著作物に係る音声を文字にすることその他当該聴覚障害者等が利用するために必要な方式による当該音声の複製と併せて行うものに限る。）。

[営利を目的としない上演等]

第三十八条　公表された著作物は、営利を目的とせず、かつ、聴衆又は観衆から料金(いずれの名義をもつてするかを問わず、著作物の提供又は提示につき受ける対価をいう。以下この条において同じ。)を受けない場合には、公に上演し、演奏し、上映し、又は口述することができる。ただし、当該上演、演奏、上映又は口述について実演家又は口述を行う者に対し報酬が支払われる場合は、この限りでない。

2　放送される著作物は、営利を目的とせず、かつ、聴衆又は観衆から料金を受けない場合には、有線放送し、又は専ら当該放送に係る放送対象地域において受信されることを目的として自動公衆送信(送信可能化のうち、公衆の用に供されている電気通信回線に接続している自動公衆送信装置に情報を入力することによるものを含む。)を行うことができる。

3　放送され、又は有線放送される著作物(放送される著作物が自動公衆送信される場合の当該著作物を含む。)は、営利を目的とせず、かつ、聴衆又は観衆から料金を受けない場合には、受信装置を用いて公に伝達することができる。通常の家庭用受信装置を用いてする場合も、同様とする。

4　公表された著作物(映画の著作物を除く。)は、営利を目的とせず、かつ、その複製物の貸与を受ける者から料金を受けない場合には、その複製物(映画の著作物において複製されている著作物にあつては、当該映画の著作物の複製物を除く。)の貸与により公衆に提供することができる。

5　映画フィルムその他の視聴覚資料を公衆の利用に供することを目的とする視聴覚教育施設その他の施設(営利を目的として設置されているものを除く。)で政令で定めるもの及び聴覚障害者等の福祉に関する事業を行う者で前条の政令で定めるもの(同条第二号に係るものに限り、営利を目的として当該事業を行うものを除く。)は、公表された映画の著作物を、その複製物の貸与を受ける者から料金を受けない場合には、その複製物の貸与により頒布することができる。この場合において、当該頒布を行う者は、当該映画の著作物又は当該映画の著作物において複製されている著作物につき第二十六条に規定する権利を有する者(第二十八条の規定により第二十六条に規定する権利と同一の権利を有する者を含む。)に相当な額の補償金を支払わなければならない。

[時事問題に関する論説の転載等]

第三十九条　新聞紙又は雑誌に掲載して発行された政治上、経済上又は社会上の時事問題に関する論説(学術的な性質を有するものを除く。)は、他の新聞紙若しくは雑誌に転載し、又は放送し、若しくは有線放送し、若しくは当該放送を受信して同時に専ら当該放送に係る放送対象地域において受信されることを目的として自動公衆送信(送信可能化のうち、公衆の用に供されている電気通信回線に接続している自動公衆送信装置に情報を入力することによるものを含む。)を行うことができる。ただし、これらの利用を禁止する旨の表示がある場合は、この限りでない。
2　前項の規定により放送され、若しくは有線放送され、又は自動公衆送信される論説は、受信装置を用いて公に伝達することができる。

[政治上の演説等の利用]
第四十条　公開して行われた政治上の演説又は陳述及び裁判手続(行政庁の行う審判その他裁判に準ずる手続を含む。第四十二条第一項において同じ。)における公開の陳述は、同一の著作者のものを編集して利用する場合を除き、いずれの方法によるかを問わず、利用することができる。
2　国若しくは地方公共団体の機関、独立行政法人又は地方独立行政法人において行われた公開の演説又は陳述は、前項の規定によるものを除き、報道の目的上正当と認められる場合には、新聞紙若しくは雑誌に掲載し、又は放送し、若しくは有線放送し、若しくは当該放送を受信して同時に専ら当該放送に係る放送対象地域において受信されることを目的として自動公衆送信(送信可能化のうち、公衆の用に供されている電気通信回線に接続している自動公衆送信装置に情報を入力することによるものを含む。)を行うことができる。
3　前項の規定により放送され、若しくは有線放送され、又は自動公衆送信される演説又は陳述は、受信装置を用いて公に伝達することができる。

[時事の事件の報道のための利用]
第四十一条　写真、映画、放送その他の方法によつて時事の事件を報道する場合には、当該事件を構成し、又は当該事件の過程において見られ、若しくは聞かれる著作物は、報道の目的上正当な範囲内において、複製し、及び当該事件の報道に伴つて利用することができる。

[裁判手続等における複製]
第四十二条　著作物は、裁判手続のために必要と認められる場合及び立法又は行政の目的のために内部資料として必要と認められる場合には、その必要と認められる限度において、複製することができる。ただし、当該著作物の種類及び用途並びにその複製の部数及び態様に照らし著作権者の利益を不当に害することとなる場合は、この限りでない。
2　次に掲げる手続のために必要と認められる場合についても、前項と同様とする。
　一　行政庁の行う特許、意匠若しくは商標に関する審査、実用新案に関する技術的な評価又は国際出願(特許協力条約に基づく国際出願等に関する法律(昭和五十三年法律第三十号)第二条に規定する国際出願をいう。)に関する国際調査若しくは国際予備審査に関する手続
　二　行政庁の行う品種(種苗法(平成十年法律第八十三号)第二条第二項に規定する品種をいう。)に関する審査又は登録品種(同法第二十条第一項に規定する登録品種をいう。)に関する調査

に関する手続
三　行政庁の行う特定農林水産物等(特定農林水産物等の名称の保護に関する法律(平成二十六年法律第八十四号)第二条第二項に規定する特定農林水産物等をいう。以下この号において同じ。)についての同法第六条の登録又は外国の特定農林水産物等についての同法第二十三条第一項の指定に関する手続
四　行政庁若しくは独立行政法人の行う薬事(医療機器(医薬品、医療機器等の品質、有効性及び安全性の確保等に関する法律(昭和三十五年法律第百四十五号)第二条第四項に規定する医療機器をいう。)及び再生医療等製品(同条第九項に規定する再生医療等製品をいう。)に関する事項を含む。以下この号において同じ。)に関する審査若しくは調査又は行政庁若しくは独立行政法人に対する薬事に関する報告に関する手続
五　前各号に掲げるもののほか、これらに類するものとして政令で定める手続

[行政機関情報公開法等による開示のための利用]

第四十二条の二　行政機関の長、独立行政法人等又は地方公共団体の機関若しくは地方独立行政法人は、行政機関情報公開法、独立行政法人等情報公開法又は情報公開条例の規定により著作物を公衆に提供し、又は提示することを目的とする場合には、それぞれ行政機関情報公開法第十四条第一項(同項の規定に基づく政令の規定を含む。)に規定する方法、独立行政法人等情報公開法第十五条第一項に規定する方法(同項の規定に基づき当該独立行政法人等が定める方法(行政機関情報公開法第十四条第一項の規定に基づく政令で定める方法以外のものを除く。)を含む。)又は情報公開条例で定める方法(行政機関情報公開法第十四条第一項(同項の規定に基づく政令の規定を含む。)に規定する方法以外のものを除く。)により開示するために必要と認められる限度において、当該著作物を利用することができる。

[公文書管理法等による保存等のための利用]

第四十二条の三　国立公文書館等の長又は地方公文書館等の長は、公文書管理法第十五条第一項の規定又は公文書管理条例の規定(同項の規定に相当する規定に限る。)により歴史公文書等を保存することを目的とする場合には、必要と認められる限度において、当該歴史公文書等に係る著作物を複製することができる。
2　国立公文書館等の長又は地方公文書館等の長は、公文書管理法第十六条第一項の規定又は公文書管理条例の規定(同項の規定に相当する規定に限る。)により著作物を公衆に提供し、又は提示することを目的とする場合には、それぞれ公文書管理法第十九条(同条の規定に基づく政令の規定を含む。以下この項において同じ。)に規定する方法又は公文書管理条例で定める方法(同条に規定する方法以外のものを除く。)により

利用をさせるために必要と認められる限度において、当該著作物を利用することができる。

[国立国会図書館法によるインターネット資料及びオンライン資料の収集のための複製]

第四十三条　国立国会図書館の館長は、国立国会図書館法(昭和二十三年法律第五号)第二十五条の三第一項の規定により同項に規定するインターネット資料(以下この条において「インターネット資料」という。)又は同法第二十五条の四第三項の規定により同項に規定するオンライン資料を収集するために必要と認められる限度において、当該インターネット資料又は当該オンライン資料に係る著作物を国立国会図書館の使用に係る記録媒体に記録することができる。

2　次の各号に掲げる者は、当該各号に掲げる資料を提供するために必要と認められる限度において、当該各号に掲げる資料に係る著作物を複製することができる。

一　国立国会図書館法第二十四条及び第二十四条の二に規定する者　同法第二十五条の三第三項の求めに応じ提供するインターネット資料

二　国立国会図書館法第二十四条及び第二十四条の二に規定する者以外の者　同法第二十五条の四第一項の規定により提供する同項に規定するオンライン資料

[放送事業者等による一時的固定]

第四十四条　放送事業者は、第二十三条第一項に規定する権利を害することなく放送することができる著作物を、自己の放送のために、自己の手段又は当該著作物を同じく放送することができる他の放送事業者の手段により、一時的に録音し、又は録画することができる。

2　有線放送事業者は、第二十三条第一項に規定する権利を害することなく有線放送することができる著作物を、自己の有線放送(放送を受信して行うものを除く。)のために、自己の手段により、一時的に録音し、又は録画することができる。

3　前二項の規定により作成された録音物又は録画物は、録音又は録画の後六月(その期間内に当該録音物又は録画物を用いてする放送又は有線放送があつたときは、その放送又は有線放送の後六月)を超えて保存することができない。ただし、政令で定めるところにより公的な記録保存所において保存する場合は、この限りでない。

[美術の著作物等の原作品の所有者による展示]

第四十五条　美術の著作物若しくは写真の著作物の原作品の所有者又はその同意を得た者は、これらの著作物をその原作品により公に展示することができる。

2　前項の規定は、美術の著作物の原作品を街路、公園その他一般公衆に開放されている屋外の場所又は建造物の外壁その他一般公衆の見やすい屋外の場所に恒常的に設置する場合には、適用しない。

［公開の美術の著作物等の利用］

第四十六条　美術の著作物でその原作品が前条第二項に規定する屋外の場所に恒常的に設置されているもの又は建築の著作物は、次に掲げる場合を除き、いずれの方法によるかを問わず、利用することができる。

一　彫刻を増製し、又はその増製物の譲渡により公衆に提供する場合

二　建築の著作物を建築により複製し、又はその複製物の譲渡により公衆に提供する場合

三　前条第二項に規定する屋外の場所に恒常的に設置するために複製する場合

四　専ら美術の著作物の複製物の販売を目的として複製し、又はその複製物を販売する場合

［美術の著作物等の展示に伴う複製等］

第四十七条　美術の著作物又は写真の著作物の原作品により、第二十五条に規定する権利を害することなく、これらの著作物を公に展示する者（以下この条において「原作品展示者」という。）は、観覧者のためにこれらの展示する著作物（以下この条及び第四十七条の六第二項第一号において「展示著作物」という。）の解説若しくは紹介をすることを目的とする小冊子に当該展示著作物を掲載し、又は次項の規定により当該展示著作物を上映し、若しくは当該展示著作物について自動公衆送信（送信可能化を含む。同項及び同号において同じ。）を行うために必要と認められる限度において、当該展示著作物を複製することができる。ただし、当該展示著作物の種類及び用途並びに当該複製の部数及び態様に照らし著作権者の利益を不当に害することとなる場合は、この限りでない。

2　原作品展示者は、観覧者のために展示著作物の解説又は紹介をすることを目的とする場合には、その必要と認められる限度において、当該展示著作物を上映し、又は当該展示著作物について自動公衆送信を行うことができる。ただし、当該展示著作物の種類及び用途並びに当該上映又は自動公衆送信の態様に照らし著作権者の利益を不当に害することとなる場合は、この限りでない。

3　原作品展示者及びこれに準ずる者として政令で定めるものは、展示著作物の所在に関する情報を公衆に提供するために必要と認められる限度において、当該展示著作物について複製し、又は公衆送信（自動公衆送信の場合にあつては、送信可能化を含む。）を行うことができる。ただし、当該展示著作物の種類及び用途並びに当該複製又は公衆送信の態様に照らし著作権者の利益を不当に害することとなる場合は、この限りでない。

［美術の著作物等の譲渡等の申出に伴う複製等］

第四十七条の二　美術の著作物又は写真の著作物の原作品又は複製物の所有者その他のこれらの譲渡又は貸与の権原を有する者が、第二十六条の二第一項又は第二十六条の三に規定する権利を害することなく、その原作品又は複製物を譲渡し、又は貸与しようとする場合には、当該権原

を有する者又はその委託を受けた者は、その申出の用に供するため、これらの著作物について、複製又は公衆送信(自動公衆送信の場合にあつては、送信可能化を含む。)(当該複製により作成される複製物を用いて行うこれらの著作物の複製又は当該公衆送信を受信して行うこれらの著作物の複製を防止し、又は抑止するための措置その他の著作権者の利益を不当に害しないための措置として政令で定める措置を講じて行うものに限る。)を行うことができる。

[プログラムの著作物の複製物の所有者による複製等]

第四十七条の三　プログラムの著作物の複製物の所有者は、自ら当該著作物を電子計算機において実行するために必要と認められる限度において、当該著作物を複製することができる。ただし、当該実行に係る複製物の使用につき、第百十三条第五項の規定が適用される場合は、この限りでない。

2　前項の複製物の所有者が当該複製物(同項の規定により作成された複製物を含む。)のいずれかについて滅失以外の事由により所有権を有しなくなつた後には、その者は、当該著作権者の別段の意思表示がない限り、その他の複製物を保存してはならない。

[電子計算機における著作物の利用に付随する利用等]

第四十七条の四　電子計算機における利用(情報通信の技術を利用する方法による利用を含む。以下この条において同じ。)に供される著作物は、次に掲げる場合その他これらと同様に当該著作物の電子計算機における利用を円滑又は効率的に行うために当該電子計算機における利用に付随する利用に供することを目的とする場合には、その必要と認められる限度において、いずれの方法によるかを問わず、利用することができる。ただし、当該著作物の種類及び用途並びに当該利用の態様に照らし著作権者の利益を不当に害することとなる場合は、この限りでない。

一　電子計算機において、著作物を当該著作物の複製物を用いて利用する場合又は無線通信若しくは有線電気通信の送信がされる著作物を当該送信を受信して利用する場合において、これらの利用のための当該電子計算機による情報処理の過程において、当該情報処理を円滑又は効率的に行うために当該著作物を当該電子計算機の記録媒体に記録するとき。

二　自動公衆送信装置を他人の自動公衆送信の用に供することを業として行う者が、当該他人の自動公衆送信の遅滞若しくは障害を防止し、又は送信可能化された著作物の自動公衆送信を中継するための送信を効率的に行うために、これらの自動公衆送信のために送信可能化された著作物を記録媒体に記録する場合

三　情報通信の技術を利用する方法により情報を提供する場合において、当該提供を円滑又は

効率的に行うための準備に必要な電子計算機による情報処理を行うことを目的として記録媒体への記録又は翻案を行うとき。

2　電子計算機における利用に供される著作物は、次に掲げる場合その他これらと同様に当該著作物の電子計算機における利用を行うことができる状態を維持し、又は当該状態に回復することを目的とする場合には、その必要と認められる限度において、いずれの方法によるかを問わず、利用することができる。ただし、当該著作物の種類及び用途並びに当該利用の態様に照らし著作権者の利益を不当に害することとなる場合は、この限りでない。

一　記録媒体を内蔵する機器の保守又は修理を行うために当該機器に内蔵する記録媒体(以下この号及び次号において「内蔵記録媒体」という。)に記録されている著作物を当該内蔵記録媒体以外の記録媒体に一時的に記録し、及び当該保守又は修理の後に、当該内蔵記録媒体に記録する場合

二　記録媒体を内蔵する機器をこれと同様の機能を有する機器と交換するためにその内蔵記録媒体に記録されている著作物を当該内蔵記録媒体以外の記録媒体に一時的に記録し、及び当該同様の機能を有する機器の内蔵記録媒体に記録する場合

三　自動公衆送信装置を他人の自動公衆送信の用に供することを業として行う者が、当該自動公衆送信装置により送信可能化された著作物の複製物が滅失し、又は毀損した場合の復旧の用に供するために当該著作物を記録媒体に記録するとき。

[電子計算機による情報処理及びその結果の提供に付随する軽微利用等]

第四十七条の五　電子計算機を用いた情報処理により新たな知見又は情報を創出することによつて著作物の利用の促進に資する次の各号に掲げる行為を行う者(当該行為の一部を行う者を含み、当該行為を政令で定める基準に従つて行う者に限る。)は、公衆への提供等(公衆への提供又は提示をいい、送信可能化を含む。以下同じ。)が行われた著作物(以下この条及び次条第二項第二号において「公衆提供等著作物」という。)(公表された著作物又は送信可能化された著作物に限る。)について、当該各号に掲げる行為の目的上必要と認められる限度において、当該行為に付随して、いずれの方法によるかを問わず、利用(当該公衆提供等著作物のうちその利用に供される部分の占める割合、その利用に供される部分の量、その利用に供される際の表示の精度その他の要素に照らし軽微なものに限る。以下この条において「軽微利用」という。)を行うことができる。ただし、当該公衆提供等著作物に係る公衆への提供等が著作権を侵害するものであること(国外で行われた公衆への提供等にあつては、国内で行われたとしたならば著作権の侵害となるべきものであること)を知りながら当該軽微利用を行う場合

その他当該公衆提供等著作物の種類及び用途並びに当該軽微利用の態様に照らし著作権者の利益を不当に害することとなる場合は、この限りでない。

一　電子計算機を用いて、検索により求める情報(以下この号において「検索情報」という。)が記録された著作物の題号又は著作者名、送信可能化された検索情報に係る送信元識別符号(自動公衆送信の送信元を識別するための文字、番号、記号その他の符号をいう。第百十三条第二項及び第四項において同じ。)その他の検索情報の特定又は所在に関する情報を検索し、及びその結果を提供すること。

二　電子計算機による情報解析を行い、及びその結果を提供すること。

三　前二号に掲げるもののほか、電子計算機による情報処理により、新たな知見又は情報を創出し、及びその結果を提供する行為であつて、国民生活の利便性の向上に寄与するものとして政令で定めるもの

2　前項各号に掲げる行為の準備を行う者(当該行為の準備のための情報の収集、整理及び提供を政令で定める基準に従つて行う者に限る。)は、公衆提供等著作物について、同項の規定による軽微利用の準備のために必要と認められる限度において、複製若しくは公衆送信(自動公衆送信の場合にあつては、送信可能化を含む。以下この項及び次条第二項第二号において同じ。)を行い、又はその複製物による頒布を行うことができる。ただし、当該公衆提供等著作物の種類及び用途並びに当該複製又は頒布の部数及び当該複製、公衆送信又は頒布の態様に照らし著作権者の利益を不当に害することとなる場合は、この限りでない。

[翻訳、翻案等による利用]

第四十七条の六　次の各号に掲げる規定により著作物を利用することができる場合には、当該著作物について、当該規定の例により当該各号に定める方法による利用を行うことができる。

一　第三十条第一項、第三十三条第一項(同条第四項において準用する場合を含む。)、第三十四条第一項、第三十五条第一項又は前条第二項　翻訳、編曲、変形又は翻案

二　第三十一条第一項第一号若しくは第三項後段、第三十二条、第三十六条第一項、第三十七条第一項若しくは第二項、第三十九条第一項、第四十条第二項、第四十一条又は第四十二条　翻訳

三　第三十三条の二第一項、第三十三条の三第一項又は第四十七条　変形又は翻案

四　第三十七条第三項　翻訳、変形又は翻案

五　第三十七条の二　翻訳又は翻案

六　第四十七条の三第一項　翻案

2　前項の規定により創作された二次的著作物は、当該二次的著作物の原著作物を同項各号に掲げる規定

（次の各号に掲げる二次的著作物にあつては、当該各号に定める規定を含む。以下この項及び第四十八条第三項第二号において同じ。）により利用することができる場合には、原著作物の著作者その他の当該二次的著作物の利用に関して第二十八条に規定する権利を有する者との関係においては、当該二次的著作物を前項各号に掲げる規定に規定する著作物に該当するものとみなして、当該各号に掲げる規定による利用を行うことができる。

一　第四十七条第一項の規定により同条第二項の規定による展示著作物の上映又は自動公衆送信を行うために当該展示著作物を複製することができる場合に、前項の規定により創作された二次的著作物　同条第二項

二　前条第二項の規定により公衆提供等著作物について複製、公衆送信又はその複製物による頒布を行うことができる場合に、前項の規定により創作された二次的著作物　同条第一項

［複製権の制限により作成された複製物の譲渡］

第四十七条の七　第三十条の二第二項、第三十条の三、第三十条の四、第三十一条第一項（第一号に係る部分に限る。以下この条において同じ。）若しくは第三項後段、第三十二条、第三十三条第一項（同条第四項において準用する場合を含む。）、第三十三条の二第一項、第三十三条の三第一項若しくは第四項、第三十四条第一項、第三十五条第一項、第三十六条第一項、第三十七条、第三十七条の二（第二号を除く。以下この条において同じ。）、第三十九条第一項、第四十条第一項若しくは第二項、第四十一条から第四十二条の二まで、第四十二条の三第二項、第四十六条、第四十七条第一項若しくは第三項、第四十七条の二、第四十七条の四又は第四十七条の五の規定により複製することができる著作物は、これらの規定の適用を受けて作成された複製物（第三十一条第一項若しくは第三項後段、第三十六条第一項又は第四十二条の規定に係る場合にあつては、映画の著作物の複製物（映画の著作物において複製されている著作物にあつては、当該映画の著作物の複製物を含む。以下この条において同じ。）を除く。）の譲渡により公衆に提供することができる。ただし、第三十条の三、第三十一条第一項若しくは第三項後段、第三十三条の二第一項、第三十三条の三第一項若しくは第四項、第三十五条第一項、第三十七条第三項、第三十七条の二、第四十一条から第四十二条の二まで、第四十二条の三第二項、第四十七条第一項若しくは第三項、第四十七条の二、第四十七条の四若しくは第四十七条の五の規定の適用を受けて作成された著作物の複製物（第三十一条第一項若しくは第三項後段又は第四十二条の規定に係る場合にあつては、映画の著作物の複製物を除く。）を第三十条の三、第三十一条第一項若しくは第三項後段、第三十三条の二第一項、第三十三条の三第一項若しくは第四項、第三十五条第一項、第三十七条第三項、第三十七条の二、第四十一条か

1
2
3
4
5
6
7
8
過去問題
著作権法

ら第四十二条の二まで、第四十二条の三第二項、第四十七条第一項若しくは第三項、第四十七条の二、第四十七条の四若しくは第四十七条の五に定める目的以外の目的のために公衆に譲渡する場合又は第三十条の四の規定の適用を受けて作成された著作物の複製物を当該著作物に表現された思想若しくは感情を自ら享受し若しくは他人に享受させる目的のために公衆に譲渡する場合は、この限りでない。

[出所の明示]

第四十八条 次の各号に掲げる場合には、当該各号に規定する著作物の出所を、その複製又は利用の態様に応じ合理的と認められる方法及び程度により、明示しなければならない。

一 第三十二条、第三十三条第一項(同条第四項において準用する場合を含む。)、第三十三条の二第一項、第三十三条の三第一項、第三十七条第一項、第四十二条又は第四十七条第一項の規定により著作物を複製する場合

二 第三十四条第一項、第三十七条第三項、第三十七条の二、第三十九条第一項、第四十条第一項若しくは第二項、第四十七条第二項若しくは第三項又は第四十七条の二の規定により著作物を利用する場合

三 第三十二条の規定により著作物を複製以外の方法により利用する場合又は第三十五条第一項、第三十六条第一項、第三十八条第一項、第四十一条、第四十六条若しくは第四十七条の五第一項の規定により著作物を利用する場合において、その出所を明示する慣行があるとき。

2 前項の出所の明示に当たつては、これに伴い著作者名が明らかになる場合及び当該著作物が無名のものである場合を除き、当該著作物につき表示されている著作者名を示さなければならない。

3 次の各号に掲げる場合には、前二項の規定の例により、当該各号に規定する二次的著作物の原著作物の出所を明示しなければならない。

一 第四十条第一項、第四十六条又は第四十七条の五第一項の規定により創作された二次的著作物をこれらの規定により利用する場合

二 第四十七条の六第一項の規定により創作された二次的著作物を同条第二項の規定の適用を受けて同条第一項各号に掲げる規定により利用する場合

[複製物の目的外使用等]

第四十九条 次に掲げる者は、第二十一条の複製を行つたものとみなす。

一 第三十条第一項、第三十条の三、第三十一条第一項第一号若しくは第三項後段、第三十三条の二第一項、第三十三条の三第一項若しくは第四項、第三十五条第一項、第三十七条第三項、第三十七条の二本文(同条第二号に係る場合にあつては、同号。次項第一号において同じ。)、第四十一条から第四十二条の三まで、第四十三条第二項、第四十四条第一項若しく

は第二項、第四十七条第一項若しくは第三項、第四十七条の二又は第四十七条の五第一項に定める目的以外の目的のために、これらの規定の適用を受けて作成された著作物の複製物(次項第一号又は第二号の複製物に該当するものを除く。)を頒布し、又は当該複製物によつて当該著作物の公衆への提示(送信可能化を含む。以下同じ。)を行つた者

二　第三十条の四の規定の適用を受けて作成された著作物の複製物(次項第三号の複製物に該当するものを除く。)を用いて、当該著作物に表現された思想又は感情を自ら享受し又は他人に享受させる目的のために、いずれの方法によるかを問わず、当該著作物を利用した者

三　第四十四条第三項の規定に違反して同項の録音物又は録画物を保存した放送事業者又は有線放送事業者

四　第四十七条の三第一項の規定の適用を受けて作成された著作物の複製物(次項第四号の複製物に該当するものを除く。)を頒布し、又は当該複製物によつて当該著作物の公衆への提示を行つた者

五　第四十七条の三第二項の規定に違反して同項の複製物(次項第四号の複製物に該当するものを除く。)を保存した者

六　第四十七条の四又は第四十七条の五第二項に定める目的以外の目的のために、これらの規定の適用を受けて作成された著作物の複製物(次項第六号又は第七号の複製物に該当するものを除く。)を用いて、いずれの方法によるかを問わず、当該著作物を利用した者

2　次に掲げる者は、当該二次的著作物の原著作物につき第二十七条の翻訳、編曲、変形又は翻案を、当該二次的著作物につき第二十一条の複製を、それぞれ行つたものとみなす。

一　第三十条第一項、第三十一条第一項第一号若しくは第三項後段、第三十三条の二第一項、第三十三条の三第一項、第三十五条第一項、第三十七条第三項、第三十七条の二本文、第四十一条、第四十二条又は第四十七条第一項若しくは第三項に定める目的以外の目的のために、第四十七条の六第二項の規定の適用を受けて同条第一項各号に掲げるこれらの規定により作成された二次的著作物の複製物を頒布し、又は当該複製物によつて当該二次的著作物の公衆への提示を行つた者

二　第三十条の三又は第四十七条の五第一項に定める目的以外の目的のために、これらの規定の適用を受けて作成された二次的著作物の複製物を頒布し、又は当該複製物によつて当該二次的著作物の公衆への提示を行つた者

三　第三十条の四の規定の適用を受けて作成された二次的著作物の複製物を用いて、当該二次的著作物に表現された思想又は感情を自ら享受し又は他人に享受させる目的のために、いずれの方

法によるかを問わず、当該二次的著作物を利用した者

四　第四十七条の六第二項の規定の適用を受けて第四十七条の三第一項の規定により作成された二次的著作物の複製物を頒布し、又は当該複製物によつて当該二次的著作物の公衆への提示を行つた者

五　第四十七条の三第二項の規定に違反して前号の複製物を保存した者

六　第四十七条の四に定める目的以外の目的のために、同条の規定の適用を受けて作成された二次的著作物の複製物を用いて、いずれの方法によるかを問わず、当該二次的著作物を利用した者

七　第四十七条の五第二項に定める目的以外の目的のために、第四十七条の六第二項の規定の適用を受けて第四十七条の五第二項の規定により作成された二次的著作物の複製物を用いて、いずれの方法によるかを問わず、当該二次的著作物を利用した者

[著作者人格権との関係]

第五十条　この款の規定は、著作者人格権に影響を及ぼすものと解釈してはならない。

第四節　保護期間

[保護期間の原則]

第五十一条　著作権の存続期間は、著作物の創作の時に始まる。

2　著作権は、この節に別段の定めがある場合を除き、著作者の死後(共同著作物にあつては、最終に死亡した著作者の死後。次条第一項において同じ。)七十年を経過するまでの間、存続する。

[無名又は変名の著作物の保護期間]

第五十二条　無名又は変名の著作物の著作権は、その著作物の公表後七十年を経過するまでの間、存続する。ただし、その存続期間の満了前にその著作者の死後七十年を経過していると認められる無名又は変名の著作物の著作権は、その著作者の死後七十年を経過したと認められる時において、消滅したものとする。

2　前項の規定は、次の各号のいずれかに該当するときは、適用しない。

一　変名の著作物における著作者の変名がその者のものとして周知のものであるとき。

二　前項の期間内に第七十五条第一項の実名の登録があつたとき。

三　著作者が前項の期間内にその実名又は周知の変名を著作者名として表示してその著作物を公表したとき。

[団体名義の著作物の保護期間]

第五十三条　法人その他の団体が著作の名義を有する著作物の著作権は、その著作物の公表後七十年(その著作物がその創作後七十年以内に公表されなかつたときは、その創作後七十年)を経過するまでの間、存続する。

2　前項の規定は、法人その他の団体が著作の名義を有する著作物の著作者である個人が同項の期間内にそ

の実名又は周知の変名を著作者名として表示してその著作物を公表したときは、適用しない。
3　第十五条第二項の規定により法人その他の団体が著作者である著作物の著作権の存続期間に関しては、第一項の著作物に該当する著作物以外の著作物についても、当該団体が著作の名義を有するものとみなして同項の規定を適用する。

[映画の著作物の保護期間]
第五十四条　映画の著作物の著作権は、その著作物の公表後七十年(その著作物がその創作後七十年以内に公表されなかつたときは、その創作後七十年)を経過するまでの間、存続する。
2　映画の著作物の著作権がその存続期間の満了により消滅したときは、当該映画の著作物の利用に関するその原著作物の著作権は、当該映画の著作物の著作権とともに消滅したものとする。
3　前二条の規定は、映画の著作物の著作権については、適用しない。

第五十五条　削除

[継続的刊行物等の公表の時]
第五十六条　第五十二条第一項、第五十三条第一項及び第五十四条第一項の公表の時は、冊、号又は回を追つて公表する著作物については、毎冊、毎号又は毎回の公表の時によるものとし、一部分ずつを逐次公表して完成する著作物については、最終部分の公表の時によるものとする。
2　一部分ずつを逐次公表して完成する著作物については、継続すべき部分が直近の公表の時から三年を経過しても公表されないときは、すでに公表されたもののうちの最終の部分をもつて前項の最終部分とみなす。

[保護期間の計算方法]
第五十七条　第五十一条第二項、第五十二条第一項、第五十三条第一項又は第五十四条第一項の場合において、著作者の死後七十年又は著作物の公表後七十年若しくは創作後七十年の期間の終期を計算するときは、著作者が死亡した日又は著作物が公表され若しくは創作された日のそれぞれ属する年の翌年から起算する。

[保護期間の特例]
第五十八条　文学的及び美術的著作物の保護に関するベルヌ条約により創設された国際同盟の加盟国、著作権に関する世界知的所有権機関条約の締約国又は世界貿易機関の加盟国である外国をそれぞれ文学的及び美術的著作物の保護に関するベルヌ条約、著作権に関する世界知的所有権機関条約又は世界貿易機関を設立するマラケシュ協定の規定に基づいて本国とする著作物(第六条第一号に該当するものを除く。)で、その本国において定められる著作権の存続期間が第五十一条から第五十四条までに定める著作権の存続期間より短いものについては、その本国において定められる著作権の存続期間による。

第五節　著作者人格権の一身専属性等

［著作者人格権の一身専属性］

第五十九条　著作者人格権は、著作者の一身に専属し、譲渡することができない。

［著作者が存しなくなつた後における人格的利益の保護］

第六十条　著作物を公衆に提供し、又は提示する者は、その著作物の著作者が存しなくなつた後においても、著作者が存しているとしたならばその著作者人格権の侵害となるべき行為をしてはならない。ただし、その行為の性質及び程度、社会的事情の変動その他によりその行為が当該著作者の意を害しないと認められる場合は、この限りでない。

第六節　著作権の譲渡及び消滅

［著作権の譲渡］

第六十一条　著作権は、その全部又は一部を譲渡することができる。

2　著作権を譲渡する契約において、第二十七条又は第二十八条に規定する権利が譲渡の目的として特掲されていないときは、これらの権利は、譲渡した者に留保されたものと推定する。

［相続人の不存在の場合等における著作権の消滅］

第六十二条　著作権は、次に掲げる場合には、消滅する。

一　著作権者が死亡した場合において、その著作権が民法(明治二十九年法律第八十九号)第九百五十九条(残余財産の国庫への帰属)の規定により国庫に帰属すべきこととなるとき。

二　著作権者である法人が解散した場合において、その著作権が一般社団法人及び一般財団法人に関する法律(平成十八年法律第四十八号)第二百三十九条第三項(残余財産の国庫への帰属)その他これに準ずる法律の規定により国庫に帰属すべきこととなるとき。

2　第五十四条第二項の規定は、映画の著作物の著作権が前項の規定により消滅した場合について準用する。

第七節　権利の行使

［著作物の利用の許諾］

第六十三条　著作権者は、他人に対し、その著作物の利用を許諾することができる。

2　前項の許諾を得た者は、その許諾に係る利用方法及び条件の範囲内において、その許諾に係る著作物を利用することができる。

3　利用権(第一項の許諾に係る著作物を前項の規定により利用することができる権利をいう。次条において同じ。)は、著作権者の承諾を得ない限り、譲渡することができない。

4　著作物の放送又は有線放送についての第一項の許諾は、契約に別段の定めがない限り、当該著作物の録音又は録画の許諾を含まないものとする。

5　著作物の送信可能化について第一項の許諾を得た者が、その許諾に係る利用方法及び条件(送信可能化の回数又は送信可能化に用いる自動公衆送信装置に係るものを除く。)の範囲内において反復して又は他の自動公衆送信装置を用いて行う当該著作物の送信可能化については、第二十三条第一項の規定は、適用しない。

[利用権の対抗力]

第六十三条の二　利用権は、当該利用権に係る著作物の著作権を取得した者その他の第三者に対抗することができる。

[共同著作物の著作者人格権の行使]

第六十四条　共同著作物の著作者人格権は、著作者全員の合意によらなければ、行使することができない。

2　共同著作物の各著作者は、信義に反して前項の合意の成立を妨げることができない。

3　共同著作物の著作者は、そのうちからその著作者人格権を代表して行使する者を定めることができる。

4　前項の権利を代表して行使する者の代表権に加えられた制限は、善意の第三者に対抗することができない。

[共有著作権の行使]

第六十五条　共同著作物の著作権その他共有に係る著作権(以下この条において「共有著作権」という。)については、各共有者は、他の共有者の同意を得なければ、その持分を譲渡し、又は質権の目的とすることができない。

2　共有著作権は、その共有者全員の合意によらなければ、行使することができない。

3　前二項の場合において、各共有者は、正当な理由がない限り、第一項の同意を拒み、又は前項の合意の成立を妨げることができない。

4　前条第三項及び第四項の規定は、共有著作権の行使について準用する。

[質権の目的となつた著作権]

第六十六条　著作権は、これを目的として質権を設定した場合においても、設定行為に別段の定めがない限り、著作権者が行使するものとする。

2　著作権を目的とする質権は、当該著作権の譲渡又は当該著作権に係る著作物の利用につき著作権者が受けるべき金銭その他の物(出版権の設定の対価を含む。)に対しても、行なうことができる。ただし、これらの支払又は引渡し前に、これらを受ける権利を差し押えることを必要とする。

第八節　裁定による著作物の利用

[著作権者不明等の場合における著作物の利用]

第六十七条　公表された著作物又は相当期間にわたり公衆に提供され、若しくは提示されている事実が明らかである著作物は、著作権者の不明その他の理由により相当な努力を払つてもその著作権者と連絡することができない場合として政令で定める場合は、文化庁長官の裁定を受け、かつ、通常の使用料の額に相当するものとして文化庁長官が定める額の補償金を著作権者のために供託して、その裁定に係る利用方法により利用することができる。
２　国、地方公共団体その他これらに準ずるものとして政令で定める法人(以下この項及び次条において「国等」という。)が前項の規定により著作物を利用しようとするときは、同項の規定にかかわらず、同項の規定による供託を要しない。この場合において、国等が著作権者と連絡をすることができるに至つたときは、同項の規定により文化庁長官が定める額の補償金を著作権者に支払わなければならない。
３　第一項の裁定を受けようとする者は、著作物の利用方法その他政令で定める事項を記載した申請書に、著作権者と連絡することができないことを疎明する資料その他政令で定める資料を添えて、これを文化庁長官に提出しなければならない。
４　第一項の規定により作成した著作物の複製物には、同項の裁定に係る複製物である旨及びその裁定のあつた年月日を表示しなければならない。

[裁定申請中の著作物の利用]
第六十七条の二　前条第一項の裁定(以下この条において単に「裁定」という。)の申請をした者は、当該申請に係る著作物の利用方法を勘案して文化庁長官が定める額の担保金を供託した場合には、裁定又は裁定をしない処分を受けるまでの間(裁定又は裁定をしない処分を受けるまでの間に著作権者と連絡をすることができるに至つたときは、当該連絡をすることができるに至つた時までの間)、当該申請に係る利用方法と同一の方法により、当該申請に係る著作物を利用することができる。ただし、当該著作物の著作者が当該著作物の出版その他の利用を廃絶しようとしていることが明らかであるときは、この限りでない。
２　国等が前項の規定により著作物を利用しようとするときは、同項の規定にかかわらず、同項の規定による供託を要しない。
３　第一項の規定により作成した著作物の複製物には、同項の規定の適用を受けて作成された複製物である旨及び裁定の申請をした年月日を表示しなければならない。
４　第一項の規定により著作物を利用する者(以下「申請中利用者」という。)(国等を除く。次項において同じ。)が裁定を受けたときは、前条第一項の規定にかかわらず、同項の補償金のうち第一項の規定により供託された担保金の額に相当する額(当該担保金の額が当該補償金の額を超えるときは、当該額)については、同条第一項の規定による供託を要しない。
５　申請中利用者は、裁定をしない処分を受けたとき(当該処分を受けるまでの間に著作権者と連絡をすることができるに至つた場合を除く。)は、当該処分を受けた時までの間における第一項の規定による著作物の利用に係る使用料の額に相当するものとして文化庁長官が定める額の補償金を著作権者のために供託しなければならない。この場合において、同項の規定により供託された担保金の額のうち当該補償金の額に相当する額(当該補償金の額が当該担保金の額を超えるときは、当該額)については、当該補償金を供託したものとみなす。
6　申請中利用者(国等に限る。)は、裁定をしない処分を受けた後に著作権者と連絡をすることができるに至つたときは、当該処分を受けた時までの間における第一項の規定による著作物の利用に係る使用料の額に相当するものとして文化庁長官が定める額の補償金を著作権者に支払わなければならない。
7　申請中利用者は、裁定又は裁定をしない処分を受けるまでの間に著作権者と連絡をすることができるに至つたときは、当該連絡をすることができるに至つた時までの間における第一項の規定による著作物の利用に係る使用料の額に相当する額の補償金を著作権者に支払わなければならない。
8　第四項、第五項又は前項の場合において、著作権者は、前条第一項又はこの条第五項若しくは前項の補償金を受ける権利に関し、第一項の規定により供託された担保金から弁済を受けることができる。
9　第一項の規定により担保金を供託した者は、当該担保金の額が前項の規定により著作権者が弁済を受けることができる額を超えることとなつたときは、政令で定めるところにより、その全部又は一部を取り戻すことができる。

[著作物の放送]

第六十八条　公表された著作物を放送しようとする放送事業者は、その著作権者に対し放送の許諾につき協議を求めたがその協議が成立せず、又はその協議をすることができないときは、文化庁長官の裁定を受け、かつ、通常の使用料の額に相当するものとして文化庁長官が定める額の補償金を著作権者に支払つて、その著作物を放送することができる。
2　前項の規定により放送される著作物は、有線放送し、専ら当該放送に係る放送対象地域において受信されることを目的として自動公衆送信(送信可能化のうち、公衆の用に供されている電気通信回線に接続している自動公衆送信装置に情報を入力することによるものを含む。)を行い、又は受信装置を用いて公に伝達することができる。この場合において、当該有線放送、自動公衆送信又は伝達を行う者は、第三十八条第二項及び第三項の規定の適用がある場合を除き、通常の使用料の額に相当する額の補償金を著作権者に支払わなければならない。

[商業用レコードへの録音等]

第六十九条　商業用レコードが最初に国内において販売され、かつ、その最初の販売の日から三年を経過した場合において、当該商業用レコードに著作権者の許諾を得て録音されている音楽の著作物を録音して他の商業用レコードを製作しようとする者は、その著作権者に対し録音又は譲渡による公衆への提供の許諾につき協議を求めたが、その協議が成立せず、又はその協議をすることができないときは、文化庁長官の裁定を受け、かつ、通常の使用料の額に相当するものとして文化庁長官が定める額の補償金を著作権者に支払つて、当該録音又は譲渡による公衆への提供をすることができる。

[裁定に関する手続及び基準]

第七十条　第六十七条第一項、第六十八条第一項又は前条の裁定の申請をする者は、実費を勘案して政令で定める額の手数料を納付しなければならない。

2　前項の規定は、同項の規定により手数料を納付すべき者が国であるときは、適用しない。

3　文化庁長官は、第六十八条第一項又は前条の裁定の申請があつたときは、その旨を当該申請に係る著作権者に通知し、相当の期間を指定して、意見を述べる機会を与えなければならない。

4　文化庁長官は、第六十七条第一項、第六十八条第一項又は前条の裁定の申請があつた場合において、次の各号のいずれかに該当すると認めるときは、これらの裁定をしてはならない。

一　著作者がその著作物の出版その他の利用を廃絶しようとしていることが明らかであるとき。

二　第六十八条第一項の裁定の申請に係る著作権者がその著作物の放送の許諾を与えないことについてやむを得ない事情があるとき。

5　文化庁長官は、前項の裁定をしない処分をしようとするとき(第七項の規定により裁定をしない処分をする場合を除く。)は、あらかじめ申請者にその理由を通知し、弁明及び有利な証拠の提出の機会を与えなければならないものとし、当該裁定をしない処分をしたときは、理由を付した書面をもつて申請者にその旨を通知しなければならない。

6　文化庁長官は、第六十七条第一項の裁定をしたときは、その旨を官報で告示するとともに申請者に通知し、第六十八条第一項又は前条の裁定をしたときは、その旨を当事者に通知しなければならない。

7　文化庁長官は、申請中利用者から第六十七条第一項の裁定の申請を取り下げる旨の申出があつたときは、当該裁定をしない処分をするものとする。

8　前各項に規定するもののほか、この節に定める裁定に関し必要な事項は、政令で定める。

第九節　補償金等

[文化審議会への諮問]

第七十一条　文化庁長官は、次に掲げる事項を定める場合には、文化審議会に諮問しなければならない。

一　第三十三条第二項(同条第四項において準用する場合を含む。)、第三十三条の二第二項又は第三十三条の三第二項の算出方法

二　第六十七条第一項、第六十七条の二第五項若しくは第六項、第六十八条第一項又は第六十九条の補償金の額

[補償金の額についての訴え]

第七十二条　第六十七条第一項、第六十七条の二第五項若しくは第六項、第六十八条第一項又は第六十九

条の規定に基づき定められた補償金の額について不服がある当事者は、これらの規定による裁定(第六十七条の二第五項又は第六項に係る場合にあつては、第六十七条第一項の裁定をしない処分)があつたことを知つた日から六月以内に、訴えを提起してその額の増減を求めることができる。

2　前項の訴えにおいては、訴えを提起する者が著作物を利用する者であるときは著作権者を、著作権者であるときは著作物を利用する者を、それぞれ被告としなければならない。

[補償金の額についての審査請求の制限]

第七十三条　第六十七条第一項、第六十八条第一項又は第六十九条の裁定又は裁定をしない処分についての審査請求においては、その裁定又は裁定をしない処分に係る補償金の額についての不服をその裁定又は裁定をしない処分についての不服の理由とすることができない。ただし、第六十七条第一項の裁定又は裁定をしない処分を受けた者が著作権者の不明その他これに準ずる理由により前条第一項の訴えを提起することができない場合は、この限りでない。

[補償金等の供託]

第七十四条　第三十三条第二項(同条第四項において準用する場合を含む。)、第三十三条の二第二項、第三十三条の三第二項、第六十八条第一項又は第六十九条の補償金を支払うべき者は、次に掲げる場合には、その補償金の支払に代えてその補償金を供託しなければならない。

一　補償金の提供をした場合において、著作権者がその受領を拒んだとき。

二　著作権者が補償金を受領することができないとき。

三　その者が著作権者を確知することができないとき(その者に過失があるときを除く。)。

四　その者がその補償金の額について第七十二条第一項の訴えを提起したとき。

五　当該著作権を目的とする質権が設定されているとき(当該質権を有する者の承諾を得た場合を除く。)。

2　前項第四号の場合において、著作権者の請求があるときは、当該補償金を支払うべき者は、自己の見積金額を支払い、裁定に係る補償金の額との差額を供託しなければならない。

3　第六十七条第一項、第六十七条の二第五項若しくは前二項の規定による補償金の供託又は同条第一項の規定による担保金の供託は、著作権者が国内に住所又は居所で知れているものを有する場合にあつては当該住所又は居所の最寄りの供託所に、その他の場合にあつては供託をする者の住所又は居所の最寄りの供託所に、それぞれするものとする。

4　前項の供託をした者は、すみやかにその旨を著作権者に通知しなければならない。ただし、著作権者の不明その他の理由により著作権者に通知することができない場合は、この限りでない。

第十節　登録

[実名の登録]

第七十五条　無名又は変名で公表された著作物の著作者は、現にその著作権を有するかどうかにかかわらず、その著作物についてその実名の登録を受けることができる。

２　著作者は、その遺言で指定する者により、死後において前項の登録を受けることができる。

３　実名の登録がされている者は、当該登録に係る著作物の著作者と推定する。

[第一発行年月日等の登録]

第七十六条　著作権者又は無名若しくは変名の著作物の発行者は、その著作物について第一発行年月日の登録又は第一公表年月日の登録を受けることができる。

２　第一発行年月日の登録又は第一公表年月日の登録がされている著作物については、これらの登録に係る年月日において最初の発行又は最初の公表があつたものと推定する。

[創作年月日の登録]

第七十六条の二　プログラムの著作物の著作者は、その著作物について創作年月日の登録を受けることができる。ただし、その著作物の創作後六月を経過した場合は、この限りでない。

２　前項の登録がされている著作物については、その登録に係る年月日において創作があつたものと推定する。

[著作権の登録]

第七十七条　次に掲げる事項は、登録しなければ、第三者に対抗することができない。

一　著作権の移転若しくは信託による変更又は処分の制限

二　著作権を目的とする質権の設定、移転、変更若しくは消滅(混同又は著作権若しくは担保する債権の消滅によるものを除く。)又は処分の制限

[登録手続等]

第七十八条　第七十五条第一項、第七十六条第一項、第七十六条の二第一項又は前条の登録は、文化庁長官が著作権登録原簿に記載し、又は記録して行う。

２　著作権登録原簿は、政令で定めるところにより、その全部又は一部を磁気ディスク(これに準ずる方法により一定の事項を確実に記録しておくことができる物を含む。第四項において同じ。)をもつて調製することができる。

３　文化庁長官は、第七十五条第一項の登録を行つたときは、その旨をインターネットの利用その他の適切な方法により公表するものとする。

４　何人も、文化庁長官に対し、著作権登録原簿の謄本若しくは抄本若しくはその附属書類の写しの交付、著作権登録原簿若しくはその附属書類の閲覧又は著作権登録原簿のうち磁気ディスクをもつて調製した部分に記録されている事項を記載した書類の交付を請求することができる。

５　前項の請求をする者は、実費を

勘案して政令で定める額の手数料を納付しなければならない。
6　前項の規定は、同項の規定により手数料を納付すべき者が国であるときは、適用しない。
7　第一項に規定する登録に関する処分については、行政手続法(平成五年法律第八十八号)第二章及び第三章の規定は、適用しない。
8　著作権登録原簿及びその附属書類については、行政機関情報公開法の規定は、適用しない。
9　著作権登録原簿及びその附属書類に記録されている保有個人情報(行政機関の保有する個人情報の保護に関する法律(平成十五年法律第五十八号)第二条第五項に規定する保有個人情報をいう。)については、同法第四章の規定は、適用しない。
10　この節に規定するもののほか、第一項に規定する登録に関し必要な事項は、政令で定める。

[プログラムの著作物の登録に関する特例]
第七十八条の二　プログラムの著作物に係る登録については、この節の規定によるほか、別に法律で定めるところによる。

第三章　出版権

[出版権の設定]
第七十九条　第二十一条又は第二十三条第一項に規定する権利を有する者(以下この章において「複製権等保有者」という。)は、その著作物について、文書若しくは図画として出版すること(電子計算機を用いてその映像面に文書又は図画として表示されるようにする方式により記録媒体に記録し、当該記録媒体に記録された当該著作物の複製物により頒布することを含む。次条第二項及び第八十一条第一号において「出版行為」という。)又は当該方式により記録媒体に記録された当該著作物の複製物を用いて公衆送信(放送又は有線放送を除き、自動公衆送信の場合にあつては送信可能化を含む。以下この章において同じ。)を行うこと(次条第二項及び第八十一条第二号において「公衆送信行為」という。)を引き受ける者に対し、出版権を設定することができる。
2　複製権等保有者は、その複製権又は公衆送信権を目的とする質権が設定されているときは、当該質権を有する者の承諾を得た場合に限り、出版権を設定することができるものとする。

[出版権の内容]
第八十条　出版権者は、設定行為で定めるところにより、その出版権の目的である著作物について、次に掲げる権利の全部又は一部を専有する。

一　頒布の目的をもつて、原作のまま印刷その他の機械的又は化学的方法により文書又は図画として複製する権利(原作のまま前条第一項に規定する方式により記録媒体に記録された電磁的記録として複製する権利を含む。)

二　原作のまま前条第一項に規定する方式により記録媒体に記録された当該著作物の複製物を用いて公衆送信を行う権利

2　出版権の存続期間中に当該著作物の著作者が死亡したとき、又は、設定行為に別段の定めがある場合を除き、出版権の設定後最初の出版行為又は公衆送信行為(第八十三条第二項及び第八十四条第三項において「出版行為等」という。)があつた日から三年を経過したときは、複製権等保有者は、前項の規定にかかわらず、当該著作物について、全集その他の編集物(その著作者の著作物のみを編集したものに限る。)に収録して複製し、又は公衆送信を行うことができる。

3　出版権者は、複製権等保有者の承諾を得た場合に限り、他人に対し、その出版権の目的である著作物の複製又は公衆送信を許諾することができる。

4　第六十三条第二項、第三項及び第五項並びに第六十三条の二の規定は、前項の場合について準用する。この場合において、第六十三条第三項中「著作権者」とあるのは「第七十九条第一項の複製権等保有者及び出版権者」と、同条第五項中「第二十三条第一項」とあるのは「第八十条第一項(第二号に係る部分に限る。)」と読み替えるものとする。

[出版の義務]

第八十一条　出版権者は、次の各号に掲げる区分に応じ、その出版権の目的である著作物につき当該各号に定める義務を負う。ただし、設定行為に別段の定めがある場合は、この限りでない。

一　前条第一項第一号に掲げる権利に係る出版権者(次条において「第一号出版権者」という。)　次に掲げる義務

イ　複製権等保有者からその著作物を複製するために必要な原稿その他の原品若しくはこれに相当する物の引渡し又はその著作物に係る電磁的記録の提供を受けた日から六月以内に当該著作物について出版行為を行う義務

ロ　当該著作物について慣行に従い継続して出版行為を行う義務

二　前条第一項第二号に掲げる権利に係る出版権者(次条第一項第二号において「第二号出版権者」という。)　次に掲げる義務

イ　複製権等保有者からその著作物について公衆送信を行うために必要な原稿その他の原品若しくはこれに相当する物の引渡し又はその著作物に係る電磁的記録の提供を受けた日から六月以内に当該著作物について公衆送信行為を行う義務

ロ　当該著作物について慣行に従い継続して公衆送信行為を行う義務

[著作物の修正増減]

第八十二条　著作者は、次に掲げる場合には、正当な範囲内において、その著作物に修正又は増減を加えることができる。

一　その著作物を第一号出版権者が改めて複製する場合
二　その著作物について第二号出版権者が公衆送信を行う場合
2　第一号出版権者は、その出版権の目的である著作物を改めて複製しようとするときは、その都度、あらかじめ著作者にその旨を通知しなければならない。

[出版権の存続期間]

第八十三条　出版権の存続期間は、設定行為で定めるところによる。
2　出版権は、その存続期間につき設定行為に定めがないときは、その設定後最初の出版行為等があつた日から三年を経過した日において消滅する。

[出版権の消滅の請求]

第八十四条　出版権者が第八十一条第一号(イに係る部分に限る。)又は第二号(イに係る部分に限る。)の義務に違反したときは、複製権等保有者は、出版権者に通知してそれぞれ第八十条第一項第一号又は第二号に掲げる権利に係る出版権を消滅させることができる。
2　出版権者が第八十一条第一号(ロに係る部分に限る。)又は第二号(ロに係る部分に限る。)の義務に違反した場合において、複製権等保有者が三月以上の期間を定めてその履行を催告したにもかかわらず、その期間内にその履行がされないときは、複製権等保有者は、出版権者に通知してそれぞれ第八十条第一項第一号又は第二号に掲げる権利に係る出版権を消滅させることができる。
3　複製権等保有者である著作者は、その著作物の内容が自己の確信に適合しなくなつたときは、その著作物の出版行為等を廃絶するために、出版権者に通知してその出版権を消滅させることができる。ただし、当該廃絶により出版権者に通常生ずべき損害をあらかじめ賠償しない場合は、この限りでない。

第八十五条　削除

[出版権の制限]

第八十六条　第三十条の二から第三十条の四まで、第三十一条第一項及び第三項後段、第三十二条、第三十三条第一項(同条第四項において準用する場合を含む。)、第三十三条の二第一項、第三十三条の三第一項及び第四項、第三十四条第一項、第三十五条第一項、第三十六条第一項、第三十七条、第三十七条の二、第三十九条第一項、第四十条第一項及び第二項、第四十一条から第四十二条の二まで、第四十二条の三第二項、第四十六条、第四十七条第一項及び第三項、第四十七条の二、第四十七条の四並びに第四十七条の五の規定は、出版権の目的となつている著作物の複製について準用する。この場合において、第三十条の二第一項ただし書及び第二項ただし書、第三十条の三、第三十条の四ただし書、第三十五条第一項ただし書、第四十二条第一項ただし書、第四十七条第一項ただし書及び第三項ただし書、第四十七条の二、第四十七条の四第一項ただし書及び第二項ただし書並びに第四十七条の五第一項ただし書及び第二項ただし書中「著作権者」とあるのは「出版権者」と、同条第一項ただし書中「著作権を」とあるのは「出版権を」と、「著作権の」とあるのは「出版権の」と読み替えるものとする。

2　次に掲げる者は、第八十条第一項第一号の複製を行つたものとみなす。

一　第三十条第一項に定める私的使用の目的以外の目的のために、同項の規定の適用を受けて原作のまま印刷その他の機械的若しくは化学的方法により文書若しくは図画として複製することにより作成された著作物の複製物(原作のまま第七十九条第一項に規定する方式により記録媒体に記録された電磁的記録として複製することにより作成されたものを含む。)を頒布し、又は当該複製物によつて当該著作物の公衆への提示を行つた者

二　前項において準用する第三十条の三、第三十一条第一項第一号若しくは第三項後段、第三十三条の二第一項、第三十三条の三第一項若しくは第四項、第三十五条第一項、第三十七条第三項、第三十七条の二本文(同条第二号に係る場合にあつては、同号)、第四十一条から第四十二条の二まで、第四十二条の三第二項、第四十七条第一項若しくは第三項、第四十七条の二又は第四十七条の五第一項に定める目的以外の目的のために、これらの規定の適用を受けて作成された著作物の複製物を頒布し、又は当該複製物によつて当該著作物の公衆への提示を行つた者

三　前項において準用する第三十条の四の規定の適用を受けて作成された著作物の複製物を用いて、当該著作物に表現された思想又は感情を自ら享受し又は他人に享受させる目的のために、いずれの方法によるかを問わず、当該著作物を利用した者

四　前項において準用する第四十七条の四又は第四十七条の五第二項に定める目的以外の目的のために、これらの規定の適用を受けて作成された著作物の複製物を用いて、いずれの方法によるかを問わず、当該著作物を利用した者

3　第三十条の二から第三十条の四まで、第三十一条第三項前段、第三十二条第一項、第三十三条の二第一項、第三十三条の三第四項、第三十五条第一項、第三十六条第一項、第三十七条第二項及び第三項、第三十七条の二(第二号を除く。)、第四十条第一項、第四十一条、第四十二条の二、第四十二条の三第二項、第四十六条、第四十七条第二項及び第三項、第四十七条の二、第四十七条の四並びに第四十七条の五の規定は、出版権の目的となつている著作物の公衆送信について準用する。この場合において、第三十条の二第一項ただし書及び第二項ただし書、第三十条の三、第三十条の四ただし書、第三十五条第一項ただし書、第三十六条第一項ただし書、第四十七条第二項ただし書及び第三項ただし書、第四十七条の二、第

四十七条の四第一項ただし書及び第二項ただし書並びに第四十七条の五第一項ただし書及び第二項ただし書中「著作権者」とあるのは「出版権者」と、同条第一項ただし書中「著作権を」とあるのは「出版権を」と、「著作権の」とあるのは「出版権の」と読み替えるものとする。

[出版権の譲渡等]

第八十七条　出版権は、複製権等保有者の承諾を得た場合に限り、その全部又は一部を譲渡し、又は質権の目的とすることができる。

[出版権の登録]

第八十八条　次に掲げる事項は、登録しなければ、第三者に対抗することができない。

一　出版権の設定、移転、変更若しくは消滅(混同又は複製権若しくは公衆送信権の消滅によるものを除く。)又は処分の制限

二　出版権を目的とする質権の設定、移転、変更若しくは消滅(混同又は出版権若しくは担保する債権の消滅によるものを除く。)又は処分の制限

2　第七十八条(第三項を除く。)の規定は、前項の登録について準用する。この場合において、同条第一項、第二項、第四項、第八項及び第九項中「著作権登録原簿」とあるのは、「出版権登録原簿」と読み替えるものとする。

第四章　著作隣接権

第一節　総則

[著作隣接権]

第八十九条　実演家は、第九十条の二第一項及び第九十条の三第一項に規定する権利(以下「実演家人格権」という。)並びに第九十一条第一項、第九十二条第一項、第九十二条の二第一項、第九十五条の二第一項及び第九十五条の三第一項に規定する権利並びに第九十四条の二及び第九十五条の三第三項に規定する報酬並びに第九十五条第一項に規定する二次使用料を受ける権利を享有する。

2　レコード製作者は、第九十六条、第九十六条の二、第九十七条の二第一項及び第九十七条の三第一項に規定する権利並びに第九十七条第一項に規定する二次使用料及び第九十七条の三第三項に規定する報酬を受ける権利を享有する。

3　放送事業者は、第九十八条から第百条までに規定する権利を享有する。

4　有線放送事業者は、第百条の二から第百条の五までに規定する権利を享有する。

5　前各項の権利の享有には、いかなる方式の履行をも要しない。

6　第一項から第四項までの権利(実演家人格権並びに第一項及び第二項の報酬及び二次使用料を受ける権利を除く。)は、著作隣接権という。

[著作者の権利と著作隣接権との関係]

第九十条　この章の規定は、著作者

の権利に影響を及ぼすものと解釈してはならない。

第二節　実演家の権利

[氏名表示権]

第九十条の二　実演家は、その実演の公衆への提供又は提示に際し、その氏名若しくはその芸名その他氏名に代えて用いられるものを実演家名として表示し、又は実演家名を表示しないこととする権利を有する。

2　実演を利用する者は、その実演家の別段の意思表示がない限り、その実演につき既に実演家が表示しているところに従つて実演家名を表示することができる。

3　実演家名の表示は、実演の利用の目的及び態様に照らし実演家がその実演の実演家であることを主張する利益を害するおそれがないと認められるとき又は公正な慣行に反しないと認められるときは、省略することができる。

4　第一項の規定は、次の各号のいずれかに該当するときは、適用しない。

一　行政機関情報公開法、独立行政法人等情報公開法又は情報公開条例の規定により行政機関の長、独立行政法人等又は地方公共団体の機関若しくは地方独立行政法人が実演を公衆に提供し、又は提示する場合において、当該実演につき既にその実演家が表示しているところに従つて実演家名を表示するとき。

二　行政機関情報公開法第六条第二項の規定、独立行政法人等情報公開法第六条第二項の規定又は情報公開条例の規定で行政機関情報公開法第六条第二項の規定に相当するものにより行政機関の長、独立行政法人等又は地方公共団体の機関若しくは地方独立行政法人が実演を公衆に提供し、又は提示する場合において、当該実演の実演家名の表示を省略することとなるとき。

三　公文書管理法第十六条第一項の規定又は公文書管理条例の規定(同項の規定に相当する規定に限る。)により国立公文書館等の長又は地方公文書館等の長が実演を公衆に提供し、又は提示する場合において、当該実演につき既にその実演家が表示しているところに従つて実演家名を表示するとき。

[同一性保持権]

第九十条の三　実演家は、その実演の同一性を保持する権利を有し、自己の名誉又は声望を害するその実演の変更、切除その他の改変を受けないものとする。

2　前項の規定は、実演の性質並びにその利用の目的及び態様に照らしやむを得ないと認められる改変又は公正な慣行に反しないと認められる改変については、適用しない。

[録音権及び録画権]

第九十一条　実演家は、その実演を録音し、又は録画する権利を専有する。

2　前項の規定は、同項に規定する権利を有する者の許諾を得て映画の著作物において録音され、又は録画された実演については、これを録音物(音を専ら影像とともに再生することを目的とするものを除く。)に録音する場合を除き、適用しない。

[放送権及び有線放送権]

第九十二条　実演家は、その実演を放送し、又は有線放送する権利を専有する。

2　前項の規定は、次に掲げる場合には、適用しない。

一　放送される実演を有線放送する場合

二　次に掲げる実演を放送し、又は有線放送する場合

イ　前条第一項に規定する権利を有する者の許諾を得て録音され、又は録画されている実演

ロ　前条第二項の実演で同項の録音物以外の物に録音され、又は録画されているもの

[送信可能化権]

第九十二条の二　)

第九十二条の二　実演家は、その実演を送信可能化する権利を専有する。

2　前項の規定は、次に掲げる実演については、適用しない。

一　第九十一条第一項に規定する権利を有する者の許諾を得て録画されている実演

二　第九十一条第二項の実演で同項の録音物以外の物に録音され、又は録画されているもの

[放送のための固定]

第九十三条　実演の放送について第九十二条第一項に規定する権利を有する者の許諾を得た放送事業者は、その実演を放送のために録音し、又は録画することができる。ただし、契約に別段の定めがある場合及び当該許諾に係る放送番組と異なる内容の放送番組に使用する目的で録音し、又は録画する場合は、この限りでない。

2　次に掲げる者は、第九十一条第一項の録音又は録画を行なつたものとみなす。

一　前項の規定により作成された録音物又は録画物を放送の目的以外の目的又は同項ただし書に規定する目的のために使用し、又は提供した者

二　前項の規定により作成された録音物又は録画物の提供を受けた放送事業者で、これらをさらに他の放送事業者の放送のために提供したもの

[放送のための固定物等による放送]

第九十四条　第九十二条第一項に規定する権利を有する者がその実演の放送を許諾したときは、契約に別段の定めがない限り、当該実演は、当該許諾に係る放送のほか、次に掲げる放送において放送することができる。

一　当該許諾を得た放送事業者が前条第一項の規定により作成した録音物又は録画物を用いてする放送

二　当該許諾を得た放送事業者からその者が前条第一項の規定

により作成した録音物又は録画物の提供を受けてする放送

三　当該許諾を得た放送事業者から当該許諾に係る放送番組の供給を受けてする放送(前号の放送を除く。)

2　前項の場合において、同項各号に掲げる放送において実演が放送されたときは、当該各号に規定する放送事業者は、相当な額の報酬を当該実演に係る第九十二条第一項に規定する権利を有する者に支払わなければならない。

[放送される実演の有線放送]

第九十四条の二　有線放送事業者は、放送される実演を有線放送した場合(営利を目的とせず、かつ、聴衆又は観衆から料金(いずれの名義をもつてするかを問わず、実演の提示につき受ける対価をいう。次条第一項において同じ。)を受けない場合を除く。)には、当該実演(著作隣接権の存続期間内のものに限り、第九十二条第二項第二号に掲げるものを除く。)に係る実演家に相当な額の報酬を支払わなければならない。

[商業用レコードの二次使用]

第九十五条　放送事業者及び有線放送事業者(以下この条及び第九十七条第一項において「放送事業者等」という。)は、第九十一条第一項に規定する権利を有する者の許諾を得て実演が録音されている商業用レコード(送信可能化されたレコードを含む。第九十七条第一項及び第三項において同じ。)を用いた放送又は有線放送を行つた場合(営利を目的とせず、かつ、聴衆又は観衆から料金を受けずに、当該放送を受信して同時に有線放送を行つた場合を除く。)には、当該実演(第七条第一号から第六号までに掲げる実演で著作隣接権の存続期間内のものに限る。次項から第四項までにおいて同じ。)に係る実演家に二次使用料を支払わなければならない。

2　前項の規定は、実演家等保護条約の締約国については、当該締約国であつて、実演家等保護条約第十六条1(a)(i)の規定に基づき実演家等保護条約第十二条の規定を適用しないこととしている国以外の国の国民をレコード製作者とするレコードに固定されている実演に係る実演家について適用する。

3　第八条第一号に掲げるレコードについて実演家等保護条約の締約国により与えられる実演家等保護条約第十二条の規定による保護の期間が第一項の規定により実演家が保護を受ける期間より短いときは、当該締約国の国民をレコード製作者とするレコードに固定されている実演に係る実演家が同項の規定により保護を受ける期間は、第八条第一号に掲げるレコードについて当該締約国により与えられる実演家等保護条約第十二条の規定による保護の期間による。

4　第一項の規定は、実演・レコード条約の締約国(実演家等保護条約の締約国を除く。)であつて、実演・レコード条約第十五条(3)の規定により留保を付している国の国民をレコード製作者とするレコードに固定されている実演に係る実演家については、当該留保の範囲に制限して適用する。
5　第一項の二次使用料を受ける権利は、国内において実演を業とする者の相当数を構成員とする団体(その連合体を含む。)でその同意を得て文化庁長官が指定するものがあるときは、当該団体によつてのみ行使することができる。
6　文化庁長官は、次に掲げる要件を備える団体でなければ、前項の指定をしてはならない。
一　営利を目的としないこと。
二　その構成員が任意に加入し、又は脱退することができること。
三　その構成員の議決権及び選挙権が平等であること。
四　第一項の二次使用料を受ける権利を有する者(以下この条において「権利者」という。)のためにその権利を行使する業務をみずから的確に遂行するに足りる能力を有すること。
7　第五項の団体は、権利者から申込みがあつたときは、その者のためにその権利を行使することを拒んではならない。
8　第五項の団体は、前項の申込みがあつたときは、権利者のために自己の名をもつてその権利に関する裁判上又は裁判外の行為を行う権限を有する。
9　文化庁長官は、第五項の団体に対し、政令で定めるところにより、第一項の二次使用料に係る業務に関して報告をさせ、若しくは帳簿、書類その他の資料の提出を求め、又はその業務の執行方法の改善のため必要な勧告をすることができる。
10　第五項の団体が同項の規定により権利者のために請求することができる二次使用料の額は、毎年、当該団体と放送事業者等又はその団体との間において協議して定めるものとする。
11　前項の協議が成立しないときは、その当事者は、政令で定めるところにより、同項の二次使用料の額について文化庁長官の裁定を求めることができる。
12　第七十条第三項、第六項及び第八項、第七十一条(第二号に係る部分に限る。)並びに第七十二条から第七十四条までの規定は、前項の裁定及び二次使用料について準用する。この場合において、第七十条第三項中「著作権者」とあるのは「当事者」と、第七十二条第二項中「著作物を利用する者」とあるのは「第九十五条第一項の放送事業者等」と、「著作権者」とあるのは「同条第五項の団体」と、第七十四条中「著作権者」とあるのは「第九十五条第五項の団体」と読み替えるものとする。
13　私的独占の禁止及び公正取引の確保に関する法律(昭和二十二年法律第五十四号)の規定は、第十項の協議による定め及びこれに基づいてする行為については、適用しない。ただし、不公正な取引方法を用いる場合及び関連事業者の利益を不当に害することとなる場合は、この限りでない。
14　第五項から前項までに定めるもののほか、第一項の二次使用料の支払及び第五項の団体に関し必要な事項は、政令で定める。

[譲渡権]

第九十五条の二　実演家は、その実演をその録音物又は録画物の譲渡により公衆に提供する権利を専有する。

２　前項の規定は、次に掲げる実演については、適用しない。

一　第九十一条第一項に規定する権利を有する者の許諾を得て録画されている実演

二　第九十一条第二項の実演で同項の録音物以外の物に録音され、又は録画されているもの

３　第一項の規定は、実演(前項各号に掲げるものを除く。以下この条において同じ。)の録音物又は録画物で次の各号のいずれかに該当するものの譲渡による場合には、適用しない。

一　第一項に規定する権利を有する者又はその許諾を得た者により公衆に譲渡された実演の録音物又は録画物

二　第百三条において準用する第六十七条第一項の規定による裁定を受けて公衆に譲渡された実演の録音物又は録画物

三　第百三条において準用する第六十七条の二第一項の規定の適用を受けて公衆に譲渡された実演の録音物又は録画物

四　第一項に規定する権利を有する者又はその承諾を得た者により特定かつ少数の者に譲渡された実演の録音物又は録画物

五　国外において、第一項に規定する権利に相当する権利を害することなく、又は同項に規定する権利に相当する権利を有する者若しくはその承諾を得た者により譲渡された実演の録音物又は録画物

[貸与権等]

第九十五条の三　実演家は、その実演をそれが録音されている商業用レコードの貸与により公衆に提供する権利を専有する。

２　前項の規定は、最初に販売された日から起算して一月以上十二月を超えない範囲内において政令で定める期間を経過した商業用レコード(複製されているレコードのすべてが当該商業用レコードと同一であるものを含む。以下「期間経過商業用レコード」という。)の貸与による場合には、適用しない。

３　商業用レコードの公衆への貸与を営業として行う者(以下「貸レコード業者」という。)は、期間経過商業用レコードの貸与により実演を公衆に提供した場合には、当該実演(著作隣接権の存続期間内のものに限る。)に係る実演家に相当な額の報酬を支払わなければならない。

４　第九十五条第五項から第十四項までの規定は、前項の報酬を受ける権利について準用する。この場合において、同条第十項中「放送事業者等」とあり、及び同条第十二項中「第九十五条第一項の放送事業者等」とあるのは、「第九十五条の三第三項の貸レコード業者」と読み替えるものとする。

５　第一項に規定する権利を有する者の許諾に係る使用料を受ける権利は、前項において準用する第九十五条第五項の団体によつて行使することができる。

６　第九十五条第七項から第十四項までの規定は、前項の場合について準用する。この場合においては、第

四項後段の規定を準用する。

第三節　レコード製作者の権利

[複製権]

第九十六条　レコード製作者は、そのレコードを複製する権利を専有する。

[送信可能化権]

第九十六条の二　レコード製作者は、そのレコードを送信可能化する権利を専有する。

[商業用レコードの二次使用]

第九十七条　放送事業者等は、商業用レコードを用いた放送又は有線放送を行つた場合(営利を目的とせず、かつ、聴衆又は観衆から料金(いずれの名義をもつてするかを問わず、レコードに係る音の提示につき受ける対価をいう。)を受けずに、当該放送を受信して同時に有線放送を行つた場合を除く。)には、そのレコード(第八条第一号から第四号までに掲げるレコードで著作隣接権の存続期間内のものに限る。)に係るレコード製作者に二次使用料を支払わなければならない。

2　第九十五条第二項及び第四項の規定は、前項に規定するレコード製作者について準用し、同条第三項の規定は、前項の規定により保護を受ける期間について準用する。この場合において、同条第二項から第四項までの規定中「国民をレコード製作者とするレコードに固定されている実演に係る実演家」とあるのは「国民であるレコード製作者」と、同条第三項中「実演家が保護を受ける期間」とあるのは「レコード製作者が保護を受ける期間」と読み替えるものとする。

3　第一項の二次使用料を受ける権利は、国内において商業用レコードの製作を業とする者の相当数を構成員とする団体(その連合体を含む。)でその同意を得て文化庁長官が指定するものがあるときは、当該団体によつてのみ行使することができる。

4　第九十五条第六項から第十四項までの規定は、第一項の二次使用料及び前項の団体について準用する。

[譲渡権]

第九十七条の二　レコード製作者は、そのレコードをその複製物の譲渡により公衆に提供する権利を専有する。

2　前項の規定は、レコードの複製物で次の各号のいずれかに該当するものの譲渡による場合には、適用しない。

一　前項に規定する権利を有する者又はその許諾を得た者により公衆に譲渡されたレコードの複製物

二　第百三条において準用する第六十七条第一項の規定による裁定を受けて公衆に譲渡されたレコードの複製物

三　第百三条において準用する第六十七条の二第一項の規定の適用を受けて公衆に譲渡されたレコードの複製物

四　前項に規定する権利を有する者又はその承諾を得た者により特定かつ少数の者に譲渡されたレコードの複製物

五　国外において、前項に規定す

る権利に相当する権利を害することなく、又は同項に規定する権利に相当する権利を有する者若しくはその承諾を得た者により譲渡されたレコードの複製物

[貸与権等]

第九十七条の三　レコード製作者は、そのレコードをそれが複製されている商業用レコードの貸与により公衆に提供する権利を専有する。

2　前項の規定は、期間経過商業用レコードの貸与による場合には、適用しない。

3　貸レコード業者は、期間経過商業用レコードの貸与によりレコードを公衆に提供した場合には、当該レコード(著作隣接権の存続期間内のものに限る。)に係るレコード製作者に相当な額の報酬を支払わなければならない。

4　第九十七条第三項の規定は、前項の報酬を受ける権利の行使について準用する。

5　第九十五条第六項から第十四項までの規定は、第三項の報酬及び前項において準用する第九十七条第三項に規定する団体について準用する。この場合においては、第九十五条の三第四項後段の規定を準用する。

6　第一項に規定する権利を有する者の許諾に係る使用料を受ける権利は、第四項において準用する第九十七条第三項の団体によつて行使することができる。

7　第五項の規定は、前項の場合について準用する。この場合において、第五項中「第九十五条第六項」とあるのは、「第九十五条第七項」と読み替えるものとする。

第四節　放送事業者の権利

[複製権]

第九十八条　放送事業者は、その放送又はこれを受信して行なう有線放送を受信して、その放送に係る音又は影像を録音し、録画し、又は写真その他これに類似する方法により複製する権利を専有する。

[再放送権及び有線放送権]

第九十九条　放送事業者は、その放送を受信してこれを再放送し、又は有線放送する権利を専有する。

2　前項の規定は、放送を受信して有線放送を行なう者が法令の規定により行なわなければならない有線放送については、適用しない。

[送信可能化権]

第九十九条の二　放送事業者は、その放送又はこれを受信して行う有線放送を受信して、その放送を送信可能化する権利を専有する。

2　前項の規定は、放送を受信して自動公衆送信を行う者が法令の規定により行わなければならない自動公衆送信に係る送信可能化については、適用しない。

[テレビジョン放送の伝達権]

第百条　放送事業者は、そのテレビジョン放送又はこれを受信して行なう有線放送を受信して、影像を拡大する特別の装置を用いてその放送を公に伝達する権利を専有する。

第五節　有線放送事業者の権利

［複製権］

第百条の二　有線放送事業者は、その有線放送を受信して、その有線放送に係る音又は影像を録音し、録画し、又は写真その他これに類似する方法により複製する権利を専有する。

［放送権及び再有線放送権］

第百条の三　有線放送事業者は、その有線放送を受信してこれを放送し、又は再有線放送する権利を専有する。

［送信可能化権］

第百条の四　有線放送事業者は、その有線放送を受信してこれを送信可能化する権利を専有する。

［有線テレビジョン放送の伝達権］

第百条の五　有線放送事業者は、その有線テレビジョン放送を受信して、影像を拡大する特別の装置を用いてその有線放送を公に伝達する権利を専有する。

第六節　保護期間

［実演、レコード、放送又は有線放送の保護期間］

第百一条　著作隣接権の存続期間は、次に掲げる時に始まる。

一　実演に関しては、その実演を行つた時

二　レコードに関しては、その音を最初に固定した時

三　放送に関しては、その放送を行つた時

四　有線放送に関しては、その有線放送を行つた時

2　著作隣接権の存続期間は、次に掲げる時をもつて満了する。

一　実演に関しては、その実演が行われた日の属する年の翌年から起算して七十年を経過した時

二　レコードに関しては、その発行が行われた日の属する年の翌年から起算して七十年(その音が最初に固定された日の属する年の翌年から起算して七十年を経過する時までの間に発行されなかつたときは、その音が最初に固定された日の属する年の翌年から起算して七十年)を経過した時

三　放送に関しては、その放送が行われた日の属する年の翌年から起算して五十年を経過した時

四　有線放送に関しては、その有線放送が行われた日の属する年の翌年から起算して五十年を経過した時

第七節　実演家人格権の一身専属性等

［実演家人格権の一身専属性］

第百一条の二　実演家人格権は、実演家の一身に専属し、譲渡することができない。

［実演家の死後における人格的利益の保護］

第百一条の三　実演を公衆に提供し、又は提示する者は、その実演の実演家の死後においても、実演家が生存しているとしたならばその実演家人

格権の侵害となるべき行為をしてはならない。ただし、その行為の性質及び程度、社会的事情の変動その他によりその行為が当該実演家の意を害しないと認められる場合は、この限りでない。

第八節　権利の制限、譲渡及び行使等並びに登録

[著作隣接権の制限]

第百二条　第三十条第一項(第四号を除く。第九項第一号において同じ。)、第三十条の二から第三十二条まで、第三十五条、第三十六条、第三十七条第三項、第三十七条の二(第一号を除く。次項において同じ。)、第三十八条第二項及び第四項、第四十一条から第四十三条まで、第四十四条(第二項を除く。)、第四十六条から第四十七条の二まで、第四十七条の四並びに第四十七条の五の規定は、著作隣接権の目的となつている実演、レコード、放送又は有線放送の利用について準用し、第三十条第三項及び第四十七条の七の規定は、著作隣接権の目的となつている実演又はレコードの利用について準用し、第三十三条から第三十三条の三までの規定は、著作隣接権の目的となつている放送又は有線放送の利用について準用し、第四十四条第二項の規定は、著作隣接権の目的となつている実演、レコード又は有線放送の利用について準用する。この場合において、第三十条第一項第三号中「自動公衆送信(国外で行われる自動公衆送信」とあるのは「送信可能化(国外で行われる送信可能化」と、「含む。)」とあるのは「含む。)に係る自動公衆送信」と、第四十四条第一項中「第二十三条第一項」とあるのは「第九十二条第一項、第九十九条第一項又は第百条の三」と、同条第二項中「第二十三条第一項」とあるのは「第九十二条第一項又は第百条の三」と読み替えるものとする。

2　前項において準用する第三十二条、第三十三条第一項(同条第四項において準用する場合を含む。)、第三十三条の二第一項、第三十三条の三第一項、第三十七条第三項、第三十七条の二、第四十二条若しくは第四十七条の規定又は次項若しくは第四項の規定により実演若しくはレコード又は放送若しくは有線放送に係る音若しくは影像(以下「実演等」と総称する。)を複製する場合において、その出所を明示する慣行があるときは、これらの複製の態様に応じ合理的と認められる方法及び程度により、その出所を明示しなければならない。

3　第三十三条の三第一項の規定により教科用図書に掲載された著作物を複製することができる場合には、同項の規定の適用を受けて作成された録音物において録音されている実演又は当該録音物に係るレコードを複製し、又は同項に定める目的のためにその複製物の譲渡により公衆に提供することができる。

4　視覚障害者等の福祉に関する事業を行う者で第三十七条第三項の政令で定めるものは、同項の規定により視覚著作物を複製することができる場合には、同項の規定の適用を受けて作成された録音物において録音

されている実演又は当該録音物に係るレコードについて、複製し、又は同項に定める目的のために、送信可能化を行い、若しくはその複製物の譲渡により公衆に提供することができる。

5　著作隣接権の目的となつている実演であつて放送されるものは、専ら当該放送に係る放送対象地域において受信されることを目的として送信可能化(公衆の用に供されている電気通信回線に接続している自動公衆送信装置に情報を入力することによるものに限る。)を行うことができる。ただし、当該放送に係る第九十九条の二第一項に規定する権利を有する者の権利を害することとなる場合は、この限りでない。

6　前項の規定により実演の送信可能化を行う者は、第一項において準用する第三十八条第二項の規定の適用がある場合を除き、当該実演に係る第九十二条の二第一項に規定する権利を有する者に相当な額の補償金を支払わなければならない。

7　前二項の規定は、著作隣接権の目的となつているレコードの利用について準用する。この場合において、前項中「第九十二条の二第一項」とあるのは、「第九十六条の二」と読み替えるものとする。

8　第三十九条第一項又は第四十条第一項若しくは第二項の規定により著作物を放送し、又は有線放送することができる場合には、その著作物の放送若しくは有線放送について、これを受信して有線放送し、若しくは影像を拡大する特別の装置を用いて公に伝達し、又はその著作物の放送について、これを受信して同時に専ら当該放送に係る放送対象地域において受信されることを目的として送信可能化(公衆の用に供されている電気通信回線に接続している自動公衆送信装置に情報を入力することによるものに限る。)を行うことができる。

9　次に掲げる者は、第九十一条第一項、第九十六条、第九十八条又は第百条の二の録音、録画又は複製を行つたものとみなす。

一　第一項において準用する第三十条第一項、第三十条の三、第三十一条第一項第一号若しくは第三項後段、第三十三条の二第一項、第三十三条の三第一項若しくは第四項、第三十五条第一項、第三十七条第三項、第三十七条の二第二号、第四十一条から第四十二条の三まで、第四十三条第二項、第四十四条第一項若しくは第二項、第四十七条第一項若しくは第三項、第四十七条の二又は第四十七条の五第一項に定める目的以外の目的のために、これらの規定の適用を受けて作成された実演等の複製物を頒布し、又は当該複製物によつて当該実演、当該レコードに係る音若しくは当該放送若しくは有線放送に係る音若しくは影像の公衆への提示を行つた者

二　第一項において準用する第三十条の四の規定の適用を受けて作成された実演等の複製物を用いて、当該実演等を自ら享受し又は他人に享受させる目的の

ために、いずれの方法によるかを問わず、当該実演等を利用した者

三　第一項において準用する第四十四条第三項の規定に違反して同項の録音物又は録画物を保存した放送事業者又は有線放送事業者

四　第一項において準用する第四十七条の四又は第四十七条の五第二項に定める目的以外の目的のために、これらの規定の適用を受けて作成された実演等の複製物を用いて、いずれの方法によるかを問わず、当該実演等を利用した者

五　第三十三条の三第一項又は第三十七条第三項に定める目的以外の目的のために、第三項若しくは第四項の規定の適用を受けて作成された実演若しくはレコードの複製物を頒布し、又は当該複製物によつて当該実演若しくは当該レコードに係る音の公衆への提示を行つた者

[実演家人格権との関係]

第百二条の二　前条の著作隣接権の制限に関する規定(同条第七項及び第八項の規定を除く。)は、実演家人格権に影響を及ぼすものと解釈してはならない。

[著作隣接権の譲渡、行使等]

第百三条　第六十一条第一項の規定は著作隣接権の譲渡について、第六十二条第一項の規定は著作隣接権の消滅について、第六十三条及び第六十三条の二の規定は実演、レコード、放送又は有線放送の利用の許諾について、第六十五条の規定は著作隣接権が共有に係る場合について、第六十六条の規定は著作隣接権を目的として質権が設定されている場合について、第六十七条、第六十七条の二(第一項ただし書を除く。)、第七十条(第三項及び第四項を除く。)、第七十一条(第二号に係る部分に限る。)、第七十二条、第七十三条並びに第七十四条第三項及び第四項の規定は著作隣接権者と連絡することができない場合における実演、レコード、放送又は有線放送の利用について、第七十一条(第一号に係る部分に限る。)及び第七十四条の規定は第百二条第一項において準用する第三十三条から第三十三条の三までの規定による放送又は有線放送の利用について、それぞれ準用する。この場合において、第六十三条第五項中「第二十三条第一項」とあるのは「第九十二条の二第一項、第九十六条の二、第九十九条の二第一項又は第百条の四」と、第七十条第五項中「前項」とあるのは「第百三条において準用する第六十七条第一項」と読み替えるものとする。

[著作隣接権の登録]

第百四条　第七十七条及び第七十八条(第三項を除く。)の規定は、著作隣接権に関する登録について準用する。この場合において、同条第一項、第二項、第四項、第八項及び第九項中「著作権登録原簿」とあるのは、「著作隣接権登録原簿」と読み替えるものとする。

第五章　著作権等の制限による利用に係る補償金

第一節　私的録音録画補償金

[私的録音録画補償金を受ける権利の行使]

第百四条の二　第三十条第三項(第百二条第一項において準用する場合を含む。以下この節において同じ。)の補償金(以下この節において「私的録音録画補償金」という。)を受ける権利は、私的録音録画補償金を受ける権利を有する者(次項及び次条第四号において「権利者」という。)のためにその権利を行使することを目的とする団体であつて、次に掲げる私的録音録画補償金の区分ごとに全国を通じて一個に限りその同意を得て文化庁長官が指定するもの(以下この節において「指定管理団体」という。)があるときは、それぞれ当該指定管理団体によつてのみ行使することができる。

一　私的使用を目的として行われる録音(専ら録画とともに行われるものを除く。次条第二号イ及び第百四条の四において「私的録音」という。)に係る私的録音録画補償金

二　私的使用を目的として行われる録画(専ら録音とともに行われるものを含む。次条第二号ロ及び第百四条の四において「私的録画」という。)に係る私的録音録画補償金

2　前項の規定による指定がされた場合には、指定管理団体は、権利者のために自己の名をもつて私的録音録画補償金を受ける権利に関する裁判上又は裁判外の行為を行う権限を有する。

[指定の基準]

第百四条の三　文化庁長官は、次に掲げる要件を備える団体でなければ前条第一項の規定による指定をしてはならない。

一　一般社団法人であること。

二　前条第一項第一号に掲げる私的録音録画補償金に係る場合についてはイ、ハ及びニに掲げる団体を、同項第二号に掲げる私的録音録画補償金に係る場合についてはロからニまでに掲げる団体を構成員とすること。

イ　私的録音に係る著作物に関し第二十一条に規定する権利を有する者を構成員とする団体(その連合体を含む。)であつて、国内において私的録音に係る著作物に関し同条に規定する権利を有する者の利益を代表すると認められるもの

ロ　私的録画に係る著作物に関し第二十一条に規定する権利を有する者を構成員とする団体(その連合体を含む。)であつて、国内において私的録画に係る著作物に関し同条に規定する権利を有する者の利益を代表すると認められるもの

ハ　国内において実演を業とする者の相当数を構成員とす

る団体(その連合体を含む。)

二　国内において商業用レコードの製作を業とする者の相当数を構成員とする団体(その連合体を含む。)

三　前号イからニまでに掲げる団体がそれぞれ次に掲げる要件を備えるものであること。

イ　営利を目的としないこと。

ロ　その構成員が任意に加入し、又は脱退することができること。

ハ　その構成員の議決権及び選挙権が平等であること。

四　権利者のために私的録音録画補償金を受ける権利を行使する業務(第百四条の八第一項の事業に係る業務を含む。以下この節において「補償金関係業務」という。)を的確に遂行するに足りる能力を有すること。

[私的録音録画補償金の支払の特例]

第百四条の四　第三十条第三項の政令で定める機器(以下この条及び次条において「特定機器」という。)又は記録媒体(以下この条及び次条において「特定記録媒体」という。)を購入する者(当該特定機器又は特定記録媒体が小売に供された後最初に購入するものに限る。)は、その購入に当たり、指定管理団体から、当該特定機器又は特定記録媒体を用いて行う私的録音又は私的録画に係る私的録音録画補償金の一括の支払として、第百四条の六第一項の規定により当該特定機器又は特定記録媒体について定められた額の私的録音録画補償金の支払の請求があつた場合には、当該私的録音録画補償金を支払わなければならない。

2　前項の規定により私的録音録画補償金を支払つた者は、指定管理団体に対し、その支払に係る特定機器又は特定記録媒体を専ら私的録音及び私的録画以外の用に供することを証明して、当該私的録音録画補償金の返還を請求することができる。

3　第一項の規定による支払の請求を受けて私的録音録画補償金が支払われた特定機器により同項の規定による支払の請求を受けて私的録音録画補償金が支払われた特定記録媒体に私的録音又は私的録画を行う者は、第三十条第三項の規定にかかわらず、当該私的録音又は私的録画を行うに当たり、私的録音録画補償金を支払うことを要しない。ただし、当該特定機器又は特定記録媒体が前項の規定により私的録音録画補償金の返還を受けたものであるときは、この限りでない。

[製造業者等の協力義務]

第百四条の五　前条第一項の規定により指定管理団体が私的録音録画補償金の支払を請求する場合には、特定機器又は特定記録媒体の製造又は輸入を業とする者(次条第三項において「製造業者等」という。)は、当該私的録音録画補償金の支払の請求及びその受領に関し協力しなければならない。

[私的録音録画補償金の額]

第百四条の六　第百四条の二第一項の規定により指定管理団体が私的録音録画補償金を受ける権利を行使す

る場合には、指定管理団体は、私的録音録画補償金の額を定め、文化庁長官の認可を受けなければならない。これを変更しようとするときも、同様とする。
2　前項の認可があつたときは、私的録音録画補償金の額は、第三十条第三項の規定にかかわらず、その認可を受けた額とする。
3　指定管理団体は、第百四条の四第一項の規定により支払の請求をする私的録音録画補償金に係る第一項の認可の申請に際し、あらかじめ、製造業者等の団体で製造業者等の意見を代表すると認められるものの意見を聴かなければならない。
4　文化庁長官は、第一項の認可の申請に係る私的録音録画補償金の額が、第三十条第一項(第百二条第一項において準用する場合を含む。)及び第百四条の四第一項の規定の趣旨、録音又は録画に係る通常の使用料の額その他の事情を考慮した適正な額であると認めるときでなければ、その認可をしてはならない。
5　文化庁長官は、第一項の認可をしようとするときは、文化審議会に諮問しなければならない。

[補償金関係業務の執行に関する規程]

第百四条の七　指定管理団体は、補償金関係業務を開始しようとするときは、補償金関係業務の執行に関する規程を定め、文化庁長官に届け出なければならない。これを変更しようとするときも、同様とする。
2　前項の規程には、私的録音録画補償金(第百四条の四第一項の規定に基づき支払を受けるものに限る。)の分配に関する事項を含むものとし、指定管理団体は、第三十条第三項の規定の趣旨を考慮して当該分配に関する事項を定めなければならない。

[著作権等の保護に関する事業等のための支出]

第百四条の八　指定管理団体は、私的録音録画補償金(第百四条の四第一項の規定に基づき支払を受けるものに限る。)の額の二割以内で政令で定める割合に相当する額を、著作権及び著作隣接権の保護に関する事業並びに著作物の創作の振興及び普及に資する事業のために支出しなければならない。
2　文化庁長官は、前項の政令の制定又は改正の立案をしようとするときは、文化審議会に諮問しなければならない。
3　文化庁長官は、第一項の事業に係る業務の適正な運営を確保するため必要があると認めるときは、指定管理団体に対し、当該業務に関し監督上必要な命令をすることができる。

[報告の徴収等]

第百四条の九　文化庁長官は、指定管理団体の補償金関係業務の適正な運営を確保するため必要があると認めるときは、指定管理団体に対し、補償金関係業務に関して報告をさせ、若しくは帳簿、書類その他の資料の提出を求め、又は補償金関係業務の執行方法の改善のため必要な勧告をすることができる。

[政令への委任]

第百四条の十　この節に規定するもののほか、指定管理団体及び補償金関係業務に関し必要な事項は、政令で定める。

第二節　授業目的公衆送信補償金

[授業目的公衆送信補償金を受ける権利の行使]

第百四条の十一　第三十五条第二項(第百二条第一項において準用する場合を含む。第百四条の十三第二項及び第百四条の十四第二項において同じ。)の補償金(以下この節において「授業目的公衆送信補償金」という。)を受ける権利は、授業目的公衆送信補償金を受ける権利を有する者(次項及び次条第四号において「権利者」という。)のためにその権利を行使することを目的とする団体であつて、全国を通じて一個に限りその同意を得て文化庁長官が指定するもの(以下この節において「指定管理団体」という。)があるときは、当該指定管理団体によつてのみ行使することができる。

2　前項の規定による指定がされた場合には、指定管理団体は、権利者のために自己の名をもつて授業目的公衆送信補償金を受ける権利に関する裁判上又は裁判外の行為を行う権限を有する。

[指定の基準]

第百四条の十二　文化庁長官は、次に掲げる要件を備える団体でなければ前条第一項の規定による指定をしてはならない。

一　一般社団法人であること。

二　次に掲げる団体を構成員とすること。

イ　第三十五条第一項(第百二条第一項において準用する場合を含む。次条第四項において同じ。)の公衆送信(第三十五条第三項の公衆送信に該当するものを除く。以下この節において「授業目的公衆送信」という。)に係る著作物に関し第二十三条第一項に規定する権利を有する者を構成員とする団体(その連合体を含む。)であつて、国内において授業目的公衆送信に係る著作物に関し同項に規定する権利を有する者の利益を代表すると認められるもの

ロ　授業目的公衆送信に係る実演に関し第九十二条第一項及び第九十二条の二第一項に規定する権利を有する者を構成員とする団体(その連合体を含む。)であつて、国内において授業目的公衆送信に係る実演に関しこれらの規定に規定する権利を有する者の利益を代表すると認められるもの

ハ　授業目的公衆送信に係るレコードに関し第九十六条の二に規定する権利を有する者を構成員とする団体(その連合体を含む。)であつて、国内において授業目的公衆送信に係るレコードに関し同条に規定する権利を有する者の利益を代表すると認められるもの

ニ　授業目的公衆送信に係る

放送に関し第九十九条第一項及び第九十九条の二第一項に規定する権利を有する者を構成員とする団体(その連合体を含む。)であつて、国内において授業目的公衆送信に係る放送に関しこれらの規定に規定する権利を有する者の利益を代表すると認められるもの

ホ　授業目的公衆送信に係る有線放送に関し第百条の三及び第百条の四に規定する権利を有する者を構成員とする団体(その連合体を含む。)であつて、国内において授業目的公衆送信に係る有線放送に関しこれらの規定に規定する権利を有する者の利益を代表すると認められるもの

三　前号イからホまでに掲げる団体がそれぞれ次に掲げる要件を備えるものであること。

イ　営利を目的としないこと。

ロ　その構成員が任意に加入し、又は脱退することができること。

ハ　その構成員の議決権及び選挙権が平等であること。

四　権利者のために授業目的公衆送信補償金を受ける権利を行使する業務(第百四条の十五第一項の事業に係る業務を含む。以下この節において「補償金関係業務」という。)を的確に遂行するに足りる能力を有すること。

[授業目的公衆送信補償金の額]

第百四条の十三　第百四条の十一第一項の規定により指定管理団体が授業目的公衆送信補償金を受ける権利を行使する場合には、指定管理団体は、授業目的公衆送信補償金の額を定め、文化庁長官の認可を受けなければならない。これを変更しようとするときも、同様とする。

2　前項の認可があつたときは、授業目的公衆送信補償金の額は、第三十五条第二項の規定にかかわらず、その認可を受けた額とする。

3　指定管理団体は、第一項の認可の申請に際し、あらかじめ、授業目的公衆送信が行われる第三十五条第一項の教育機関を設置する者の団体で同項の教育機関を設置する者の意見を代表すると認められるものの意見を聴かなければならない。

4　文化庁長官は、第一項の認可の申請に係る授業目的公衆送信補償金の額が、第三十五条第一項の規定の趣旨、公衆送信(自動公衆送信の場合にあつては、送信可能化を含む。)に係る通常の使用料の額その他の事情を考慮した適正な額であると認めるときでなければ、その認可をしてはならない。

5　文化庁長官は、第一項の認可をしようとするときは、文化審議会に諮問しなければならない。

[補償金関係業務の執行に関する規程]

第百四条の十四　指定管理団体は、補償金関係業務を開始しようとするときは、補償金関係業務の執行に関する規程を定め、文化庁長官に届け出なければならない。これを変更しようとするときも、同様とする。

2　前項の規程には、授業目的公衆送信補償金の分配に関する事項を含

むものとし、指定管理団体は、第三十五条第二項の規定の趣旨を考慮して当該分配に関する事項を定めなければならない。

[著作権等の保護に関する事業等のための支出]

第百四条の十五　指定管理団体は、授業目的公衆送信補償金の総額のうち、授業目的公衆送信による著作物等の利用状況、授業目的公衆送信補償金の分配に係る事務に要する費用その他の事情を勘案して政令で定めるところにより算出した額に相当する額を、著作権及び著作隣接権の保護に関する事業並びに著作物の創作の振興及び普及に資する事業のために支出しなければならない。

２　文化庁長官は、前項の政令の制定又は改正の立案をしようとするときは、文化審議会に諮問しなければならない。

３　文化庁長官は、第一項の事業に係る業務の適正な運営を確保するため必要があると認めるときは、指定管理団体に対し、当該業務に関し監督上必要な命令をすることができる。

[報告の徴収等[

第百四条の十六　文化庁長官は、指定管理団体の補償金関係業務の適正な運営を確保するため必要があると認めるときは、指定管理団体に対し、補償金関係業務に関して報告をさせ、若しくは帳簿、書類その他の資料の提出を求め、又は補償金関係業務の執行方法の改善のため必要な勧告をすることができる。

[政令への委任]

第百四条の十七　この節に規定するもののほか、指定管理団体及び補償金関係業務に関し必要な事項は、政令で定める。

第六章　紛争処理

[著作権紛争解決あつせん委員]

第百五条　この法律に規定する権利に関する紛争につきあつせんによりその解決を図るため、文化庁に著作権紛争解決あつせん委員(以下この章において「委員」という。)を置く。

２　委員は、文化庁長官が、著作権又は著作隣接権に係る事項に関し学識経験を有する者のうちから、事件ごとに三人以内を委嘱する。

[あつせんの申請]

第百六条　この法律に規定する権利に関し紛争が生じたときは、当事者は、文化庁長官に対し、あつせんの申請をすることができる。

[手数料]

第百七条　あつせんの申請をする者は、実費を勘案して政令で定める額の手数料を納付しなければならない。

２　前項の規定は、同項の規定により手数料を納付すべき者が国であるときは、適用しない。

[あつせんへの付託]

第百八条　文化庁長官は、第百六条の規定に基づき当事者の双方からあつせんの申請があつたとき、又は当事者の一方からあつせんの申請があつた場合において他の当事者がこれに同意したときは、委員によるあつせんに付するものとする。
2　文化庁長官は、前項の申請があつた場合において、事件がその性質上あつせんをするのに適当でないと認めるとき、又は当事者が不当な目的でみだりにあつせんの申請をしたと認めるときは、あつせんに付さないことができる。

[あつせん]

第百九条　委員は、当事者間をあつせんし、双方の主張の要点を確かめ、実情に即して事件が解決されるように努めなければならない。
2　委員は、事件が解決される見込みがないと認めるときは、あつせんを打ち切ることができる。

[報告等]

第百十条　委員は、あつせんが終わつたときは、その旨を文化庁長官に報告しなければならない。
2　委員は、前条の規定によりあつせんを打ち切つたときは、その旨及びあつせんを打ち切ることとした理由を、当事者に通知するとともに文化庁長官に報告しなければならない。

[政令への委任]

第百十一条　この章に規定するもののほか、あつせんの手続及び委員に関し必要な事項は、政令で定める。

第七章　権利侵害

[差止請求権]

第百十二条　著作者、著作権者、出版権者、実演家又は著作隣接権者は、その著作者人格権、著作権、出版権、実演家人格権又は著作隣接権を侵害する者又は侵害するおそれがある者に対し、その侵害の停止又は予防を請求することができる。
2　著作者、著作権者、出版権者、実演家又は著作隣接権者は、前項の規定による請求をするに際し、侵害の行為を組成した物、侵害の行為によつて作成された物又は専ら侵害の行為に供された機械若しくは器具の廃棄その他の侵害の停止又は予防に必要な措置を請求することができる。

[侵害とみなす行為]

第百十三条　次に掲げる行為は、当該著作者人格権、著作権、出版権、実演家人格権又は著作隣接権を侵害する行為とみなす。

一　国内において頒布する目的をもつて、輸入の時において国内で作成したとしたならば著作者人格権、著作権、出版権、実演家人格権又は著作隣接権の侵害となるべき行為によつて作成された物を輸入する行為

二　著作者人格権、著作権、出版権、実演家人格権又は著作隣接権を侵害する行為によつて作成された物（前号の輸入に係る物を含む。）を、情を知つて、頒布し、頒布の目的をもつて所持し、若しくは頒布する旨の申出をし、

又は業として輸出し、若しくは業としての輸出の目的をもつて所持する行為

2　送信元識別符号又は送信元識別符号以外の符号その他の情報であつてその提供が送信元識別符号の提供と同一若しくは類似の効果を有するもの(以下この項及び次項において「送信元識別符号等」という。)の提供により侵害著作物等(著作権(第二十八条に規定する権利(翻訳以外の方法により創作された二次的著作物に係るものに限る。)を除く。以下この項及び次項において同じ。)、出版権又は著作隣接権を侵害して送信可能化が行われた著作物等をいい、国外で行われる送信可能化であつて国内で行われたとしたならばこれらの権利の侵害となるべきものが行われた著作物等を含む。以下この項及び次項において同じ。)の他人による利用を容易にする行為(同項において「侵害著作物等利用容易化」という。)であつて、第一号に掲げるウェブサイト等(同項及び第百十九条第二項第四号において「侵害著作物等利用容易化ウェブサイト等」という。)において又は第二号に掲げるプログラム(次項及び同条第二項第五号において「侵害著作物等利用容易化プログラム」という。)を用いて行うものは、当該行為に係る著作物等が侵害著作物等であることを知つていた場合又は知ることができたと認めるに足りる相当の理由がある場合には、当該侵害著作物等に係る著作権、出版権又は著作隣接権を侵害する行為とみなす。

一　次に掲げるウェブサイト等

イ　当該ウェブサイト等において、侵害著作物等に係る送信元識別符号等(以下この条及び第百十九条第二項において「侵害送信元識別符号等」という。)の利用を促す文言が表示されていること、侵害送信元識別符号等が強調されていることその他の当該ウェブサイト等における侵害送信元識別符号等の提供の態様に照らし、公衆を侵害著作物等に殊更に誘導するものであると認められるウェブサイト等

ロ　イに掲げるもののほか、当該ウェブサイト等において提供されている侵害送信元識別符号等の数、当該数が当該ウェブサイト等において提供されている送信元識別符号等の総数に占める割合、当該侵害送信元識別符号等の利用に資する分類又は整理の状況その他の当該ウェブサイト等における侵害送信元識別符号等の提供の状況に照らし、主として公衆による侵害著作物等の利用のために用いられるものであると認められるウェブサイト等

二　次に掲げるプログラム

イ　当該プログラムによる送信元識別符号等の提供に際し、侵害送信元識別符号等の利用を促す文言が表示されていること、侵害送信元識別符号等が強調されていることその他の当該プログラムによる侵害送信元識別符号等の提供の態

様に照らし、公衆を侵害著作物等に殊更に誘導するものであると認められるプログラム

ロ　イに掲げるもののほか、当該プログラムにより提供されている侵害送信元識別符号等の数、当該数が当該プログラムにより提供されている送信元識別符号等の総数に占める割合、当該侵害送信元識別符号等の利用に資する分類又は整理の状況その他の当該プログラムによる侵害送信元識別符号等の提供の状況に照らし、主として公衆による侵害著作物等の利用のために用いられるものであると認められるプログラム

3　侵害著作物等利用容易化ウェブサイト等の公衆への提示を行つている者(当該侵害著作物等利用容易化ウェブサイト等と侵害著作物等利用容易化ウェブサイト等以外の相当数のウェブサイト等とを包括しているウェブサイト等において、単に当該公衆への提示の機会を提供しているに過ぎない者(著作権者等からの当該侵害著作物等利用容易化ウェブサイト等において提供されている侵害送信元識別符号等の削除に関する請求に正当な理由なく応じない状態が相当期間にわたり継続していることその他の著作権者等の利益を不当に害すると認められる特別な事情がある場合を除く。)を除く。)又は侵害著作物等利用容易化プログラムの公衆への提供等を行つている者(当該公衆への提供等のために用いられているウェブサイト等とそれ以外の相当数のウェブサイト等とを包括しているウェブサイト等又は当該侵害著作物等利用容易化プログラム及び侵害著作物等利用容易化プログラム以外の相当数のプログラムの公衆への提供等のために用いられているウェブサイト等において、単に当該侵害著作物等利用容易化プログラムの公衆への提供等の機会を提供しているに過ぎない者(著作権者等からの当該侵害著作物等利用容易化プログラムにより提供されている侵害送信元識別符号等の削除に関する請求に正当な理由なく応じない状態が相当期間にわたり継続していることその他の著作権者等の利益を不当に害すると認められる特別な事情がある場合を除く。)を除く。)が、当該侵害著作物等利用容易化ウェブサイト等において又は当該侵害著作物等利用容易化プログラムを用いて他人による侵害著作物等利用容易化に係る送信元識別符号等の提供が行われている場合であつて、かつ、当該送信元識別符号等に係る著作物等が侵害著作物等であることを知つている場合又は知ることができたと認めるに足りる相当の理由がある場合において、当該侵害著作物等利用容易化を防止する措置を講ずることが技術的に可能であるにもかかわらず当該措置を講じない行為は、当該侵害著作物等に係る著作権、出版権又は著作隣接権を侵害する行為とみなす。

4　前二項に規定するウェブサイト等とは、送信元識別符号のうちインターネットにおいて個々の電子計算機を識別するために用いられる部分が共通するウェブページ(インター

ネットを利用した情報の閲覧の用に供される電磁的記録で文部科学省令で定めるものをいう。以下この項において同じ。)の集合物(当該集合物の一部を構成する複数のウェブページであつて、ウェブページ相互の関係その他の事情に照らし公衆への提示が一体的に行われていると認められるものとして政令で定める要件に該当するものを含む。)をいう。

5　プログラムの著作物の著作権を侵害する行為によつて作成された複製物(当該複製物の所有者によつて第四十七条の三第一項の規定により作成された複製物並びに第一項第一号の輸入に係るプログラムの著作物の複製物及び当該複製物の所有者によつて同条第一項の規定により作成された複製物を含む。)を業務上電子計算機において使用する行為は、これらの複製物を使用する権原を取得した時に情を知つていた場合に限り、当該著作権を侵害する行為とみなす。

6　技術的利用制限手段の回避(技術的利用制限手段により制限されている著作物等の視聴を当該技術的利用制限手段の効果を妨げることにより可能とすること(著作権者等の意思に基づいて行われる場合を除く。)をいう。次項並びに第百二十条の二第一号及び第二号において同じ。)を行う行為は、技術的利用制限手段に係る研究又は技術の開発の目的上正当な範囲内で行われる場合その他著作権者等の利益を不当に害しない場合を除き、当該技術的利用制限手段に係る著作権、出版権又は著作隣接権を侵害する行為とみなす。

7　技術的保護手段の回避又は技術的利用制限手段の回避を行うことをその機能とする指令符号(電子計算機に対する指令であつて、当該指令のみによつて一の結果を得ることができるものをいう。)を公衆に譲渡し、若しくは貸与し、公衆への譲渡若しくは貸与の目的をもつて製造し、輸入し、若しくは所持し、若しくは公衆の使用に供し、又は公衆送信し、若しくは送信可能化する行為は、当該技術的保護手段に係る著作権等又は当該技術的利用制限手段に係る著作権、出版権若しくは著作隣接権を侵害する行為とみなす。

8　次に掲げる行為は、当該権利管理情報に係る著作者人格権、著作権、出版権、実演家人格権又は著作隣接権を侵害する行為とみなす。

一　権利管理情報として虚偽の情報を故意に付加する行為

二　権利管理情報を故意に除去し、又は改変する行為(記録又は送信の方式の変換に伴う技術的な制約による場合その他の著作物又は実演等の利用の目的及び態様に照らしやむを得ないと認められる場合を除く。)

三　前二号の行為が行われた著作物若しくは実演等の複製物を、情を知つて、頒布し、若しくは頒布の目的をもつて輸入し、若しくは所持し、又は当該著作物若しくは実演等を情を知つて公衆送信し、若しくは送信可能化する行為

9　第九十四条の二、第九十五条の三第三項若しくは第九十七条の三第三項に規定する報酬又は第九十五条

第一項若しくは第九十七条第一項に規定する二次使用料を受ける権利は、前項の規定の適用については、著作隣接権とみなす。この場合において、前条中「著作隣接権者」とあるのは「著作隣接権者(次条第九項の規定により著作隣接権とみなされる権利を有する者を含む。)」と、同条第一項中「著作隣接権を」とあるのは「著作隣接権(同項の規定により著作隣接権とみなされる権利を含む。)を」とする。

10　国内において頒布することを目的とする商業用レコード(以下この項において「国内頒布目的商業用レコード」という。)を自ら発行し、又は他の者に発行させている著作権者又は著作隣接権者が、当該国内頒布目的商業用レコードと同一の商業用レコードであつて、専ら国外において頒布することを目的とするもの(以下この項において「国外頒布目的商業用レコード」という。)を国外において自ら発行し、又は他の者に発行させている場合において、情を知つて、当該国外頒布目的商業用レコードを国内において頒布する目的をもつて輸入する行為又は当該国外頒布目的商業用レコードを国内において頒布し、若しくは国内において頒布する目的をもつて所持する行為は、当該国外頒布目的商業用レコードが国内で頒布されることにより当該国内頒布目的商業用レコードの発行により当該著作権者又は著作隣接権者の得ることが見込まれる利益が不当に害されることとなる場合に限り、それらの著作権又は著作隣接権を侵害する行為とみなす。ただし、国内において最初に発行された日から起算して七年を超えない範囲内において政令で定める期間を経過した国内頒布目的商業用レコードと同一の国外頒布目的商業用レコードを輸入する行為又は当該国外頒布目的商業用レコードを国内において頒布し、若しくは国内において頒布する目的をもつて所持する行為については、この限りでない。

11　著作者の名誉又は声望を害する方法によりその著作物を利用する行為は、その著作者人格権を侵害する行為とみなす。

[善意者に係る譲渡権の特例]

第百十三条の二　著作物の原作品若しくは複製物(映画の著作物の複製物(映画の著作物において複製されている著作物にあつては、当該映画の著作物の複製物を含む。)を除く。以下この条において同じ。)、実演の録音物若しくは録画物又はレコードの複製物の譲渡を受けた時において、当該著作物の原作品若しくは複製物、実演の録音物若しくは録画物又はレコードの複製物がそれぞれ第二十六条の二第二項各号、第九十五条の二第三項各号又は第九十七条の二第二項各号のいずれにも該当しないものであることを知らず、かつ、知らないことにつき過失がない者が当該著作物の原作品若しくは複製物、実演の録音物若しくは録画物又はレコードの複製物を公衆に譲渡する行為は、第二十六条の二第一項、第九十五条の二第一項又は第九十七条の二第一項に規定する権利を侵害する行為でないものとみなす。

[損害の額の推定等]

第百十四条　著作権者等が故意又は過失により自己の著作権、出版権又は著作隣接権を侵害した者に対しその侵害により自己が受けた損害の賠償を請求する場合において、その者がその侵害の行為によつて作成された物を譲渡し、又はその侵害の行為を組成する公衆送信(自動公衆送信の場合にあつては、送信可能化を含む。)を行つたときは、その譲渡した物の数量又はその公衆送信が公衆によつて受信されることにより作成された著作物若しくは実演等の複製物(以下この項において「受信複製物」という。)の数量(以下この項において「譲渡等数量」という。)に、著作権者等がその侵害の行為がなければ販売することができた物(受信複製物を含む。)の単位数量当たりの利益の額を乗じて得た額を、著作権者等の当該物に係る販売その他の行為を行う能力に応じた額を超えない限度において、著作権者等が受けた損害の額とすることができる。ただし、譲渡等数量の全部又は一部に相当する数量を著作権者等が販売することができないとする事情があるときは、当該事情に相当する数量に応じた額を控除するものとする。

２　著作権者、出版権者又は著作隣接権者が故意又は過失によりその著作権、出版権又は著作隣接権を侵害した者に対しその侵害により自己が受けた損害の賠償を請求する場合において、その者がその侵害の行為により利益を受けているときは、その利益の額は、当該著作権者、出版権者又は著作隣接権者が受けた損害の額と推定する。

３　著作権者、出版権者又は著作隣接権者は、故意又は過失によりその著作権、出版権又は著作隣接権を侵害した者に対し、その著作権、出版権又は著作隣接権の行使につき受けるべき金銭の額に相当する額を自己が受けた損害の額として、その賠償を請求することができる。

４　著作権者又は著作隣接権者は、前項の規定によりその著作権又は著作隣接権を侵害した者に対し損害の賠償を請求する場合において、その著作権又は著作隣接権が著作権等管理事業法(平成十二年法律第百三十一号)第二条第一項に規定する管理委託契約に基づき同条第三項に規定する著作権等管理事業者が管理するものであるときは、当該著作権等管理事業者が定める同法第十三条第一項に規定する使用料規程のうちその侵害の行為に係る著作物等の利用の態様について適用されるべき規定により算出したその著作権又は著作隣接権に係る著作物等の使用料の額(当該額の算出方法が複数あるときは、当該複数の算出方法によりそれぞれ算出した額のうち最も高い額)をもつて、前項に規定する金銭の額とすることができる。

５　第三項の規定は、同項に規定する金額を超える損害の賠償の請求を妨げない。この場合において、著作権、出版権又は著作隣接権を侵害した者に故意又は重大な過失がなかつたときは、裁判所は、損害の賠償の額を定めるについて、これを参酌することができる。

[具体的態様の明示義務]

第百十四条の二　著作者人格権、著作権、出版権、実演家人格権又は著作隣接権の侵害に係る訴訟において、著作者、著作権者、出版権者、実演家又は著作隣接権者が侵害の行為を組成したもの又は侵害の行為によつて作成されたものとして主張する物の具体的態様を否認するときは、相手方は、自己の行為の具体的態様を明らかにしなければならない。ただし、相手方において明らかにすることができない相当の理由があるときは、この限りでない。

[書類の提出等]

第百十四条の三　裁判所は、著作者人格権、著作権、出版権、実演家人格権又は著作隣接権の侵害に係る訴訟においては、当事者の申立てにより、当事者に対し、当該侵害の行為について立証するため、又は当該侵害の行為による損害の計算をするため必要な書類の提出を命ずることができる。ただし、その書類の所持者においてその提出を拒むことについて正当な理由があるときは、この限りでない。

２　裁判所は、前項本文の申立てに係る書類が同項本文の書類に該当するかどうか又は同項ただし書に規定する正当な理由があるかどうかの判断をするため必要があると認めるときは、書類の所持者にその提示をさせることができる。この場合においては、何人も、その提示された書類の開示を求めることができない。

３　裁判所は、前項の場合において、第一項本文の申立てに係る書類が同項本文の書類に該当するかどうか又は同項ただし書に規定する正当な理由があるかどうかについて前項後段の書類を開示してその意見を聴くことが必要であると認めるときは、当事者等(当事者(法人である場合にあつては、その代表者)又は当事者の代理人(訴訟代理人及び補佐人を除く。)、使用人その他の従業者をいう。第百十四条の六第一項において同じ。)、訴訟代理人又は補佐人に対し、当該書類を開示することができる。

４　裁判所は、第二項の場合において、同項後段の書類を開示して専門的な知見に基づく説明を聴くことが必要であると認めるときは、当事者の同意を得て、民事訴訟法(平成八年法律第百九号)第一編第五章第二節第一款に規定する専門委員に対し、当該書類を開示することができる。

５　前各項の規定は、著作者人格権、著作権、出版権、実演家人格権又は著作隣接権の侵害に係る訴訟における当該侵害の行為について立証するため必要な検証の目的の提示について準用する。

[鑑定人に対する当事者の説明義務]

第百十四条の四　著作権、出版権又は著作隣接権の侵害に係る訴訟において、当事者の申立てにより、裁判所が当該侵害の行為による損害の計算をするため必要な事項について鑑定を命じたときは、当事者は、鑑定人に対し、当該鑑定をするため必要な事項について説明しなければならない。

[相当な損害額の認定]

第百十四条の五　著作権、出版権又は著作隣接権の侵害に係る訴訟において、損害が生じたことが認められる場合において、損害額を立証するために必要な事実を立証することが当該事実の性質上極めて困難であるときは、裁判所は、口頭弁論の全趣旨及び証拠調べの結果に基づき、相当な損害額を認定することができる。

[秘密保持命令]

第百十四条の六　裁判所は、著作者人格権、著作権、出版権、実演家人格権又は著作隣接権の侵害に係る訴訟において、その当事者が保有する営業秘密(不正競争防止法(平成五年法律第四十七号)第二条第六項に規定する営業秘密をいう。以下同じ。)について、次に掲げる事由のいずれにも該当することにつき疎明があつた場合には、当事者の申立てにより、決定で、当事者等、訴訟代理人又は補佐人に対し、当該営業秘密を当該訴訟の追行の目的以外の目的で使用し、又は当該営業秘密に係るこの項の規定による命令を受けた者以外の者に開示してはならない旨を命ずることができる。ただし、その申立ての時までに当事者等、訴訟代理人又は補佐人が第一号に規定する準備書面の閲読又は同号に規定する証拠の取調べ若しくは開示以外の方法により当該営業秘密を取得し、又は保有していた場合は、この限りでない。

一　既に提出され若しくは提出されるべき準備書面に当事者の保有する営業秘密が記載され、又は既に取り調べられ若しくは取り調べられるべき証拠(第百十四条の三第三項の規定により開示された書類を含む。)の内容に当事者の保有する営業秘密が含まれること。

二　前号の営業秘密が当該訴訟の追行の目的以外の目的で使用され、又は当該営業秘密が開示されることにより、当該営業秘密に基づく当事者の事業活動に支障を生ずるおそれがあり、これを防止するため当該営業秘密の使用又は開示を制限する必要があること。

2　前項の規定による命令(以下「秘密保持命令」という。)の申立ては、次に掲げる事項を記載した書面でしなければならない。

一　秘密保持命令を受けるべき者

二　秘密保持命令の対象となるべき営業秘密を特定するに足りる事実

三　前項各号に掲げる事由に該当する事実

3　秘密保持命令が発せられた場合には、その決定書を秘密保持命令を受けた者に送達しなければならない。

4　秘密保持命令は、秘密保持命令を受けた者に対する決定書の送達がされた時から、効力を生ずる。

5　秘密保持命令の申立てを却下した裁判に対しては、即時抗告をすることができる。

[秘密保持命令の取消し]

第百十四条の七　秘密保持命令の申立てをした者又は秘密保持命令を受けた者は、訴訟記録の存する裁判所(訴訟記録の存する裁判所がない場合にあつては、秘密保持命令を発した裁判所）に対し、前条第一項に規定する要件を欠くこと又はこれを欠くに至つたことを理由として、秘密保持命令の取消しの申立てをすることができる。
２　秘密保持命令の取消しの申立てについての裁判があつた場合には、その決定書をその申立てをした者及び相手方に送達しなければならない。
３　秘密保持命令の取消しの申立てについての裁判に対しては、即時抗告をすることができる。
４　秘密保持命令を取り消す裁判は、確定しなければその効力を生じない。
５　裁判所は、秘密保持命令を取り消す裁判をした場合において、秘密保持命令の取消しの申立てをした者又は相手方以外に当該秘密保持命令が発せられた訴訟において当該営業秘密に係る秘密保持命令を受けている者があるときは、その者に対し、直ちに、秘密保持命令を取り消す裁判をした旨を通知しなければならない。

［訴訟記録の閲覧等の請求の通知等］

第百十四条の八　秘密保持命令が発せられた訴訟（全ての秘密保持命令が取り消された訴訟を除く。）に係る訴訟記録につき、民事訴訟法第九十二条第一項の決定があつた場合において、当事者から同項に規定する秘密記載部分の閲覧等の請求があり、かつ、その請求の手続を行つた者が当該訴訟において秘密保持命令を受けていない者であるときは、裁判所書記官は、同項の申立てをした当事者（その請求をした者を除く。第三項において同じ。）に対し、その請求後直ちに、その請求があつた旨を通知しなければならない。
２　前項の場合において、裁判所書記官は、同項の請求があつた日から二週間を経過する日までの間（その請求の手続を行つた者に対する秘密保持命令の申立てがその日までにされた場合にあつては、その申立てについての裁判が確定するまでの間）、その請求の手続を行つた者に同項の秘密記載部分の閲覧等をさせてはならない。
３　前二項の規定は、第一項の請求をした者に同項の秘密記載部分の閲覧等をさせることについて民事訴訟法第九十二条第一項の申立てをした当事者のすべての同意があるときは、適用しない。

［名誉回復等の措置］

第百十五条　著作者又は実演家は、故意又は過失によりその著作者人格権又は実演家人格権を侵害した者に対し、損害の賠償に代えて、又は損害の賠償とともに、著作者又は実演家であることを確保し、又は訂正その他著作者若しくは実演家の名誉若しくは声望を回復するために適当な措置を請求することができる。

［著作者又は実演家の死後における人格的利益の保護のための措置］

第百十六条　著作者又は実演家の死後においては、その遺族（死亡した著作者又は実演家の配偶者、子、父母、孫、祖父母又は兄弟姉妹をいう。以下この条において同じ。）は、当該著作者又は実演家について第六十条又は第百一条の三の規定に違反する行為をする者又はするおそれがある者に対し第百十二条の請求を、故意又は過失により著作者人格権又は実演家人格権を侵害する行為又は第六十条若しくは第百一条の三の規定に違反する行為をした者に対し前条の請求をすることができる。
２　前項の請求をすることができる遺族の順位は、同項に規定する順序とする。ただし、著作者又は実演家が遺言によりその順位を別に定めた場合は、その順序とする。
３　著作者又は実演家は、遺言により、遺族に代えて第一項の請求をすることができる者を指定することができる。この場合において、その指定を受けた者は、当該著作者又は実演家の死亡の日の属する年の翌年から起算して七十年を経過した後(その経過する時に遺族が存する場合にあつては、その存しなくなつた後)においては、その請求をすることができない。

[共同著作物等の権利侵害]
第百十七条　共同著作物の各著作者又は各著作権者は、他の著作者又は他の著作権者の同意を得ないで、第百十二条の規定による請求又はその著作権の侵害に係る自己の持分に対する損害の賠償の請求若しくは自己の持分に応じた不当利得の返還の請求をすることができる。
２　前項の規定は、共有に係る著作権又は著作隣接権の侵害について準用する。

[無名又は変名の著作物に係る権利の保全]
第百十八条　無名又は変名の著作物の発行者は、その著作物の著作者又は著作権者のために、自己の名をもつて、第百十二条、第百十五条若しくは第百十六条第一項の請求又はその著作物の著作者人格権若しくは著作権の侵害に係る損害の賠償の請求若しくは不当利得の返還の請求を行なうことができる。ただし、著作者の変名がその者のものとして周知のものである場合及び第七十五条第一項の実名の登録があつた場合は、この限りでない。
２　無名又は変名の著作物の複製物にその実名又は周知の変名が発行者名として通常の方法により表示されている者は、その著作物の発行者と推定する。

第八章　罰則

第百十九条　著作権、出版権又は著作隣接権を侵害した者(第三十条第一項(第百二条第一項において準用する場合を含む。第三項において同じ。)に定める私的使用の目的をもつて自ら著作物若しくは実演等の複製を行つた者、第百十三条第二項、第三項若しくは第六項から第八項までの規定により著作権、出版権若しくは著作隣接権(同項の規定による場合にあつては、同条第九項の規定により著作隣接権とみなされる権利を含む。第百二十条の二第五号において同じ。)を侵害する行為とみなされる行為を行つた者、第百十三条第十項の規定により著作権若しくは著作隣接権を侵害する行為とみなされる行為を行つた者又は次項第三号若しくは第六号に掲げる者を除く。)は、十年以下の懲役若しくは千万円以下の罰金に処し、又はこれを併科する。

2　次の各号のいずれかに該当する者は、五年以下の懲役若しくは五百万円以下の罰金に処し、又はこれを併科する。

一　著作者人格権又は実演家人格権を侵害した者(第百十三条第八項の規定により著作者人格権又は実演家人格権を侵害する行為とみなされる行為を行つた者を除く。)

二　営利を目的として、第三十条第一項第一号に規定する自動複製機器を著作権、出版権又は著作隣接権の侵害となる著作物又は実演等の複製に使用させた者

三　第百十三条第一項の規定により著作権、出版権又は著作隣接権を侵害する行為とみなされる行為を行つた者

四　侵害著作物等利用容易化ウェブサイト等の公衆への提示を行つた者(当該侵害著作物等利用容易化ウェブサイト等と侵害著作物等利用容易化ウェブサイト等以外の相当数のウェブサイト等(第百十三条第四項に規定するウェブサイト等をいう。以下この号及び次号において同じ。)とを包括しているウェブサイト等において、単に当該公衆への提示の機会を提供したに過ぎない者(著作権者等からの当該侵害著作物等利用容易化ウェブサイト等において提供されている侵害送信元識別符号等の削除に関する請求に正当な理由なく応じない状態が相当期間にわたり継続していたことその他の著作権者等の利益を不当に害すると認められる特別な事情がある場合を除く。)を除く。)

五　侵害著作物等利用容易化プログラムの公衆への提供等を行つた者(当該公衆への提供等のために用いられているウェブサイト等とそれ以外の相当数のウェブサイト等とを包括しているウェブサイト等又は当該侵害著作物等利用容易化プログラム及び侵害著作物等利用容易化プログラム以外の相当数のプログラムの公衆への提供等のために用いられているウェブサイト等において、単に当該侵害著作物等利用容易化プログラムの公衆への提供等の機会を提供したに過ぎない者(著作権者等からの当該侵害著作物等利用容易化プログラムにより提供されている侵害送信元識別符号等の削除に関する請求に正当な理由なく応じない状態が相当期間にわたり継続していたことその他の著作権者等の利益を不当に害すると認められる特別な事情がある場合を除く。)を除く。)

六　第百十三条第五項の規定により著作権を侵害する行為とみなされる行為を行つた者

3　次の各号のいずれかに該当する者は、二年以下の懲役若しくは二百万円以下の罰金に処し、又はこ

れを併科する。

一　第三十条第一項に定める私的使用の目的をもつて、録音録画有償著作物等(録音され、又は録画された著作物又は実演等(著作権又は著作隣接権の目的となつているものに限る。)であつて、有償で公衆に提供され、又は提示されているもの(その提供又は提示が著作権又は著作隣接権を侵害しないものに限る。)をいう。)の著作権を侵害する自動公衆送信(国外で行われる自動公衆送信であつて、国内で行われたとしたならば著作権の侵害となるべきものを含む。)又は著作隣接権を侵害する送信可能化(国外で行われる送信可能化であつて、国内で行われたとしたならば著作隣接権の侵害となるべきものを含む。)に係る自動公衆送信を受信して行うデジタル方式の録音又は録画(以下この号及び次項において「有償著作物等特定侵害録音録画」という。)を、自ら有償著作物等特定侵害録音録画であることを知りながら行つて著作権又は著作隣接権を侵害した者

二　第三十条第一項に定める私的使用の目的をもつて、著作物(著作権の目的となつているものに限る。以下この号において同じ。)であつて有償で公衆に提供され、又は提示されているもの(その提供又は提示が著作権を侵害しないものに限る。)の著作権(第二十八条に規定する権利(翻訳以外の方法により創作された二次的著作物に係るものに限る。)を除く。以下この号及び第五項において同じ。)を侵害する自動公衆送信(国外で行われる自動公衆送信であつて、国内で行われたとしたならば著作権の侵害となるべきものを含む。)を受信して行うデジタル方式の複製(録音及び録画を除く。以下この号において同じ。)(当該著作物のうち当該複製がされる部分の占める割合、当該部分が自動公衆送信される際の表示の精度その他の要素に照らし軽微なものを除く。以下この号及び第五項において「有償著作物特定侵害複製」という。)を、自ら有償著作物特定侵害複製であることを知りながら行つて著作権を侵害する行為(当該著作物の種類及び用途並びに当該有償著作物特定侵害複製の態様に照らし著作権者の利益を不当に害しないと認められる特別な事情がある場合を除く。)を継続的に又は反復して行つた者

4　前項第一号に掲げる者には、有償著作物等特定侵害録音録画を、自ら有償著作物等特定侵害録音録画であることを重大な過失により知らないで行つて著作権又は著作隣接権を侵害した者を含むものと解釈してはならない。

5　第三項第二号に掲げる者には、有償著作物特定侵害複製を、自ら有償著作物特定侵害複製であることを重大な過失により知らないで行つて著作権を侵害する行為を継続的に又は反復して行つた者を含むものと解釈してはならない。

第百二十条　第六十条又は第百一条の三の規定に違反した者は、五百万円以下の罰金に処する。

第百二十条の二　次の各号のいずれかに該当する者は、三年以下の懲役若しくは三百万円以下の罰金に処し、又はこれを併科する。

一　技術的保護手段の回避若しくは技術的利用制限手段の回避を行うことをその機能とする装置(当該装置の部品一式であつて容易に組み立てることができるものを含む。)若しくは技術的保護手段の回避若しくは技術的利用制限手段の回避を行うことをその機能とするプログラムの複製物を公衆に譲渡し、若しくは貸与し、公衆への譲渡若しくは貸与の目的をもつて製造し、輸入し、若しくは所持し、若しくは公衆の使用に供し、又は当該プログラムを公衆送信し、若しくは送信可能化する行為(当該装置又は当該プログラムが当該機能以外の機能を併せて有する場合にあつては、著作権等を侵害する行為を技術的保護手段の回避により可能とし、又は第百十三条第六項の規定により著作権、出版権若しくは著作隣接権を侵害する行為とみなされる行為を技術的利用制限手段の回避により可能とする用途に供するために行うものに限る。)をした者

二　業として公衆からの求めに応じて技術的保護手段の回避又は技術的利用制限手段の回避を行つた者

三　第百十三条第二項の規定により著作権、出版権又は著作隣接権を侵害する行為とみなされる行為を行つた者

四　第百十三条第七項の規定により技術的保護手段に係る著作権等又は技術的利用制限手段に係る著作権、出版権若しくは著作隣接権を侵害する行為とみなされる行為を行つた者

五　営利を目的として、第百十三条第八項の規定により著作者人格権、著作権、出版権、実演家人格権又は著作隣接権を侵害する行為とみなされる行為を行つた者

六　営利を目的として、第百十三条第十項の規定により著作権又は著作隣接権を侵害する行為とみなされる行為を行つた者

第百二十一条　著作者でない者の実名又は周知の変名を著作者名として表示した著作物の複製物(原著作物の著作者でない者の実名又は周知の変名を原著作物の著作者名として表示した二次的著作物の複製物を含む。)を頒布した者は、一年以下の懲役若しくは百万円以下の罰金に処し、又はこれを併科する。

第百二十一条の二　次の各号に掲げる商業用レコード(当該商業用レコードの複製物(二以上の段階にわたる複製に係る複製物を含む。)を含む。)を商業用レコードとして複製し、その複製物を頒布し、その複製物を頒布の目的をもつて所持し、又はその複製物を頒布する旨の申出を

した者（当該各号の原盤に音を最初に固定した日の属する年の翌年から起算して七十年を経過した後において当該複製、頒布、所持又は申出を行つた者を除く。）は、一年以下の懲役若しくは百万円以下の罰金に処し、又はこれを併科する。

一　国内において商業用レコードの製作を業とする者が、レコード製作者からそのレコード（第八条各号のいずれかに該当するものを除く。）の原盤の提供を受けて製作した商業用レコード

二　国外において商業用レコードの製作を業とする者が、実演家等保護条約の締約国の国民、世界貿易機関の加盟国の国民又はレコード保護条約の締約国の国民（当該締約国の法令に基づいて設立された法人及び当該締約国に主たる事務所を有する法人を含む。）であるレコード製作者からそのレコード（第八条各号のいずれかに該当するものを除く。）の原盤の提供を受けて製作した商業用レコード

第百二十二条　第四十八条又は第百二条第二項の規定に違反した者は、五十万円以下の罰金に処する。

第百二十二条の二　秘密保持命令に違反した者は、五年以下の懲役若しくは五百万円以下の罰金に処し、又はこれを併科する。

2　前項の罪は、国外において同項の罪を犯した者にも適用する。

第百二十三条　第百十九条第一項から第三項まで、第百二十条の二第三号から第六号まで、第百二十一条の二及び前条第一項の罪は、告訴がなければ公訴を提起することができない。

2　前項の規定は、次に掲げる行為の対価として財産上の利益を受ける目的又は有償著作物等の提供若しくは提示により著作権者等の得ることが見込まれる利益を害する目的で、次の各号のいずれかに掲げる行為を行うことにより犯した第百十九条第一項の罪については、適用しない。

一　有償著作物等について、原作のまま複製された複製物を公衆に譲渡し、又は原作のまま公衆送信（自動公衆送信の場合にあつては、送信可能化を含む。次号において同じ。）を行うこと（当該有償著作物等の種類及び用途、当該譲渡の部数、当該譲渡又は公衆送信の態様その他の事情に照らして、当該有償著作物等の提供又は提示により著作権者等の得ることが見込まれる利益が不当に害されることとなる場合に限る。）。

二　有償著作物等について、原作のまま複製された複製物を公衆に譲渡し、又は原作のまま公衆送信を行うために、当該有償著作物等を複製すること（当該有償著作物等の種類及び用途、当該複製の部数及び態様その他の事情に照らして、当該有償著作物等の提供又は提示により著作権者等の得ることが見込まれる利益が不当に害されることとなる場合に限る。）。

3　前項に規定する有償著作物等とは、著作物又は実演等（著作権、出版権又は著作隣接権の目的となつているものに限る。）であつて、有償で公衆に提供され、又は提示されているもの（その提供又は提示が著作権、出版権又は著作隣接権を侵害するもの（国外で行われた提供又は提示にあつては、国内で行われたとしたならばこれらの権利の侵害となるべきもの）を除く。）をいう。

4　無名又は変名の著作物の発行者は、その著作物に係る第一項に規定する罪について告訴をすることができる。ただし、第百十八条第一項ただし書に規定する場合及び当該告訴が著作者の明示した意思に反する場合は、この限りでない。

第百二十四条　法人の代表者（法人格を有しない社団又は財団の管理人を含む。）又は法人若しくは人の代理人、使用人その他の従業者が、その法人又は人の業務に関し、次の各号に掲げる規定の違反行為をしたときは、行為者を罰するほか、その法人に対して当該各号に定める罰金刑を、その人に対して各本条の罰金刑を科する。

一　第百十九条第一項若しくは第二項第三号から第六号まで又は第百二十二条の二第一項　三億円以下の罰金刑

二　第百十九条第二項第一号若しくは第二号又は第百二十条から第百二十二条まで　各本条の罰金刑

2　法人格を有しない社団又は財団について前項の規定の適用がある場合には、その代表者又は管理人がその訴訟行為につきその社団又は財団を代表するほか、法人を被告人又は被疑者とする場合の刑事訴訟に関する法律の規定を準用する。

3　第一項の場合において、当該行為者に対してした告訴又は告訴の取消しは、その法人又は人に対しても効力を生じ、その法人又は人に対してした告訴又は告訴の取消しは、当該行為者に対しても効力を生ずるものとする。

4　第一項の規定により第百十九条第一項若しくは第二項又は第百二十二条の二第一項の違反行為につき法人又は人に罰金刑を科する場合における時効の期間は、これらの規定の罪についての時効の期間による。

あ行

か行

さ行

た行

な行

は行

ま行

や行

ら行

わ行

執筆者略歴

塩島 武徳（しおじま たけのり）

1965年生。一級知的財産管理技能士（コンテンツ専門業務）。民間企業で営業・広報・法務職を経験しながら行政書士など10種以上の国家資格や検定試験に合格。2001年以後は現場での経験と働きながら資格を取得した経験を生かし、企業研修や大学特別講座における講義と関連書籍の執筆を行う。

現在はＮＴＴラーニングシステムズ㈱認定講師として、主にＮＴＴグループ向けビジネス実務法務研修やビジネス著作権セミナーを担当するほか、国立研究開発法人産業技術総合研究所、神奈川大学および民間企業においてビジネス著作権セミナーや知的財産管理の講義を担当。

最近の著書等には本書のほか、姉妹刊である瞬解シリーズ「ビジネス実務法務検定試験®３級テキスト」および「ビジネス実務法務検定試験®３級分野別過去問題集」（いずれも青月社）、「法務教科書・ビジネス実務法務検定試験®２級完全合格テキスト」（翔泳社）、「知的財産管理技能検定®２級と３級を一気に学ぶ本」（中央経済社）がある。

瞬解テキストシリーズ
ビジネス著作権検定テキスト 初級・上級
改正著作権法[R2改正]対応版

発行日―― 2021年４月30日 初版

定　価―― 本体2000円＋税
著　者―― 塩島 武徳
発　行―― 株式会社 青月社
〒101-0032
東京都千代田区岩本町3-2-1 共同ビル8F
☎ 03-6679-3496　FAX 03-5833-8664
印刷・製本― 株式会社シナノ

ISBN978-4-8109-1341-5